李强华评传

杜文博　赵武荣　著

四川民族出版社

图书在版编目（CIP）数据

李强华评传 / 杜文博 , 赵武荣著 . -- 成都 : 四川
民族出版社 , 2022.6
　 ISBN 978-7-5733-0576-3

　Ⅰ . ①李… Ⅱ . ①杜… ②赵… Ⅲ . ①李强华（
1935-2004）—评传 Ⅳ . ① K825.6

中国版本图书馆 CIP 数据核字 (2022) 第 084882 号

李强华评传

杜文博　赵武荣　著

出 版 人	泽仁扎西
责任编辑	王矾
责任印制	勾云溪
出版发行	四川民族出版社
地　　址	四川省成都市青羊区敬业路 108 号
邮政编码	610091
成品尺寸	170mm×240mm
印　　张	20
字　　数	330 千字
制　　作	成都书点文化
印　　刷	成都蓉军广告印务有限责任公司
版　　次	2022 年 6 月第一版
印　　次	2022 年 6 月第一次印刷
书　　号	ISBN 978-7-5733-0576-3
定　　价	90.00 元

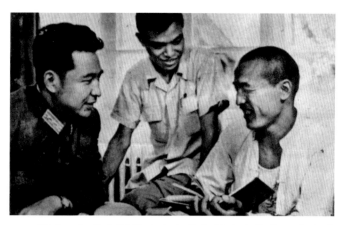

图1：李强华在省文
教群英会上和王老九合
影。（1960年5月21日）

图2：出席全国第三次文代会的农民作家、陕西代
表李强华与剧作家、解放军代表胡可（左一）和工人
作家、上海代表唐克新（中）在一起交谈创作经验。（1960
年7月，新华社记者牛畏予、白瑛、黄景达／摄）

图3：中国文学艺术工作者第三次全国代表大会在北京召开。这是出席会议
的陕西代表团。右起：著名评论家胡采、农民诗人李强华、作家王汶石。（1960
年7月，新华社记者牛畏予、白瑛、黄景达／摄）

图4：李强华出席全国青年业余文学创作积极分子大会同陕西代表团合影。（1965年）

图5：李强华在延安采风留影。（1974年夏）

图6：李强华在登上西北大学讲坛前与诗友合影。（1975年）

图7：李强华在陕西作家协会代表会上，与延安曹谷溪、陕西日报总编张光、商洛王斌、阎良王德芳、榆林霍如武等作家代表合影。（1979年1月）

图8：画乡诗社初创时，李强华与诗友油印"泥腿子"诗刊。（1983年8月）

图9：李强华在县文化馆对诗歌爱好者进行创作辅导。（1988年秋）

图10：李强华在县文化馆办公室阅读诗刊。（1990年夏）

图11：画乡诗社社员在户县造纸厂参加李强华诗作研讨会留影。（1992年9月27日）

图12：李强华（中）出席西北五省（区）"505"杯农民诗歌大赛颁奖会期间与礼泉王世民（左一）、临潼贺丙丁（左二）、耀县郭建民（右二）、汉中蒿文杰（右一）交流创作经验。（1994年）

图13：李强华在省农民诗歌学会成立大会期间与相关人员合影。

左起：李强华、李若冰、肖益人、初红、石侃之。（1994年12月25日）

图14：李强华主持由陕西音乐文学学会、陕西农民诗歌学会、户县画乡诗社联合举办的诗词研讨会。（1996年8月）

图15：李强华在陕西日报社参加陕西农民诗歌学会成立大会后与著名作家毛锜、李尤白、王愚、初红、郭建民等合影。（1994年）

图16：李强华荣获陕西省第二届农民诗歌大赛"伯乐奖"后和王愚、毛锜、党永庵等诗友合影。（2001年9月）

图17：李强华夫妇在天安门前留影。（2002年10月）

图18：李强华晚年出席画乡诗社年会。（2002年12月）

图19：李强华晚年仍坚持学习。（2003年春）

图20：陕西文学界为农民诗人李强华悬匾。（2007年4月）

图21：李兴团、李新胜兄弟俩在西安拜访文学前辈。（2012年）

图22：李强华逝世十周年纪念大会期间，各界代表参观李强华创作手稿。（2014年）

图23：参加李强华逝世十周年纪念大会人员合影。（2014年5月）

图24：李强华生前出版的六部
诗集。（2018年5月）

图25：《李强华诗歌选集》编辑人员到
西安拜访常智奇老师，听取选编意见。

右起：赵武荣、常智奇、李兴团、张亚民。

（2016年9月）

图 26：参加《李强华诗歌选集》首发式暨研讨会人员合影。（2018 年 9 月）

图 27：鄠邑区西郊村李强华故居。

图 28：《李强华评传》编著人员到西安拜访常智奇老师，汇报成书过程，研究出版事宜。右起：李兴团、常智奇、赵武荣、杜文博、王明其。（2021 年 10 月）

（本组照片由张亚民编辑）

常智奇

2017 年 12 月，由上林苑诗词楹联学会副会长、沧浪文学社社长赵武荣先生主编公开出版发行的《李强华诗歌选集》冠我写的序于卷首。

两年后，2020 庚子年初，赵先生又送来了他和杜文博先生呕心沥血撰写的《李强华评传》（以下简称《评传》）一书手稿，邀我再写新序，我受宠自兴。受到同行的信任，我自然很欣慰。我与赵先生之交纯粹是学人之间惺惺相惜，没有更多的往来。他两次登门，均为写序而来。我为他推崇乡贤，热衷于诗学，献身农民诗歌研究的精神所感动；加之，我亦对农民诗歌研究寄予一种渗透在骨子里的感情，便欣然应诺。

李强华 1935 年 11 月出生于陕西户县（今西安市鄠邑区），1954 年开始诗歌创作，1959 年 10 月加入陕西省作家协会，1960 年公开出版发行他的两本诗歌集，7 月出席中国文学艺术工作者第三次代表大会，受到毛泽东、刘少奇、朱德、周恩来等党和国家领导人的接见。1961 年，他被陕西省人民政府评为"文教战线先进工作者"。1965 年 12 月，他参加全国青年业余文学创作积极分子代表大会，受到周恩来、朱德等党和国家领导人接见。1966 年 2 月，他的第三本诗歌集《锄头底下开诗花》由东风文艺出版社公开出版发行。

从新中国建立到 1966 年，这 17 年中国当代文学、中国当代文坛是清正的，是以作品质量取胜的。李强华的诗歌创作在当年那样的历史境况下能取得那样的丰硕成果，可见他创作的热情和创作水平不同凡响。后来，他的诗歌创作一直保持着依旧的丰硕成果和高品质的规格，他的诗歌作品在全国诗歌大赛中多次获等次奖就说明了这一点。

我和《评传》作者共同面对的是这样一位一身泥土、耕读传家、淳朴善良的诗人。他的作品饱含着新时代的新精神、新风貌、新韵律、新格调。今天，站在他诗歌创作的基点上，回顾新中国新诗歌创作100年来走过的峥嵘岁月，总结新中国新诗歌创作的艰难历程，是一个很好的角度，因为只有这样才能更加清晰地把握住中国民歌创作的历史脉络。

世纪风云变幻，百年新诗娇妍。在这一个多世纪新诗歌发展的过程中，有两张翅膀支撑着新诗巨鹏展翅高飞：一是中国古典诗的新化，一是中国民歌的新化。而《评传》研究的对象，强调的是中国民歌的新化。

"五四新文化运动"揭开了新诗歌创作的第一页。中国诗歌创作的现代化是在古典诗歌加民歌的基础之上建立起来的。中国民歌的新化是从新中国建立后才真正开始的。李强华是中国民歌新诗化中的一个最富民间性、人民性、时代性、典型性、代表性的人物，对他的研究和总结具有发展新中国新诗学的现实意义。

李强华是一位农民诗人。他生活在社会最底层，土地、人民、劳动是他诗歌创作的主题；生命、生存、生活是他诗歌创作的意念；寂寞、劳累、忍耐是他诗歌创作的生命体验；善良、宽容、仁爱是他诗歌创作的感情基础。这些元素被他用神思和情采有机统一起来，进而化为他诗歌创作的生命和血液。他的诗歌创作是从血管里流出的鲜血，从心灵中发出的声响，不矫饰，不做作，保持了民间诗人创作的基本特性。诗人与普通劳动者保持着一种生死与共、唇亡齿寒、相依相存的亲密关系，这种感情，充盈着强大的时代精神，闪烁着耀眼的历史光芒。

李强华的诗歌在"兴、观、群、怨"中创新。"满坡青竹根连根，人民跟党心连心"，用的是一种"比兴"，"党引咱走上致富路，家家敲开福字门"，用的是观察，"走遍天下不忘本"，用的是合群。"怨"，是表达诗人的主观情感，在李强华的诗歌创作中没有怨恨。虽也抨击假丑恶，但更多的是一种歌颂新时代、新生活的真善美。李强华的诗歌表现出一种"说、理、唱、和"的模式。"湘江，湘江，你像细细的线儿情意长"是说，"这条线穿过东方之珠，夜夜在闪烁发光"是讲理，这四句也是唱，最后一句"辉映着中华繁荣的景象"是和。

李强华的诗歌，在中国农民诗人创作的道路上独树一帜，具有里程碑式的意义。这座丰碑记录着中国民歌在走向现代新诗道路上的斑斑足迹。李强华对中国新诗创作的贡献在于感应时代精神，表现心灵律动，在"小我"中表现"大我"。然而中国当代诗歌的研究过分重视"经院派"，轻视"泥土派"，这对中国农民诗人是不公平的。正是站在这个角度，我们说："这部《评传》带有填补空白的人文价值。"

在新中国农民诗歌创作队伍中，王老九是坐第一把交椅的。他是新中国农民诗歌创作开宗立派、旗帜性的人物，而李强华继之而来，是他的徒弟。1960年7月23日，他们一同出席全国文代会，他们一同探讨诗歌创作活动。后来，李强华经常与王老九走在一起，向他请教，向他学习，继承和发扬他的诗学精神。李强华的文学精神，是王老九文学精神的继续和发展；李强华的文学精神凝聚着王老九的文学精神，对李强华文学精神的评价是对新中国农民诗歌创作精神的一种评价。

《评传》以李强华的生平历史为线索，以他的诗歌创作活动、贡献为内容，来评论他的思想变化、创作精神、创作成就、创作风格。这种紧扣诗人的身份、生活、生产、生存的评传方式，灌注着一种历史唯物主义的精神。

《评传》以丰富的内容表现了李强华在艰苦的生活条件下坚持创作的艰难历程。这里有农民生活的艰辛，又有一颗诗心不泯的奋斗；这里有生活在社会最底层普通劳动者在那个物质和精神匮乏时代的贫饥，又有走出严冬，迎着春风，乐观向上，建设美好家园的发愤图强；这里有柴米油盐、家长里短的矛盾纠葛，又有一种忍辱负重、坚忍不拔、宅心仁厚、惠及乡里的美德；这里有生活在社会最底层的诗人的炼狱，又有感受新生活创作灵感的爆发。这是一部写诗人，写农民，写平民，写凡人的评传。

《评传》从民间的目光，家国的情怀，道德的评价和历史的评价相结合的不同角度，梳理李强华的创作追求。作者往往从人品出发而涉及文品；从社会历史发展的角度出发来表现诗人创作的社会功能；从文学的人民性出发来表现诗人创作的审美情趣。

李强华的诗歌，抒乡情于朴野，寄至味于泥土，蕴意境于淡泊，发纤浓于简约，极万变而不华，裹风仪于方直，持醇正而无杂。他在柔儒温文之道中求和气，在近仁归厚之情中求种德，在诗格合时之律中求新声。

诗歌创作，多少年来，多少人认为它是象牙塔里的艺术，是多情文人的浪漫表达，是贵族生活方式的情感慰藉，是衣食无忧的精神享受，是有闲阶层的感发诗兴。李强华的生命中流淌着劳动人民的鲜血，他的生命基因完全是与泥土混合而成的，没有贵族气。他在物质生活极其窘迫，生存矛盾捉襟见肘的情况之下，是怎样奋不顾身、乐观向上地行走在诗歌的创作道路上，取得了令人瞩目的丰硕成果的？这真是人类精神生产当中一个至今未解的课题。也正是站在这个角度，我们说，《评传》这本书，带有人类文化生存学研究的价值和意义。

一个耕种在土地上的农民，很少有文化准备，很少有物质支撑，没有自己的房子住，租赁着别人的房子；拖家带口生存在生活的窘迫中，艰难的日子难以为继，把自己亲生的儿子送了别人。就是在这样的一种生活条件下，他何以把贫穷、饥饿、劳累、压抑、悲怆化为一种诗情，写出了乐观、向上、明亮、歌唱的诗歌？这种精神生产的现象，不仅仅是一种社会政治的原因可以解说得了的。深入研究其内在的精神生产的逻辑层次，会给人类诗学审美的研究带来更为广阔的天地。

李强华站在社会最底层卑微者的一隅，情感在走出黑暗的、阴冷的、冬夜的、那个春天的早晨时，面对旭日东升，天高气爽，春风拂面，满天彩霞，他把往日的苦难与悲哀，昨天的压抑和感伤，现实的矛盾与纠葛转换为呼唤生活的美好，呼唤生命的宝藏，表现生活在远方的美好梦想，于贫乏中创造美好的向往，从这里在自己心灵世界的行旅中产生出"诗"来，在"天然物产"的形式之中，捕捉对象化的形式感，在生活片断、图像、场景、画面续接中产生"必要的"美感形式。

《评传》从"诗教说"出发，强调诗歌的教育功能，强调诗人的社会责任感和历史使命感，这无疑是当代诗歌评论的重要标准。

《评传》从"道德文章"出发，强调人品和文品的统一，强调知行合一，这无疑也是一个诗歌评论的重要标准。

《评传》从"笔墨当随时代"出发，强调诗人紧按时代脉搏，表现时代精神，做时代的歌手，塑造时代的诗人形象，还李强华以时代诗人的形象，这无疑是客观的。

《评传》从农民诗人出发，写诗人与农民，与土地、与耕种，与乡情、乡愁的血肉关系。这个轴心作者是把握得比较牢的。

《评传》占有大量的资料，从另一个角度丰富了关于李强华诗歌创作的研究。作者翻阅了诗人生前的日记和作品，做了深入的调查和研究，认真梳理、分析、评价李强华诗歌创作走过的道路，有些诗歌的分析和评价是非常中肯的，有见地的。

作者语言是质朴的，文笔是简约的，叙述是明快的，这种文风和评述的对象是相辅相成、相得益彰的。

总之，这是一本研究农民诗人李强华的重要成果。在陕西当代文学的研究中，表现陕西一个当代诗人的评传专著，这是第一版。正是站在这个角度，我们一定要看到这本《评传》。

2020 年 5 月 7 日于古都长安大明宫遗址公园
（作者系原陕西作协文学院院长、著名文艺评论家）

诗星永耀

耿朝晖

一

人间少了一个诗翁，天上多了一颗诗星。

夜晚，我多少次伫立在老家的屋顶上，寻找一颗星星——一颗农民诗坛之星。其实，这颗星星就在我们身边。捧起《李强华诗歌选集》《李强华评传》（以下简称《评传》），你就会感到诗星的光华正在照耀着我们。

诗星是耀眼的一颗星。据不完全统计，先生一生创作诗歌现存 8530 首。1956 年发表作品，先后出版《养猪好》《锄头底下开诗花》《牧归》《李强华诗选》等 7 部诗集。1960 年被评为陕西省劳动模范，同年 7 月出席第三次全国文代会，受到毛主席、刘少奇、周总理、邓小平等党和国家领导人亲切接见。1983 年，与初红、章立、石侃之、钟景峰等诗友成立画乡诗社。1994 年，与章立、初红、郭建民、王世民、蒿文杰等诗友组建陕西农民诗歌学会，为户县创建全国诗词之乡奠定了坚实基础。

诗界朋友及先生子女的三次动作，令我非常感动。第一次是与鄠邑区文艺界、西郊村联合组织先生十周年纪念活动，第二次是由西安出版社正式推出赵武荣主编的《李强华诗歌选集》，这一次赵武荣、杜文博、李兴团等又全力推出《李强华评传》。这对于西郊村建设农民诗歌艺术村，对于鄠邑区诗词之乡建设，对于陕西农民诗坛又是一个有力的推动，对于诗界的鼓舞，是久远的，悠长的，耐人咀嚼而又意义非凡的。

二

　　我是教育工作者出身，常对人的成长或者成功有一些思考。我认为，人的成长因素很多，关键是看最先打开少年心智之门的是什么。回想起来，最先打动先生的民谣是"光光爷，开白花，有个女子给谁家……"刚接触到这首民谣，正值年少的先生就感到这个"开白花的光光爷"很美——既能慢慢从东山移到西山，给黑夜带来光明，同时还是一个把这个女子给一个男子的月老。这个境界太美了。这个美，就给先生种下一颗诗歌的种子——我也要写这样的诗歌。

　　20世纪50年代新民歌运动开始后，给先生心中的诗苗下了一场及时雨，促使先生走上新民歌创作之路。"公社是棵灵芝草，出土露面苗苗小，毛主席担水及时浇，一夜长得比天高。"先就一个物象比喻导入，中有自然虚藏，终以夸张的歌颂高潮卒章显志。当时这样的作品很多，给当时的诗人营造了一个热火朝天的创作环境，同时给先生一个创作规律的心理暗示，先生的创作便由此起步，先生的诗学自觉便由此产生。《姐姐邀娘家》就是那个年代的代表作。

　　我常想，先生为什么以歌颂见长？因为先生所经历的社会变迁给他心灵狠狠一击：当年父辈在战乱中的长安县实在过不下去才来到鄠县艰难谋生，社会贫富严重不均，国民党的苛捐杂税，财东家的欺负，穷人家吃了上顿没下顿，地主家的门环如蛇眼一样张开等等苦楚一言难尽。新中国建立以后，穷人翻身了，有地耕种了，不愁吃穿了，扬眉吐气了，真正是"社会主义国家人民地位高"。作为国家的主人翁，这样好的社会主人翁咋能不歌颂？我就要歌颂！不仅要歌颂，而且要分秒必争地为这个社会贡献自己的一切力量。这就是先生的创作动力之源。

　　从性格构成上分析，先生肯定是一个爱憎分明的火性人，急急火火，风风火火，北河湾麦场失火，不顾火焰熏烤，保住了两万多斤的粮食，"唯有两颗眼睛珠子闪闪发光"，这是他的热爱集体之火。哥哥牺牲在抗美援朝战场，他改名"强华"的时候，他的心里肯定有一团燃烧的复仇之火、爱国之火。"阴森森，路弯弯，村中横卧蛇一盘。屋瓦好似蛇的皮，门环就是蛇的眼。"有对地主的仇恨之火。1957年7月入党，在火红的党旗下他更是有一腔爱党之火；"马蹄嗒嗒冒火花"，有胭脂染的火热豪情；后来的一首首淬火铿锵的诗句，若无火热的爱国之情怎能写出；临终时捐缴党费，更显其忠于党的一颗赤诚之心。不论是生活还是创作，都是在"心中有一团火"的状态下完成的。把新生活的火热气息，凝成一行行滚烫如火的诗句。这就是先生性格对创作的影响，也是"三快"（吃饭快、走路快、写诗快）诗人的时间观念和创作动力之一。

说到先生的创作动力，常智奇先生分析得极为准确："曾经的痛苦和眼前美好的生活，为他注入了对新中国深沉的爱，一种社会主人翁的强烈意识，冶炼着他思维的敏感和人性的多情，让他具备了诗人最基本的特质和品格。用一种责任，把自己情感世界的灿烂部分点燃，带着热气，带着骨气，对人生对社会进行深邃的思考和感悟，如同一把熊熊燃烧的火炬，照耀着农村生产生活的各种现象，让那美好的东西绽放出五彩斑斓的光色。"

三

1956 年，结合孟根才灌煤油一事，先生很快创作了带有快板特点的叙事诗《孟根才灌煤油》，这首诗强调学习识字的重要，是 20 世纪 50 年代扫盲运动的一瞥。读《梁学伋文存》知道，1952、1956、1958 年，三次扫盲运动，使 156400 人脱了盲，几乎占鄠县当时人口的三分之一还多。我曾发现一本民校识字课本，上边就有这首诗。这首诗歌创作的成功实践，让先生深感诗歌的教育意义，奠定了先生自己的诗歌叙事抒情的审美倾向——写出的东西要能教育人。《姐姐遨娘家》通过交通工具前后比较，人物装束前后比较的方法，直接揭示深层原因是"社里生产大增加"，其喜悦的心情，有一种流韵之美。我最爱的是《天安门广场上的赞歌》，特别是师徒俩最后的对话："敬爱的王老九啊，你看这雄伟的人民大会堂，那世世代代的皇宫宝殿，哪个能比上它的雄伟模样？"其实宫殿可能变化不大，最大变化是新中国建立后的"雄伟模样"。"王老九笑着点点头，笑得那么激动和欢畅，旧时代怎能比起现在，这里是人民掌权的地方。"那种挺起腰杆、发自内心的自豪，那种自然流出的饱蘸喜悦的欢畅，没有经历过新旧社会两重天的人是写不出来的。每读此诗，常引出我容易激动的眼泪。对祖国之爱，洋溢于火热的劳动中，无论是冬耕、春灌、翻地、种田、追肥、抗旱、送粮、卖棉多么繁重的活路，在诗中都能感受到诗人轻松、愉快的心情——真正把紧张的生产劳动、清贫恬淡的生活变成了诗一样美的日子。

1972 年，先生真正实现了诗歌创作的理性回归，后来先生的诗歌形式更自由，情感更浓郁，手法更自然，没有口号味，更少快板腔，是真正实现了跨越的新诗。如1974年创作的《战马》，先说胆、鞍、蹄、眼，再说勇敢精神："敌机再炸它不怕，暴雨再洒腰不弯，风里行，火中穿，气盖世，力拔山。"后半部分揭示战马的勇力之源："那颗永恒不落的北斗星，照亮了战马的每根毛细血管。"最后再让战马以英雄的姿态出现："尘土身后甩，马蹄冒火花，声声震山谷，步步踩出新起点。"此诗堪为精品，就是在今天仍是时代感很强的力作。一般人写关于党的历史的诗歌，多是烦冗叙述，唯恐掉了某个历史阶段，而先生的诗跳跃性极强，且通俗流畅。如《红船赞》中的"路经遵义加了速，压倒顽凶走浪尖""红船驶过金水桥，社会主义没停站"，生动之至！

我很早说过，先生的诗是在责任田里种植温饱时，在紧张繁忙的生活缝隙中酝酿而成的"蜜"，而这正好代表了一个时代，或者说代表了几个历史时期农村变迁的状貌，反映了从1956到2004近半个世纪的一个农民诗人的精神境界。读先生的诗，就回到了春耕、夏收、秋播、冬藏的悠长历史，就回到了互助组、初级社、高级社、人民公社一浪高过一浪的历史变迁中，就回到了从清苦，到温饱，再到小康这么一个发展过程。今天的城镇化，有住进新居的喜悦，有各种各样的社会保障，但好像总缺点什么——在外打工造成父母与孩子的亲情分离，农村仅成了老人与孩子的相依之所，以及大片的土地成了非农之地……

四

先生也有柔情的一面。如夫妻之间拌嘴，先生主动认错。在他的诗作里，更是描写了许多在生产劳动中产生的含蓄有味的爱情故事。"哥哥挑担快如风，妹妹装筐脸儿红，装得少了怕人笑，装得多了我心疼，叫我多么难为情"；"哥哥前边扶犁把，妹妹后边把种下，二人结成连心锁，秋后抱个金娃娃"，一语双关，动静有趣。"不知阿妹啥心意，帮我洗衣又补袖""蜜蜂来往采花蜜……篱笆难挡传情话""隔窗一望是情郎……悄悄把嘴快闭上""薄膜棚里度蜜月，悄悄话儿催芽长"，这里有明知故问的情态，有篱笆虚设的环境，有戏剧的眉眼过场，让人忍不住笑出声来。《牧归》可以说是先生的巅峰之作。关于这首诗的缘发根由，多数人分析认为是先生当时在名地腊家滩看到放牧情景的触景生情之作，但我觉得《牧归》是先生受1982年电影《少林寺》主题曲的影响之作。从1982年到1984年，先生经过两年的酝酿，才使这部作品问世。表面写牧归，实际反映生产责任制带来的巨大变化，可能也是先生关于爱情的潜意识表现。可见先生的学习借鉴之能和趁风放船的功力。1995年的《新嫂》，写得非常浪漫、有故事、有情节："新嫂竹笼装满歌谣，她匆匆从路边走过。小伙子偷偷看了她一眼，好漂亮啊，邀她唱一首歌。她从笼子抓一把歌谣甩过去，穿过柳又穿过河。小伙子喜得滑到水里，心里都装满了欢乐。""抓一把歌谣甩过去"，歌谣能"抓"能"甩"吗？小伙还以为是一把石榴籽袭过来呢！1996年，先生的《给妻》尽现了先生对妻子的依恋之情："你是我的救命稻草啊，吃药不灵，见你胜名医。""窗外的世界美女如云，我却把你铭刻在心里。"1998年的《老夫老妻》直接就是白描："我搀扶你，你关心我，提醒脚下坎坎坷坷。"

先生诗歌的艺术，用一句话概括就是"满肚子飞出花蝴蝶"。此方面，我实在没有能力去评说，只觉得先生比喻、拟人、情景交融等手法的灵活运用，使诗里的人物充满动感，使诗里的景物有了情感，使诗里的细节更加真实，先生的"故乡的河，是长长的录像带"等等比喻，一般人难以企及。其诗作具象之生动，意象之深刻，常常是我辈望尘莫及。先生的诗风，我想用"凝练、质朴、晓畅、正气"来概括，先生的诗味，我想用"脆枣般""清朗风""泥土味""黄土风"来形容。总之，先生的诗作再一次印证了"高手在民间"的判断。

五

《评传》是一项大工程。首先要熟读作品，并对所有作品要按创作年代进行不同时期的划分。这一点《李强华评传》做得非常到位。全书从诗梦破土、诗意风发、诗骨淬火、诗性沉淀、诗品兴盛、诗心深沉等六章二十六节进行科学的、逻辑的布局谋篇，结构合理，分量匀称。这一点我感到非常成功。另外一个就是要弄清当时农村生产生活现状包括党和国家政策的执行情况，好在作者都是从那个年代过来的人，这一点不容置疑。

《评传》的第二个特点是以大散文笔法，对先生一些时代性突出的经典作品进行了比较全面而深刻的分析，让人们能从当时的创作背景出发，对作品进行深层次地阅读。先生的作品本来就简练晓畅，把前后的思想情绪串联起来，通过联想、想象等多方面展现，让先生的作品更能走进读者的心里，能知其然更能知其所以然。特别是夹叙夹议等方法的运用很成功，这一点的意义在于能改变一般读者的浅显意识，让作品的内涵得以扩充、张扬。这对于帮助跨年代青少年读者读懂先生的作品，深层次理解先生的作品是非常必要的。杜文博老师是这方面的行家，他曾对农民画家作品有过成功的评析，这次又取得了再一次成功。赵武荣老师创办沧浪文学社二十多年，主持"沧浪杯"诗词楹联大赛十三届，在上林苑诗词楹联学会担任评审部部长十余年，凡大赛的获奖作品都由他来点评，在诗词楹联界产生了广泛而良好的影响。赵老师对先生诗歌的鉴赏更是匠心独运，贴切而精当。二位老师强强联手，将先生诗歌艺术以诗评家的眼光加以鉴赏与评价，让我们对先生诗歌的艺术品位和社会意义有了更为全面而深刻的了解。

《评传》的第三个特点是融入了毛锜、党永庵、常智奇、商子秦、初红等陕西著名诗人、著名评论家对先生作品的基本评价。这是全书能立起来的"钢筋铁骨"。李若冰说："李强华在走民族大众化的路上做出了表率，数十年如一日，诗的形式有变化，而为广大人民群众喜闻乐见的诗根不变。"毛锜说："李强华的诗，从民歌转为自由体，是一种有益的尝试。他的自由体诗很注意韵脚，语言通俗晓畅，直抒胸臆，基调健康，易于朗诵，且为群众喜闻乐见。"党永庵说："李强华的诗歌，与他的先辈和晚辈所不同的是他的朴素直率的艺术风格、激越明快的情感韵致，以及善于学习传统，又能与时俱进地调整自己抒写新生活的表现手法和宏大气魄。"常智奇说："李强华延续了老一代诗人歌颂新时代，歌颂新生活，歌颂翻身农民得解放的欢乐。他的诗更多的是抒情，他在个人的感情与人民大众的情感结合处写诗。他是王老九的紧密追随着，又是王老九的超越者。陕西当代农民诗歌创作，真正意义上的诗学自觉，是从李强华开始的。他自觉地在抒情性的沃土上，播种着属于自己的文学品格的诗花。"张郁说："李强华的诗歌作品，是一笔丰富的文化遗产，在全国农民诗坛产生过较大的影响。他继承了中国诗歌优秀的传统，并传承和发展了王老九的诗歌风格和精神，为农民诗歌的拓展，做出了重要的贡献。"初红说："李强华是陕西农民诗坛的一颗明星。他的诗像他的人一样质朴、明快、欢悦，给人一种积极向上的力量。他的诗意境高远，形象鲜明，既有浓郁的乡土味，又有强烈的时代感，形成了自己独有的艺术风格，我把他叫'李氏新国风'。"这在他的新民歌作品中体现得最为突出。商子秦说："在进入 20 世纪 80 年代后期，在改革开放的新时代，诗人的艺术视野和题材内容有了较大变化，变得更加开阔，更加多样，但作者的创作始终没有离开土地，离开乡村，离开农民这一自己永恒的追求，从而形成了自身创作的鲜明特色，成为陕西农民诗歌创作的重要时代标志。"杨焕亭说："作为老一代诗人，我觉得李强华先生的作品和创作实践是一笔丰厚的文化遗产和精神财富。他始终不渝坚持以人民为中心的创作方向和文化自觉；坚持深入生活，发现生活，开掘生活，表现生活的艺术自觉；坚持文学理想表达的审美意识；精益求精的创作风范，这些都是值得我们继承的。"这些中肯的评价成为这部评传大厦强有力的支撑。

六

乡村永远是我们的根，乡村永远是人与自然联系的不可分割断开的纽带。那里有我们的土地，有和煦的阳光，有一片一片的庄稼，有祖先劳动、生活的身影，有祖先愁苦、烦闷的呻吟，有我们祖先爽朗的笑声，有老碗会上你夹我的菜，我蘸你的辣子水水的那份乡情无间，有打一锅搅团香了一条街道的热情有加，有我们的长辈叫我乳名的不老乡音。每走到巷口，就好像看见父亲正扛着犁，牵着牛从夜幕中归来。

近期，住在农村新盖的能看见星星的三楼玻璃房里，有空就读《李强华诗歌选集》，街道里的一群孩子便问："爷爷，李强华是个啥人？"我说："李强华是全国著名的诗星，写了八千多首诗歌呢，还见过毛主席周总理呢！""厉害，真厉害！"我给他们读了几首，他们连连说："写得太好，太好了！"这恐怕是先生诗魂对孩子的影响吧！

八千首诗歌传后世，七十载耕耘铸诗魂。历史永远不会忘记先生，诗库里会永远存有先生的诗作，鄠邑区乃至全国各地的农民诗人都对先生怀有崇高的敬意，先生永远是一颗诗星，永远照耀诗的天空。

2021 年 1 月 30 日于崇城樵隐斋

（作者为陕西作协会员、鄠邑区作协名誉主席、区非遗专家组组长、《鄠邑文艺界》执行主编、区文化和旅游体育局顾问）

目　录
CONTENTS

第一章　诗梦破土期（1935—1957）

第一节　祖训启诗梦　年少担衣食 …………………… 001
第二节　拥抱新生活　真诚燃诗情 …………………… 005
第三节　姐姐邀娘家　追梦新起点 …………………… 011

第二章　诗意风发期（1958—1965）

第一节　伯乐策骏马　勤奋拓诗境 …………………… 019
第二节　出席文代会　诗涌小书屋 …………………… 030
第三节　赛诗金水桥　进京受表彰 …………………… 042
第四节　诗学王老九　民歌唱新天 …………………… 055

第三章　诗骨淬火期（1966—1976）

第一节　磨炼逆境中　帮困风雨里 …………………… 083
第二节　驻队愧尽孝　含情咏战马 …………………… 088
第三节　跪拜缅恩师　躬行耕乡愁 …………………… 094
第四节　诗章忆烽火　赤心抒真情 …………………… 102

第四章　诗性沉淀期（1977—1985）

第一节　春雷驱沉雾　逆风砺心志 …………………… 115
第二节　才艺惠乡里　诗吟责任田 …………………… 119

第三节　倾情建诗社　吆云伴牧归 …………………… 127

第四节　菜畦收智慧　市场售厚道 …………………… 136

第五节　探索常反思　纳新求突破 …………………… 143

第五章　诗品兴盛期（1987—1996）

第一节　赛诗上电视　应聘抓文创 …………………… 160

第二节　参赛屡获奖　理念愈超前 …………………… 168

第三节　十载拼搏路　一片风范心 …………………… 174

第四节　夫念妻情深　父爱子相报 …………………… 181

第五节　春蕴祥和境　笔染缤纷色 …………………… 189

第六章　诗心深沉期（1997—2004）

第一节　诗赋回归情　文忆创作路 …………………… 219

第二节　情寄大开发　歌赞新世纪 …………………… 228

第三节　寻根长安路　存诗档案馆 …………………… 237

第四节　引吭颂公仆　钟情吟故土 …………………… 245

第五节　党费酬遗愿　英灵化诗魂 …………………… 270

附　录

附录1　设立"李强华诗歌奖"的决定 ……………… 287

附录2　部分纪念李强华文章存目 …………………… 288

附录3　《李强华评传》一书引用的资料出处 ………… 289

附录4　参考书籍资料 ………………………………… 289

附录5　被采访人员和提供资料者名单 ……………… 290

附录6　参加审稿和校稿人员 ………………………… 291

附录7　为本书提供资金捐助人员名单 ……………… 291

后　记 …………………………………………………… 292

第一章 诗梦破土期
（1935—1957）

第一节 祖训启诗梦 年少担衣食

1941 年，中秋节的晚上。

光光爷，开白花，有个女子给谁家？
给给县上王魁家。王魁爱戴缨缨帽，
媳妇爱戴簪簪花，拧拧舞舞遨娘家。
……

六岁的李天申（身）坐在妈妈的怀里，背着他刚学会的童谣，大哥天喜、二哥天成坐在院子那棵梨树旁听着。这首在他俩心中早已烂熟的童谣，也是妈妈在这棵梨树下教会的。

"妈妈，妈妈，光光爷又不是梨树，咋会开白花？"

妈妈没有开口，只是愣愣地盯着怀中的三小子。

"我问过保小的老先生，他只说光光爷像白花。"大哥天喜接过话说。

"光光爷咋能像白花呢？有花的瓣瓣吗？"天申眼睛睁得忽闪忽闪地问。

"老先生懂得可多咧，他说像就像呗。"二哥天成解释着。天申拧过头，瞅了二哥一眼。

"问你爸去。"一直听着孩子们争论却不开口的妈妈，终于开口了。

这是一个饥荒难熬的年月。

1900 年，陕西大旱，受灾六十余县，饥民三百多万。又逢西太后、光绪逃抵西安，1901 年 10 月 6 日启程回京时，随行大车三千多辆，在陕搜刮民膏三百余万两；陕西承办皇差耗费二百五十余万两；1902 年陕西又分担庚子赔款六十余万两，外加宁陕、三边两教案赔款总计七十九万两。六七年间，秦地百姓苦不堪言，长安纪阳地处西安近郊，负担尤重。

1907 年，迫于生计，天申的父亲李致安（生于 1893 年），经人介绍，十四五岁便从长安县纪阳乡（现王寺街办）冯党村，来到鄠县县城谋生。先进西关崔家堡烧坊当相公（伙计），凭借精明好学，几年时间就升为掌柜；后又在西街"永盛堂"（现西街小学东边）、"新兴城"杂货铺（原城郊公社西边）、崔家烧房等多家商铺当掌柜。

李致安兄弟四人。老大李建堂是老实安分的农民，生有一女李萍；老二李建学自小习诗赋文，谋得乡间塾师之职，生有云亭、友明、继光三子，秀花、荣贤二女；李致安排行老三（户族排行老七）；老四李建封钟情念唱演艺，出入梨园，生得一子名李天禄。四兄弟孝敬父母，合家而居。凭借子辈所长，家道在父辈的苦心经营下，在村中也算富足殷实。

1930 年，李致安父亲李恒广病故，丧事前后就办了四个多月，仅纸扎所雇短工，竟忙了一个多月，附近四个村子的人都来帮忙应酬。此时，正值关中遭遇百年不遇的大旱，赤地千里，颗粒不收；饥民遍野，树皮草根所剩无几；卖儿卖女、饿死病死者不计其数。饥民们得知此讯，闻风而至，每天计有百十人前来"吃大户"，家中所存多年谷物，便如冰消雪融。葬了老父亲，家道至此败落，四兄弟不得不各起炉灶，分而居之。

李致安便来到鄠县从商。期间日每目睹人世间的冷暖炎凉，让他感受着外乡人立足当地的不易；要受人尊敬，不瞅人的眉高眼低，须得躬身勤学好问，因为多一宗本事就多一条人生之路。故此，平日做好伙计、掌柜外，他托人借来通俗经史、礼仪读本，熬夜苦读伴青灯。几年工夫，不单能通晓婚丧嫁娶礼仪，还跻身到县城北街城隍庙礼宾处，经常应差给乡邻和大户人家主持婚丧大事。常与社会贤达交往，深知耕读传家、诗书济世之理，因之他非常看重儿女们读书识字学文化，常教育孩子们，人穷志不穷，就怕没出息；富贵不是天生的，贫穷也不是命中注定；只要有志气，命运就可以改变。

他更是身体力行，改变着自己的命运。先是在崔家堡房东家租下一间土屋定居下来，继而节俭用度，积蓄经商及为乡党主持婚丧礼仪所得，于1918年25岁时，与西安聚家庄姑娘韩清贤结成鸾凤，先后生得天喜（又名李曦）、天成、天申、来福（又名玉峰）四子。因无女儿，曾用老大天喜换养西街北河湾王姓一女，取名焕文。焕文一直生活在李致安膝下，直到结婚，但天喜并未去王家生活。

天申挣开妈妈的怀抱，朝里屋跑去；看到父亲坐在炕头的背影，他停住了脚步。跟在天申后边的大哥、二哥也跟着停住了，谁都不敢说话。

"你们三个有啥事？"李致安拧过身，手里拿着一本书。

天申蹑手蹑脚走过去，两个哥哥小心地随着。

"爸，光光爷怎么能开白花？我大哥说光光爷像白花，哪里像呢？"

李致安捋了捋浓密的胡须笑了，很开心，这是孩子们很少看到的。三十多年的从商经历，使他养成做事说一不二，秉性威严，连孩子们都有些怕他。

"你哥说得对。哪里像呢？颜色像。"父亲回答着。

天申不敢多问，但"颜色像"三个字在他心里扎下了根。他小小的心里想着，父亲的话肯定是对的，因为他经常看到父亲给乡党主持红白喜事，那么多留着长胡须腆着大肚子的老者，不时找父亲问这问那，父亲的回答总让他们满意离去。他觉得父亲太有文化了，暗暗下定决心，要做一个像父亲一样有文化、受人尊敬的人。

天申是从四五岁开始，就跟着两个哥哥，坐在父亲身旁开始识字片。在他六岁时，父亲在院中做了个沙盘，教他们兄弟三人用树枝写字。他们互诵《三字经》《百家姓》《弟子规》，没少受父亲的训斥。有几次，他背着父亲眼泪汪汪地向母亲诉苦，说他不爱爸爸，不想学字了，但面对威严的父亲，他还是按时拿起树枝。天申回忆，父亲那次说"颜色像"几个字，总是在他幼小心灵翻腾着，后来，他觉得父亲大声地呵斥反倒有些可爱，多想扑上去亲父亲一口，但他没有，他不敢。

一个有超常天赋的人，往往在他懵懂的幼年就显现出与众不同的聪慧，他的一举一动似乎有一种暗示：这是一个非凡的起步。然而，有多少父母，慧眼识珠，能给其提供因材施教的环境呢？如同一匹千里马，在它初生之时，能碰到几个伯乐呢？天申在他幼小之时，已分明显现超常，然而，因家境拮据，非有因材栽培的环境；父亲虽有一些文化，似乎少具慧眼，但能予子求学机会，也算可敬之处。

1944年秋季的一天，9岁的天申被父亲领着到设在崔家祠堂的保学读书。他看着保学的杨寿山老先生见了他父亲，连连口称"七掌柜"；两人斯斯文文说着话，他虽不太懂，却觉得父亲并不比那老先生的学问少。

"有其父必有其子！七掌柜您就放心吧。"

父亲离开保学时，天申听到了老先生的这句话。看到老先生一步三回头地给父亲作揖告别，让他朦胧地感到父亲在县城西街活得太令人羡慕了。

四年的保学生活，让天申对《三字经》《百家姓》《弟子规》有了进一步的理解。他明白了什么是韵文，明白了《三字经》《百家姓》为什么读起来那么顺口，而且容易背诵，开始爱上了韵文，并学着编上几句顺口溜，不时得到保学老先生的称赞。

"天申会大有前途的。"

这是天申12岁上完初小要到西街小学上高小，李致安向保学老先生致谢时，老先生说的一句话。

然而，正当天申在西街小学秋38级（1949年）毕业还差半年却辍学了。因为大哥天喜结婚后已到鄠县真花砲师范求学，二哥天成已到西安学做生意，父亲李致安年事已高，家里五亩薄田无人经营。

"天申，你回来种地吧！"

那一天晚上，李致安在全家人面前做出了决定。

这是一个不明智的决定。因为这个决定止步了一位人才的求学机会，将改变他人生发展的方向；这是一个迫不得已的决定，因为家庭把一个困境摆在了一位人才的面前，而且他是扛起这个困境的唯一。这个决定或许是上天的安排，欲让一位非凡者扛起使命，必先进行苦其心志、劳其筋骨、饿其体肤、空乏其身的锤炼。

那间低矮的屋子，像一片树林，突然听到一声虎啸，静得有些阴森。

天申看了父亲一眼，又用目光扫视着母亲和两个哥哥，像看着一座巨峰，旁边是一棵遭霜的秋树，树下，静静地站着两头山羊。泪水从天申眼里怎么也控制不住地涌出来，虽没有产生一点声响，但流在嘴里的味道是那样苦涩。

像英勇的士兵听到将军威武的命令，服从是无条件的。

多少年后，当天申回忆自己背着书包，在西小大门口，和前来送别的几个同学分手时，仍抑制不住心中的伤感。

那是一个十四岁的少年，在最初的人生路上遭逢的最残酷的一幕。一位优秀的学生，一位未来不可限量的才子，中途辍学了，永远地离开了他深爱着的学校，永远地离开了课堂和书桌，永远地离开在学校学习深造的机会，那是一种怎样苦涩的滋味！

回到家里，多少个日日夜夜，一种怨恨在默默地起伏着。然而，又是这些日日夜夜，天申看着已显衰老的父亲，风里来雨里去，用一种毅力支撑着这个家庭的背影，又暗暗流出泪水。

"爸，你歇着，我来干。"

父亲看了儿子一眼，苦苦地笑出了声，仍没有放下手头的活儿。父子俩联手经营着这个家。

静下心来，天申想着父亲操持这个家的不易。虽然父亲才五十多岁，却显得那般苍老。两个哥哥虽然没有留在家里，但他们弟兄中，总得有一个要留下来，要失去求学或在外工作的机会，要有一次刻骨铭心的舍弃。既然他是那样地爱着他的两个哥哥，为什么就不能替他们挑起这份家庭的重担呢！

心灵的释然是精神的一次解放。天申理解了父亲，除了暑去寒来在五亩薄田播种、收获一家人的温饱外，还在家里替父母把家务挑在了自己的肩上。

鄠县的历史，也终于在几十年血雨腥风的苦斗后，挑在了人民的肩上。

天申青少年时期的命运，是鄠县苦难历史命运的折射。如同一条污浊的江流，飘摇在阴风恶浪中的孤舟，被围剿着，被撕裂着，怎能主宰自己的命运到达理想的彼岸？

1949 年 5 月 20 日，鄠县解放了。这是鄠县这只小舟，迎着新中国成立的大潮，合力冲浪溅射的翻天覆地的历史浪花，鄠县县城首先沸腾了。

以鄠县中楼为中心的东南西北四条大街，市民们载歌载舞，把每条胡同、里弄舞动得欢天喜地。已经十四岁的天申也加入到西郊崔家堡歌舞队伍之中，感受着当家做主人的腰杆是这般的硬朗。

"留在家里，留在父母身边，天地也一样美。"

天申彻彻底底地接受了父亲的安排，接受了命运的安排，生活在他的脚下将掀开新的一页。

第二节 拥抱新生活 真诚燃诗情

新中国的成立，标志着受压迫、受剥削的广大人民群众，真正走上历史舞台，当家做了主人。这是中华民族几千年来翻天覆地的最伟大的变革，这是近现代最优秀的中华儿女前赴后继、浴血奋斗，把生命筑成新的长城，筑成无坚不摧的人民共和国。毛泽东同志就是这个伟大共和国的缔造者。

1950 年到 1952 年，新中国在全国范围内进行了中国历史上最重大、最彻底的土地制度改革。通过没收一切大地主、大官僚占有的多余土地，无偿分配给农民，实现了耕者有其田，结束了几千年封建地主所有制和剥削制度，使广大农民在政治上、文化上、经济上做了主人。

我国社会主义改造是从 1952 年过渡时期总路线提出后全面开展的，主要内容是对农业、手工业和资本主义工商业进行三大改造。对农业社会主义改造是通过合作化运动实现的，分互助组、初级社、高级社三步走；对个体手工业的社会主义改造，是坚持自愿互利的原则，通过说服教育、典型示范和国家援助的方法，引导他们在自愿的基础上联合起来，走合作化道路；对资本主义工商业实行利用、限制、改造的政策，逐步把生产资料的资本主义所有制，改造成社会主义所有制。三大改造到 1956 年得以完成，它使我国的经济结构，阶级关系发生了根本性变化。

1953 年冬季，全县农村互助组如雨后春笋般普遍建立起来。

一天，城关区楼西乡七村选举产生出团支部，天申被选为组织委员。他开始组织楼西乡团员青年，在农村互助组中，开展文化娱乐和夜校扫盲识字活动。因为黑板报需要插图，又迫使他学习简单的绘画知识。黑板报往往出现留白，一时材料不凑手，他便编几句顺口溜补白，竟得到群众的赞扬。

这种赞扬声像一股春风，吹拂着他的灵感。那灵感又把他对新社会、新事物的想法变成几句韵文，往往让他乐在其中。

"这小伙还真有几下子，能写诗呢！"

乡亲们聚在黑板报前，读着天申写的几句顺口溜，赞扬着。他走在街道上，这家那家的大门口，不时送来亲热的招呼声。这种招呼声拉近了他和乡亲们的距离，不时被大伯、大哥们拉住谝几句闲传，往往能收获几句让他心头一震的大实话，他默记于心，背过身抄在一片废纸上。

这是天申诗性最初的萌芽，这是浸润天申诗性萌芽最初的雨露。尽管这些萌芽还很柔弱，有些根本就没有时代的生命力；尽管这些雨露中夹杂着一些冷风，但这些幼芽在这雨露的滋润下逐渐生长，正在为这位农民诗人的成长奠定着坚不可摧的基础。

天申得到乡亲们的赞扬，还要追溯到 1950 到 1952 年之间。

那时，村子成立夜校扫盲班，天身虽算得上村子的半个"秀才"，但因年纪太小，站不到夜校的讲台上为乡亲们教识字，可他还是天天晚饭后早早地来到夜校，帮教员擦黑板，打扫卫生，摆放桌凳，包干几个老人，手把手教他们识字写字。有些老人，白天忘了先一天晚上学的字，借吃饭时来到天申住的那间土屋，请教这位编外"小教员"。天申总是放下碗，一笔一画地教读教写。老人高兴地夸奖着走出屋门，他才回身端起板凳上的饭碗，咽着虽已冰凉的饭菜，却咽得很满足，因为一种愿为乡亲服务的意识，开始在他心中萌生。

1952年，农村斗地主分田地，16岁的天申最愿意跟着奶妈王云英去参加批斗会。奶妈家住泲店余姚村，解放前家贫如洗，逃难到县城西关崔家堡。天申出生后，只有20岁出头的她便当了天申的奶妈兼做杂务。她喜欢天申，把他当作亲儿子一样总是带在身边。解放前夕，她落户到姬家堡，土改时，分得了田地和房子。一种当家做主的自豪感，让她成为村里风风火火的妇女代表。天申听着奶妈在批斗会上哭诉自己逃荒要饭的苦难生活，讲述着解放后家里的生活变化，那种翻身做主人的喜悦，让他更加热爱新中国，愿意为像奶妈这样的劳苦大众多做些事。这年秋，他去楼西乡团支部，表达了要加入青年团的心愿。

"先写个申请。村子还有哪些青年愿意入团，回去做个宣传。"乡团委一名团干部，了解到他的情况后，给予热情的鼓励。经过严格考察，这一年末，天申加入了团组织。

青年团组织，在新中国成立之初，那是进步青年的一种向往。光荣地加入青年团，成为一名团员，那更是一份莫大的荣耀。天申感受到了肩上的一份担子，他决心把自己的青春年华奉献给年轻的人民共和国。

一个为新中国奉献青春的机会——参军的机会来了。然而他因年纪小没有争取得上，幸运的是在真花砌上师范的大哥天喜争取上了。

1950年10月的一天，当大哥天喜在全村人热烈的欢送声中，骑上枣红马要离开家乡，"雄赳赳，气昂昂，跨过鸭绿江"，奔赴朝鲜战场时，天申眼含泪水，久久地看着那匹枣红马消失在霞光的深处。那匹枣红马，在他心中留下永恒的记忆，因为那是一位进步青年为祖国奉献青春最耀眼的时刻。后来，二哥天成也悄悄地参军入伍，待家人知晓时，他已是中国人民解放军的一员。

两个哥哥先后参军，是这个家庭的光荣。两个哥哥把最美好的青春奉献给保家卫国最神圣的事业，这对于不断追求进步的天申来说，既是一种敬慕，更是一种鞭策。在家里一肩替哥哥扛起孝道，一肩扛起生活重担，成为他每日行为的自觉；在村里，在团支部带领下，他开展各项工作更加自觉，更加卖力。

这一年，李致安将老家冯党村的房子和13亩薄地交与老家人，彻底落户西关崔家堡，天申完全听从父亲的决定。

然而，天有不测风云。

1953 年春，传来李曦（曾用名李天喜）在朝鲜战场上壮烈牺牲的消息。

那天傍晚，天申知道这一噩耗时，未敢出声，跑到村西的涝河岸上，满脸挂泪，紧握双拳，狠狠地砸着身边的垂柳，手掌都渗出了血迹。他清楚地记得，大哥上次来信告诉他战场环境的危险，战斗的惨烈，他替大哥担忧才过了几天，现在已是天人两隔。他痛恨战争，为大哥英勇献身的精神而骄傲，但失去亲人，那毕竟是人世间最伤感的事啊！

天申知道此时需要镇静，要擦干眼泪，把悲痛悄悄地藏在心底。因为母亲常年患病，经不起失子的打击。他陪着父亲与政府商定，将大哥烈士之事暂不公开，并在乡党间做工作，防止街坊邻居说漏了嘴，影响患病的母亲。

为了立志向大哥学习，做一个对国家有用的人，17 岁的天申改名为"强华"，取"强我中华"之意。

一个家庭突然发生生离死别的变故，对家庭的每一个至亲成员，都将是刻骨痛彻的打击。是在打击中依然挺起，还是在打击中沉沦，不同的承受力显现的态度往往是大相径庭的。天申知道母亲经不起这样的打击，看到父亲精神萎靡，明显地苍老，这更唤起他挺身前行的脚步。生活把一种痛楚和一份沉重的家庭重担压在了一个只有 17 岁年轻人的肩上，村子的工作也在呼唤着他那稚嫩的肩膀，他必须给出明确的答案。

1953 年冬，城关管区楼西乡七村（东关村、南关村、崔家堡、六老庵、西坡村、南河头、北河头）20 多名团员，在西关老爷庙民主选举楼西乡新一届团支部班子，18 岁的李强华被选为组织委员。

18 岁，这是一个承前启后的年龄，它标志着人生送走了青少年时期，进入一个成熟的堪当大任的青年时期。李强华是以担负着乡团支部组织委员的重任走进青年时期，这也是他面对家庭变故，挺起精神面对村子的工作，率先给出的响亮答案。在他前面的人生路上，还有多少重任要担在肩上，只有他将要付出的努力和流出的汗水能说明一切。

当年底，李强华与村子里的田育英、张有财、王户、冯登昌等人商量，发起成立了全村第一个互助组。同年，他又说服家人，首先把自己家的五亩地交与集体，带头加入初级社，并激情满怀地写了一首诗：

　　单门独户风里灯，集体力量比日红。

　　红日照亮万人心，心心通向幸福城。

　　这是李强华创作的第一首比较完整的民歌体诗作，这一年他只有 19 岁。从学童时爱读《三字经》《百家姓》《弟子规》，到少年时不经意编两句对子，再到十五六岁时为村子黑板报有意识地写几句顺口溜，一位普通的青年农民终于完成了一次嬗变。这是脱胎换骨的嬗变，这种早期受传统诗教影响，从喜爱到产生兴趣，从不自觉到逐渐自觉，进而从心灵深处迸发出一首顺口溜式的民谣，尽管他当时还没有清醒的意识，只是写出来抒发心中的块垒，然而从他人生慷慨激昂的发展方向来看，已是举起了最初的一面旗帜，竖起了一根标杆，具有深刻的奠基性和里程碑意义。因为，他已从广大青年中走出来，走向了与众不同的"这一个"，让他的爱好，他的天赋，他的智慧，凝成诗的精华，像潺潺流响的山泉，一发而不可收，尽管这山泉还是那么细小，缺乏生龙活虎的活力。

　　从艺术性上来看，这首小诗已蜕出快板式韵文的一味顺口，注入了艺术的因素。首先，是运用比喻的手法产生了艺术的效果。诗中的"风里灯""红日（太阳）"，不是直接的描摹对象，它们是借用来比喻"单门独户"和"集体力量"，是把这些抽象的事物变得具体生动可感，从而让读者感受它的深层本质。第二句中的"红日"更是具有双重内涵，它表面是指自然界中的太阳，深层次是用"红日"来比喻共产党的领导，像"红日"一样，照亮人们的心田，让人感受到共产党力量的伟大，更加热爱她。这是一次了不起的尝试，为他后来的创作指明了方向。其次，四句话已不是句句押韵，第三句故意不入韵，更符合诗歌抑扬的节奏，读起来顿挫有味。再次，是运用对比的手法，把"独户"和"集体"幻化为"风里灯"和"红日"，放在一起作比较，让人看到孰轻孰重，产生强烈的褒贬色彩。

　　这首小诗，一经登上村子的黑板报，便在群众中激起轩然大波。很多人相约来到黑板报前指着念着，记性好的人能把它背诵下来，在不同场合引用。这不就是诗歌的教育、感染和影响作用吗？

　　李强华一下子成了乡亲们公认的诗人，不少同龄人跟着他也要学着写诗。有些老年人把自己从小记着的民谣念给他听，他如获至宝，总要把这些民谣一句句记下来。久而久之，他身上装的小本子记下了许多民谣。这些民谣又走进他的记忆里，成为诗歌创作不可多得又取之不尽的素材之源。

　　积极参加村子的青年工作，抽空写几首小诗，为强华的发展提供了机遇。这年秋天，共青团鄂县委员会在县城机关举办团干部学习班，村里推荐强华去参加学习。一个多月的学习培训，既提高了他的文化水平，又取得了开展农村青年团工作的经验。回村后，便担任村子团支部书记。

在村子党支部的领导下，李强华组建起村子团支部新一届班子，带领团员青年开展初级社的工作。由于积极肯干，为他赢得了广泛的人脉，也赢得了一份爱情。经人介绍，他与五桥区六合乡李伯村中堡的女青年杜亚兰（小名亮亮）定下婚约，并在乡政府领取了结婚证。

1955年正月，刚满20岁的李强华，与心中爱慕的杜亚兰，伴着千百年来农村传统的结婚仪式，走进婚姻的殿堂。

李强华没有显赫的家庭环境，没有丰盈的物质基础，却如愿地获得了一份甜蜜的爱情。他靠的是积极向上的朝气，靠的是敬老持家的执着，靠的是才情的纵横奔放。这是那个时期的时代精神、爱情观念在一对年轻人身上最鲜明的解读。

一个女婿半个儿，真诚厚道的李强华践行着这一理念。丈人家里有什么重要活计，就有他的身影。他用默默的出力流汗，赢得了丈人全家人的厚爱。

1956年夏末秋初的一天，强华与妻子亚兰又去丈人家帮忙盖门房。然而，强华一家还没有自己的住房，一直在崔家堡租房过日子。父亲李致安一心想盖起属于自己的房子，因为孩子们一天天长大，他们要成家立业。于是他用多年的积蓄，于1953年在丈八寺村买回三间瓦房，拆掉旧木料、砖瓦拉回县城崔家堡，准备动工盖房子。这件事被长安老家的兄弟们知道了，他们不愿意老七在鄂县落根，强硬地予以阻止。李致安沉思良久，便动用人马，把所拆除的木料砖瓦全部送回长安老家。

好在天喜、天成都在部队，来福尚小，李致安在租住的那间土屋里为三子强华完了婚。看着儿媳杜亚兰不嫌屋小，高高兴兴地和他的儿子强华过日子，李致安心中总有一种愧疚之感。他虽然精明且在外颇有名气，但到花甲之年，还没为孩子们建起新房，一种无形的压力积郁在胸，一种苦愁折磨得他显得分外苍老。

李强华也有同样的愧疚之情。看着丈人家盖门房，爱妻却与自己住在那间低矮的房子，且还是租用的，他干活时都不敢正视那最爱的人。然而杜亚兰却像没事一样，要干什么活儿，总是甜甜地叫一声："欸，过来帮忙。"

世界上最美的爱情，莫过于贫贱夫妻间的心心相印。这种心心相印，是因为双方相互深层的了解和理解，确信所爱的人怀有善良的心地、奋飞的翅膀而真诚地倾慕且携手前行。杜亚兰选择了李强华，不是选择他的贫贱，而是选择他的一腔质朴、一颗雄心、一份才气。我们钦佩她的慧眼。

"失火了，失火了，快救火呀！"李强华正在干着手头的活儿，突然远处传来急促的叫喊声。

听到喊声，正在房顶干活的强华猛抬起头，只见村南冒起滚滚浓烟。他立即放下手头活儿，溜下梯子，提起水桶，高喊："快救火啦！快救火啦！"不少乡亲们跟着他直奔失火现场。

原来是李南村一个生产队的麦草垛失火了。只见升腾数丈高的大火，疯狂蔓延，直逼南面的几亩竹林和北面的几间茅草房，情势十分危急。强华冲在前面连扑带打，又指挥人们：

"快拿杈把下风口的麦秸挑开，从上风口泼水。"

"那是谁？"一位乡党见烟火里来回跑动的陌生身影，忙问身边的人。

"不认识，是过路的呗！"手提水桶的一位老者，一面猜测，一面夸道："真是个好小伙子！"

经过乡亲们紧张地扑救，大火终于扑灭。当人们缓下气来歇息时，生产队长想起刚才那位年轻人，便问起来："咋不见刚救火的那小伙子，他是谁？"

"那是李中村杜家的女婿。"有个认识的人说。

"真是个好青年！"在场的人们齐声称赞。

强华这时已经回到丈人家，上了房又干起手头的活儿。

是好钢，经过炉膛淬火的冶炼锻打，便会熠熠闪光。李强华就是一块好钢。他在家里受长辈、同辈优良传统的耳濡目染，在社会上接受党组织的思想教育和乡亲们朴实仁德的潜移默化，年轻的生命已经闪烁出自我修身、替人着想、自觉助人的灼灼之光。

第三节　姐姐邀娘家　追梦新起点

1956年初，城关区楼西乡崔家堡，初级社已经全面建起。土地入股分红的政策，极大地调动了广大农民群众的积极性。响应党中央由初级社向高级社转变的号召，村子已着手将土地收归集体，向按劳又兼按需分配的高级社发展。

这一年，对于李强华来说，也是不平凡的一年。

他自觉参加李南村麦垛救火之后，深切感到了群众力量的伟大。那是一股不可遏制的滚滚洪流，如果把它们组织起来，共同发展，将是一副波澜壮阔的画卷。他更加觉得党中央倡导办大社政策的正确，作为青年团干部，他积极参与村子办大社的宣传工作。

青年人朝气蓬勃，对新生事物接受快，感受深，满腔热忱地拥抱它，往往会让自己得到震撼心灵的收获，李强华就是这样的青年。

这一年的农历正月初二，对强华来说，是人生方向发生质变的一天。

那是一个雪兆丰年的年头。强华的母亲韩清贤早晨起来打开门，心里却像这漫天飞雪的天气一样阴沉。那门上的新春联，那街道上隐隐染红了白雪的鞭炮碎屑，怎么也唤不起她对春节应持的喜悦。

"你姐今天肯定来不了了。"返身回到屋里，她对强华和正在侍弄着零散鞭炮的小儿子来福说。

来福停下手中的忙碌，屋子里的空气似乎也沉重起来。韩清贤看着已显苍老的丈夫李致安，只听他犹豫地靠着土炕的光墙，沉沉地说了一句：

"娃好几年都没拜年了——唉！路太远，今儿又是大雪封路，娃怕真是来不了了。"

那大雪似乎听到埋怨，心中不平，更加肆无忌惮。只听得北风一阵阵呼叫，一股雪花便从那木框窗口的缝隙挤进来。

这一天与女儿焕文一家的团聚肯定被这飞雪搅黄了。

"吱咛——"门被推开了。一股冷风把一个雪人推到了这小屋里。一家人不约而同地抬头望过去。

"爸，妈，我回来了。"

那是女儿焕文熟悉的声音。只见她在身上拍打了几下，地面上便落下一层薄薄的白雪。屋子一下雀跃起来。

"快坐——快坐！妈给我娃舀饭去。"母亲赶紧溜下炕，忙活开了。笑容在父亲李致安脸上的皱纹里荡漾。

"姐，这么大的雪，你是咋来的？"强华一骨碌翻起身，跳下炕问。

"如今通了火车，情况好了。坐火车快得像刮风，一会儿就到了。"焕文一面哈着手一面说着，被弟弟们拉上了炕。

强华望着姐姐一身新打扮，心里一阵阵地激动，觉得新生活变化得太快了。

是的，1956年，国家为了给新建不久的军工企业惠安化工厂供电，在秦岭北麓的余下、石井地域建起了火力发电厂，又专门从西安火车站到余下修了一条短程的西余铁路，主要是用火车为电厂运输煤炭，兼顾客运，极大地改变了沿线村民交通出行的条件。

这天夜里，强华怎么也不能入睡。新中国像巨人一样的脚步，迈得太激越了。他想到了土改打土豪分田地热火朝天的景象，想到后来自己和几户群众率先办起互助组相互帮扶的情景。农业合作化发展起来，他又带着自己家里的几亩地入了初级社，后来又入了高级社。由于积极肯干，他入了团，现在已是村子的团干部。他还想到姐姐嫁到长安斗门镇官庄村，离娘家鄠县县城有六七十里路，先前遨一次娘家需先一天下午动身，天黑要在沿路村庄借宿一晚，第二天中午才能赶到娘家，所以几年也难得来一趟。现在好了，从斗门火车站上车，半个多钟头就到了鄠县车站，一下车就扑到了娘的怀里。

"我要把这些变化写出来。"

新中国的巨变，翻身做主人的喜悦，让李强华产生一种情感的冲动，萌生了写一首诗的心愿。但心愿即使有一定主客观条件做支撑，要变为现实也有一段遥远的距离，何况他从来就没有接受过诗歌创作的系统学习，仅仅有一些编顺口溜的感性实践，要创作一首有一定思想性和艺术性的诗歌谈何容易？

他首先遇到的问题就是具体写什么。若像以往一样，去编几句顺口溜抽象地呼几句口号，他觉得不过瘾。突然想到姐姐说的一句话——"坐火车快得像刮风"觉得很有趣味。这句话像一个火把，把他的心燃烧得亮堂起来。

"就写姐姐遨娘家吧！"

心智之门被打开了，顺着往里走，他探索着，思考着平时所见所闻的点点滴滴，思考着生活前后变化的点点滴滴，不经意间撞开了诗歌创作那扇最关键的大门——细节。他没有这方面的意识和自觉，是因为思想的自由翱翔，就像鸟儿展翅奋飞，竟飞进一个富含诗意的林子。他仍然发挥自己写顺口溜的特长，一句、两句、三句，一个细节、两个细节、三个细节地把它们编成队。他以前从来没有这样去运笔，也从来没有这样动情。这是李强华诗歌创作一次脱胎换骨的实践，《姐姐遨娘家》的初稿终于带着探索性的尝试拉出来了。

然而他对初稿并不满足，那是想走进柳暗花明，却总被绊在山穷水复之中。他感受着写作不是那么容易，就像田间劳动，不出大力流大汗，就没有收获。只是现在流的不是汗水，而是心血。沉淀、修改，修改、再沉淀，几经反复，他有了不知饭菜香味的感觉。终于，几个月的磨砺，诗作定稿了。

这年十月的一天，强华怀着忐忑不安的心情，把诗稿投给了《鄠县报》。《姐姐遨娘家》首先进入许度阔编辑的眼帘，他几乎是高声朗诵出来的：

从前姐姐到我家，要用步行慢挣扎。
如今姐姐到我家，嫌用步行太麻达。
不骑骡子不骑马，坐上火车像风刮。

从前穿的破破烂，如今穿的满身花。
新鞋新袜新手帕，彩绸扎辫真利洒。
不是她好洋爱打扮，只因社里生产大增加。

"这诗真好啊！"许度阔编辑一口气读完，不假思索地评价。这是那些优秀的编辑对美好精神食粮爱不释口、锐敏品味之后由衷的感悟。

《姐姐遨娘家》发表在当年 11 月一期的《鄠县报》上。1957 年 2 月，被《陕西日报》转载，产生了一定的社会影响。

一篇好作品，被读者阅读、认可，从而产生轰动效应，首先是媒体编辑的慧眼识珠，然后经过锦上添花，再通过刊物送到读者手中。所以，当一篇作品感染着时代，冲击着读者心扉的时候，我们应该对那些辛勤、智慧的编辑们深深鞠上一躬，说声"谢谢"！

《姐姐遨娘家》成为 21 岁李强华的处女作，也是他的成名作。

《姐姐遨娘家》创作的成功，不是一朝一夕偶然的不期而遇，它是李强华十几年新旧生活撞击心灵之堤，汹涌澎湃而激起的浪花。它是李强华从读《三字经》起步，一面品味，一面试笔，走过黄河九曲十八弯后才有如壶口瀑布般激情的迸发；它是李强华这位热血青年，热爱生活，拥抱生活，与时代同起伏、同进击，用手中的笔做出的精彩记录；它是李强华祖孙三代几口人租住在那间土坯房的热炕上，他夜晚听着妻子摇动纺线车，借着微弱的煤油灯光，蹴在炕角，高兴地让心中彩蝶般的诗句，从狭窄拥挤的小屋飞向远方最丰硕的收获。

时代厚爱这样的热血青年。李强华成了《鄠县报》预约的投稿者，县、社、村三级干部找他谈话，省、市文化部门领导写信勉励。

李强华以坚定不移走写作之路的抱负，回敬时代的厚爱。这是他写作劲头一发不可收的一个精神源泉。从那以后，从生产到生活，从学文化到剪窗花，他对农村一切变化都感兴趣。他在做好工作的同时，利用开会、学习、劳动的间隙去构思作品，以保证诗歌之火在胸中熊熊燃烧。

每天清晨，他迎着朝霞，踏着露水，呼吸着清新的空气，怀着对生活的无限憧憬，聆听时代的脚步声，不由自主地引吭高歌。

看到贫下中农翻身后搬进分到的瓦房里，姑娘们高兴地打扫布置，便写《剪窗花》：

贫农姑娘剪窗花，要剪人民坐天下。
一剪分下牛和马，二剪为国种棉花。
三剪农业集体化，四剪扛枪保国家。

看到合作化后粮食丰收了，群众推着车子高高兴兴卖余粮，便写《卖余粮》：

铁轮大车轱辘辘响，车车装的是余粮。
口袋的苞谷赛黄金，口袋的小麦喷喷香。

庄稼汉，喜洋洋，个个脸上放红光。
今年家家有余粮，交给国家添力量。

看着隔壁老伯身穿单衫，气昂昂地闪着担子，为秋后农田送粪，便即兴编了首快板：

张老汉，七十三，肩挑粪筐脚如电。
自从来了共产党，干起活来赛青年。

喜得张老伯合不拢嘴，天快黑了，他还挑了两担。旁边的人也鼓起劲，你两担他三担地干得热火朝天。这时村里青年刘二牛刚从县城转悠回来，乡亲们见了都气呼呼的。不知谁嚷了一句："强华，给二牛也编几句。人家忙着送粪，他却逛大街。"李强华听了顺便编了首打油诗：

> 二牛子，你太犟，叫你起粪你嫌脏。
>
> 大家争着去送粪，你却逛街不应当。

张大伯听了，把最后一句改为："你却偏偏上街逛。"

天黑了，大伙都散了。忽听一旁有人喊："张大伯，是我不对。"那是二牛的声音。

正能量的事物在李强华笔下放射出催人奋进的光芒，一些落后的人和事，他能幽默地指出它们对社会发展的负面作用，用手中的笔作拐杖，帮他们扶他们，促使他们赶上前进的队伍。

村里青年孟根财，家境贫苦，未上学读书。土改时家里分得田地房屋，他不忘党和政府的恩情，从部队复员回村子后，关心集体，积极参加农业生产劳动，决心以实际行动改变贫穷落后的面貌。

1956年9月的一天，他下工回来，急步来到西街供销社灌煤油。排上队他好不容易到了柜台前："同志，给我灌二斤煤油。"

售货员请他拿出票证，他急忙掏出来递了过去。

"这是退伍证。"售货员说着，惹得周围人一片笑声。根财羞愧得真想找个地缝钻进去，满头大汗地跑回家。没文化真是不行，事实教育了他，从此，他决心参加村子民校扫盲学习。

李强华了解到这件事，精心写出《孟根财灌煤油》一诗，后来又改编成眉户花音小戏，排成节目演唱，教育群众要识字学文化，做一个有文化的人。《孟根财灌煤油》诗云：

> 孟根财，是青年，家住户县城西关。
>
> 不学文化不识字，提起上学心里烦。
>
> 九月十九晌午端，社员收工回家转。
>
> 他想抽空把油灌，连蹦带跑在人前。
>
> 急得周身都出汗，回家拿上一块钱。
>
> 手里提起煤油壶，一个本本装身边。
>
> 急急忙忙街上赶，合作社里把油灌。

合作社里人挤满，根财心急往里钻。

连拥带挤站人前，呼哧呼哧把气喘。

手取本本又掏钱，一看本本大瞪眼。

"唉！老乡，怎么拿退伍本本把油灌？"

旁边人都议论："哎呀，这小伙真是冒失汉！"

说得根财红了脸，屁股一扭回家转。

越思越想越难受，决心上民校把书念。

　　这首诗歌叙述了新中国成立之初，一位退伍回乡的军人，因缺少文化，把退伍证当油票来灌煤油的故事，十分形象地告诉人们，文化知识在农村新生活中有着多么重要的作用，从反面突现了当时在农村开展扫盲工作的必要性。诗人在叙事中，分寸把握得恰到好处，字里行间没有嘲笑，没有奚落，处处充满诙谐、幽默之趣，饱含惋惜、规劝之情，达到了让当事人乐于接受教训，从此努力学习文化的效果，又让读者产生同情和帮助的目的。

　　这首诗歌的成功创作，让李强华进一步感受到诗歌的教化作用。

　　1957年农历六七月间，秋雨连绵下个不停，致使涝河涨水，河堤决口泛滥。面对这一灾情，楼西乡五星四社等十几个高级社组织起来，联合治理遇雨泛滥，淹没沿途村庄的涝河。几千名青壮年劳力经过冬季三个月的连续奋战，在涝河经过县城西关崔家堡向北延伸三里的河道东岸，修起一条防洪大堤。作为共青团干部的李强华积极参加并带领团员青年组成突击队，日夜奋战在劳动现场，工余写下不少诗歌。

　　这一年，李强华共发表诗歌作品15首，其中在《鄂县报》发表10首。《下放干部到我家》《全家忙》《两个大嫂》《姐姐手艺真不差》等四首诗先后在《陕西青年报》发表。

小喜鹊，叫喳喳，下放干部到我家。

昨天打了一眼井，今晨又去把麦拉。

白天干的庄稼活，晚上夜校教文化。

爸爸笑，妈妈夸，下放干部顶呱呱。

这首刊登在《陕西青年报》的诗作《下放干部到我家》，为我们再现了建国初期，干部下放农村，与农民群众同劳动，为他们教文化的真实场景，让我们感受着党的这一优良传统对于改变农村面貌的深远意义。

李强华开始用诗歌歌颂新社会、新生活，用诗歌编织自己的人生；诗歌也开始为他的奋飞插上了一双有力的翅膀。

第二章　诗意风发期
（1958—1965）

第一节　伯乐策骏马　勤奋拓诗境

　　1958 年，为了配合和促进工农业生产出现的空前发展局面，全国各地兴起的创作新民歌运动，像汹涌澎湃的浪潮，一浪高过一浪。4 月，《人民日报》发表了《大规模搜集民歌》的社论，民研会联合其他单位组织召开了民歌座谈会，并主持召开了中国民间文学工作者第二次代表大会。于是，在全民创作热潮中，民歌带动了诗风的改变，打破了"民间诗人"与作家的界域，新型的"农民诗人"成为"社会主义文艺战线上的先锋"，以王老九为代表的民间诗人与李季、阮章竞、田间等作家诗人获得了共同的文化身份与话语表达能力，他们的作品都是新的政治生活与劳动生活的抒写。这一年，由郭沫若、周扬主编出版了民歌选集《红旗歌谣》。全国各地省市一级以上铅印出版民歌单行本近 800 种之多。同时，全国民歌创作与传唱，出现了"千人唱，万人和"的局面。开展了多种多样的创作活动形式，各地广泛成立诗歌创作小组，开辟诗歌创作园地，把民歌与绘画、音乐相结合等，在全国产生了极其重大的影响。

　　李强华以满腔热情拥抱这一热潮，他的诗歌创作如鱼得水，如鸟出林。农村的积肥、翻地、植树造林、抗旱、"铁牛"到咱庄、选代表、听广播、春种夏管、秋收冬藏等等，在他眼前映现，在他脸上闪动的汗滴，流下来，注入笔尖，那场面，那感受便在纸上流淌。他像一个在海滩拾贝壳的孩子，蹚着脚下的海水，俯身抓起一把又一把宝贝。

1958 年秋季李强华创作的《稻香熏得人心甜》，1959 年 8 月 8 日发表在《人民日报》上。这首诗最初题目为《丰收曲》，写了 40 多句。他觉得太啰唆不集中，叫诗友们提修改意见，又下狠心改了十几遍，最后缩短到 16 句。我们读着其中的一节诗句："舞银镰，捞珠串，稻香熏得人心甜，眼前一片珍珠滚，脚后堆起金银山。"仿佛在近看水田银镰串珠，远观珍珠堆成山的丰收景象中，心窝里同样被那稻香熏得又醉又甜。

秦川的麦收时节，李强华以诗人独有的目光，居高俯视秦岭巴山，像披着的黄蟒，铺天盖地闪金光；亲临麦田，感到那一把把镰刀，路上一辆辆马车，组成了麦收时节的浩荡大军；挥动皮鞭，更感到麦场上那碌碡滚动的旋律，在红旗飘扬的麦堆旁，高歌着新麦进仓的丰收曲。

八百里秦川一片黄，八百里秦川一片香。

秦岭巴山披黄蟒，铺天盖地闪金光。

千万把镰刀明晃晃，千万个马车排成行。

千万人上路如穿梭，千万片麦田收割忙。

……

秦川麦收时节那繁忙的场面，铺在诗人的脚下，呈现在诗人的眼前，酝酿在诗人的心头，形成独特的感受，便诗化成这一幅幅恢宏震撼的画卷，这是黄土地对诗人的馈赠。因为黄土地夏秋庄稼成熟之时，是农民们一年中最繁忙却也是最欢悦之时。他们在春季浇灌汗水，播下希望，在夏秋耕耘风雨，开始收获梦想。那小麦、水稻、玉米等作物用丰硕回报付出，只有辛勤的庄稼人能够感受到其中的苦和乐。他们年复一年在黄土地上，从事着苦乐轮回的事业，作为农民的后生，李强华身临其境，也最有感触。他参与和见证了小麦、水稻、玉米等从下种、出苗、拔节、孕穗到成熟、收获每一个环节的苦辣酸甜，他要用手中的一支笔为他的父兄代言，他要从庄稼人的角度抒写对丰收景象的向往，同时，他又以诗人的敏感，采撷了独到的感悟。我们不仅看到了一幅幅震撼的画卷，更看到了在新中国成长起来的一位农民诗人的抱负和风采。

1958 年 8 月，东风文艺出版社出版了《陕西新民歌三百首》，李强华的这首《麦收时节》连同他这一年创作的多首诗歌收录其中。

同年秋季，全民搞水利。李强华当即坐在家里就想写一首长诗，然而他提起笔绞尽脑汁，本子上只留下几句口号，自己读着都感到干巴巴的。这时，村上组织一部分人参加九丈原修渠会战，他积极报名参加。看到声势浩大的劳动场景，很受鼓舞，当晚就写了一首水利战歌：

> 九丈原，百里宽，旱龙盘锁几千年。
> 塬上虽有万顷地，庄稼十料九不见。
> 农家将，是猛虎，筑新岸，开河路。
> 誓师会上一声响，河水要从这里走！

这首诗一经寄出，便发表在 1959 年《延河》二月号上。这让他深深感到，一首好的诗歌，不是坐在屋里苦思冥想出来的，而是在集体火热的劳动中那挥舞的镢头，触动了灵感，思绪便纵横放飞，然后用笔头扯出的一根细线系着拉出来的。

李强华像一匹千里马，已经拉着诗歌创作的犁铧，开始扬鬃奔驰在农民诗坛的原野上。

世有伯乐，然后才有千里马。如果没有伯乐的慧眼，真正的千里马也只能被凡眼视为普通的马而圈养，那么，它日行千里的秉性就会被埋没而变成普通的马。认识李强华是诗歌创作千里马的，起码有两个伯乐，其中第一个伯乐就是当时任户县文化馆馆长的谢志安。

谢志安，鄠县县城北街七一村人，和李强华是近邻，比他大 12 岁，1951 年开始担任鄠县文化馆馆长。他是在 1954 年建立农村俱乐部开展农村文化活动中，认识爱写顺口溜的李强华的，一种职业的敏锐感让他把李强华作为诗歌创作的新苗精心培养。

"今后要看书报就到馆里来，文化馆的大门向你敞开着。"谢馆长几次拉着强华的手满心欢喜地说。

那时，白天参加劳动，只能在雨天或农闲时来文化馆。

"只要你爱看书报，给你时间不限制。"

晚上，文化馆阅览室那一片昏暗的灯光，陪伴着一个青年人的身影直到夜深人静。后来，一些书报索性被他带回家里，细读慢思。

"这是毛主席《在延安文艺座谈会上的讲话》单行本，送给你认真学习。"一次，谢馆长来到强华的家里，给如饥似渴的年轻人送来最丰美的精神食粮。

年轻的李强华吮吸着从谢馆长那里提供的创作营养，只觉得顺口溜写得更顺溜了。他不时把自己的新作拿给谢馆长看，谢馆长看到激昂处便读出声来。

"有进步，好好写。"

两人顺便坐下来，谢馆长有的放矢地给李强华讲一些诗歌创作的基本理论，告诉他如何分段，如何转韵或一韵到底。

像一张纸，深深浅浅的墨点洒下去，除了吸收还在向四周洇去，纸面有了丰厚感。李强华只觉得脑子里飞进了一只只舞动的蝴蝶。这些像蝴蝶一样舞动的诗歌，凭借它在新民歌运动平台上的放飞，让他感到手中的笔像插上了彩色的翅膀。

江南的小伙抢收金稻，北国的姑娘喜摘银棉。
欢乐的渔家满载而归，草原的牧童扬起响鞭。

这些摘自《祖国颂歌——献给十一届国庆》的诗句，已经走出顺口溜的桎梏，开始飞向新诗的港湾。

文化馆门前的"诗画专栏"，张贴着群众创造的诗歌，喜欢阅读的读者，开始在上面注意"李强华"这个名字，并读着他创作的一首又一首小诗。

"我选了李强华几首新作，推荐给《鄠县报》《咸阳报》和省市群众艺术馆。"

谢馆长让强华创作的诗歌乘着春风飞向远方。不久，文化馆在西郊村成立了文艺创作小组，建起小小的阅览室，更拉近了他阅读《群众日报》《陕西农民报》《文艺报》和《延河》等报刊上诗歌的距离。他像一只勤劳的蜜蜂，一有时间就嗡嗡嘤嘤地飞进诗文的花蕊，贪婪地采集那取之不尽的花粉，然后入巢为读者苦苦酿造诗歌的蜜汁。

1958年夏秋之交，文化馆决定编辑一册《李强华诗歌专集》，因经费不足，便刻蜡板油印。诗集出来后，向县上有关领导和省市文化部门赠送。省市艺术馆又以内部形式刊出了《李强华诗选》。

李强华的名字连同他的诗歌开始在三秦大地传扬。

一个人不管如何有才智，不管取得多么大的成就，如果没有组织的关心，没有有识之士的举荐，靠单枪匹马是肯定走不远的。

李强华是幸运的，他的诗作和名声的云帆，是被阵阵春风吹拂着扶摇远航的。

然而如同任何事情的发展都不是一帆风顺的一样，李强华的诗歌创作也是在经历了一番磨难之后，又开始坚韧执着地前行。

那是 1957 年秋雨绵绵的一天。

一个干部模样的人，打着一把雨伞，脚步有些沉重地来到李强华的家门口。

"强华在家吗？"

强华赶快跑出来迎接："谢老师，啥风把你吹来了？"

"啥风？——冷风。"谢馆长风趣地说。

谢馆长放下雨伞，还没坐下来眼光便直盯着李强华问："强华，这一段时间咋没见你写啥？"

强华不好意思地搔着头："谢老师，不是我，我没写……写得也不少，寄出去都被退了回来。"一种自卑的神情在他脸上荡开来，"还是咱文化底子浅，闹不成那事儿。"

一听这些话，谢馆长脸上的表情和口中的语气一样严肃。

"强华，你不要小看手中这小小的笔，你知道毛主席是咋讲的？他说革命文艺是整个革命事业的一部分，是齿轮和螺丝钉。你要知道，你不光是在写诗，而是在干革命，一点挫折就把你的脚步给挡住了？"

强华目睹和感受了农民群众翻身得解放，当家做主人的豪迈之情，他对眼前日新月异的新生活爱都爱不够呢！他打心眼愿意做革命事业这台大机器上的齿轮和螺丝钉。

"谢老师，我继续写。"强华觉得，只有这句表白能够表达他要向谢馆长倾吐的心里话。

谢馆长笑了，拍了拍强华的肩膀："你是有志气的，我相信你。"

一个有抱负的青年，一旦看清了脚下的路，是任何尘埃碎石也挡不住前进的脚步的，李强华正是这样的青年。1958 年，他在诗歌创作中取得的成绩，做了最有说服力的诠释。

一把雨伞，为李强华一度迷蒙的脚步挡住了从他心底溅起的泥泞。心路开通了，路旁的绿草碧树沐浴着雨伞滑下的雨滴，开出朵朵诗花，把心路装点得那般绮丽。

这把雨伞，不就是伯乐手中策马的长鞭！

王老九是认识李强华这匹千里马的第二位伯乐。

1959 年 3 月，陕西著名农民诗人王老九根据形势发展需要，在陕西《延河》杂志上摆起诗歌擂台。24 岁的李强华看到这一消息，非常兴奋。几年前他就在报纸上读过王老九的诗，谢馆长也给他推荐过王老九的诗。那形象生动、通俗易懂的诗风，很合他的口味，他总想着啥时能见见这位王老，向他好好请教请教。现在他觉得机会来了，便把自己关在房子里，冷静地思考着怎样去响应。经过几天的筹思，一首《我先提笔走上来》的诗歌写出来，寄给了《延河》杂志社。

> 诗人老九摆擂台，陕西歌手笑颜开。
> 群才齐奏快乐歌，我先提笔走上来。
> 我的笔杆是锄把，锄头底下开诗花。
> 小麦密得像竹林，棉桃结成蒜疙瘩。
> 诗镢头，诗铁锨，钻到地里诗花溅，
> 笑声飞向白云里，诗花映红半边天。

一石激起千重浪。这首诗不但震撼着王老九，更在省市作协领导层掀起一股冲击波。

机会总是留给那些付出不懈努力，在某方面已站在一定高度的拼搏者。

1959年秋季的一天，李强华收到陕西省作家协会邀请他在省作协大院开会的通知。

这从天而降的喜讯，强华没有想到。大凡意料之外的事情能落在意料之中，突出的贡献是转化的首因。李强华已经具备了转化的条件。

然而，那天因客车在半路上出了故障，他迟到了。好事总是多磨。会议在省作协一间小会议室举行。当他急火火敲开房门，迎接他的是柯仲平、胡采、柳青、杜鹏程、王汶石、王老九等一道道陌生的目光。他感到有一种威逼的力量，因为与这些大作家的穿戴相比，自己太老土了。王老九看出他的心思，把他拉到身边坐下。

这一拉，是又一位伯乐与千里马不寻常的牵手。

这一拉，拉开了陕西农民诗坛师徒关系的序幕。

这一拉，拉近了两位诗歌圣手多年的交情，拉出了陕西农民诗坛两代耀眼的领军人物。

王老九是西安市临潼区相桥镇北王村人，原名王建录，比李强华年长39岁。旧社会就编出多首揭露恶霸地主的快板诗，在百姓中广泛传播。1946年，临潼县相桥镇联保主任、大恶霸秦颂丞借催粮之机，把王老九毒打了一顿。

1949年，王老九的家乡解放了。

1950 年，人民政府决定枪决恶霸秦颂丞。在宣判会上，王老九被区领导和群众请上台，用快板历诉秦颂丞的罪行：

秦颂丞，大恶霸，相桥为王坐天下。

河滩将他一枪打，除了肚内大疙瘩。

……

王老九的诗，以其奇峭质朴、令人耳目一新的风格，生动地表现了翻身农民的喜悦和当家做主的豪情，创造了一个"王老九时代"，是家喻户晓的农民诗坛明星；他曾 5 次被选为代表进京开会，3 次受到毛泽东主席的接见。

李强华清晰地记得，这年的三月，他是第一次去西安作协开会时，认识王老九的。那次见到王老九这样的名人，他有些拘束，王老九却笑着说："坐下，坐下，我也是农民。庄稼汉见了庄稼汉，咱们的话能说到一块。"

强华会意地笑了笑。

王老九继续说："如今，咱们农民翻身成了国家的主人，摇动笔杆子写诗作歌，这是过去做梦也不敢想的事。我看过你写的民歌，咱们农民，写，就写咱熟悉的新生活。"

那晚十一点了，强华翻来覆去睡不着，心想，王老九是全国有名的农民诗人，可他那么平易近人，又以诚相待，实在难得。会议期间，李强华和王老九同吃同住，又一起学习毛主席《在延安文艺座谈会上的讲话》，好像小学生依偎在老师身旁，形影不离。

记忆中的美好情景，拉近了李强华和王老九的距离。心中的愿望萌生着、成长着，到了开花结果的时候了。

这次开会，省作协领导把李强华和王老九安排在一间房内休息。

王老九还是头戴瓜皮帽，嘴里噙着旱烟袋，看上去六十开外。他坐在床边，一手拿放大镜，一手拿笔在纸上写东西。

"王老在上，请受我一拜，收下我这个徒弟吧！"强华走进房门，就屈膝叩拜叫出声来。

"起来，起来，不用磕头咧。如今解放了，不兴那一套了。"王老九转过身，赶忙起来扶起强华。

强华坐下来，王老九笑眯眯地指着他："你这个李强华呀！"

强华嘿嘿地笑着，心里充满了期待。

王老九把放大镜放在桌子上，"嗬嗬"一声说："你那首《姐姐邀娘家》我看过，写得很好。歌颂社会主义，反映新生活，以后就照这样写下去。"

年轻气盛的李强华听后，按捺不住内心的喜悦，早已想好的诗句顺口飞出：

好个诗翁王老九，扶犁写诗多面手。
满肚飞出花蝴蝶，化作歌儿挤破喉。

王老九愣了一下，回过神来喜得直拍大腿，稍作沉思，便回敬一首：

好个诗芽李强华，亲人欢笑敌人怕。
挥笔启开新篇章，化作彩霞落万家。

正当这一老一少诗兴大发聚精会神对诗时，门"吱儿"一声响，走进一位手端茶壶身着便装的人，满面笑容地说：

"你俩在这边对诗，听得我在隔壁睡不着觉，过来搭帮了。"他就是扎根长安县皇甫村的著名作家柳青。

第一回合结束了，强华把手伸进口袋，掏出一张纸："师傅，徒儿最近写了几首诗，想请您给指点指点。"

王老九接过，又拿起放大镜，仔细地看了好一会儿。

强华默默地盯着师傅王老九，一种怜惜之情油然而生，因为师傅身体那般瘦弱。他靠着坐在师傅身边，便给他介绍他们村里一位耄耋老人的健康秘诀，希望师傅长寿。王老九听着听着动了情：

我是老汉你是杖，拐杖为我添力量。
走路好像三条腿，上坡不用他人帮。

强华听师傅为自己赠诗，不回赠礼尚不通，便即席凑上几句：

你是春雨我是苗，禾苗长得节节高。
无墒幼苗会枯萎，汗水透出乐陶陶。

这天晚上，李强华怎么也睡不着，已是十点多钟了，他怕影响师傅休息，便把灯关了。师傅也睡不着，高兴地摸黑又来了一首：

> 好个歌手李强华，也会提笔握锄把。
> 写诗歌颂新生活，务棉花开赛雪架。

强华一听这戏还难落台，只有步师傅后尘，思索片刻，又献上一首：

> 好个诗人王老九，也会捉笔也会锄。
> 写诗赞美共产党，务谷料料夺丰收。

两人躺在床上，黑暗中对诗又震撼地进行了第二个回合。

一间小屋，两张木床，见证了中国农民诗坛，两代领军人物拜师的传奇。男儿膝下有黄金，李强华向王老九叩拜，是把膝下的黄金，献给他心目中的一位诗神，让他点化自己手中歌颂新生活的武器成神来之笔。王老九收下了这位关门弟子，因为他从几个回合的对诗中，感受到这个年轻后生的机敏和睿智，看到了农民诗坛的希望，甘愿为这希望的花蕾浇灌自己的心血。他相信不久的将来，那花蕾将为黄土地绽放出云霞满天的诗歌春色。

李强华二拜王老九是 1960 年春上在西安郊区白庙开会时。那一次，他直截了当询问师傅如何才能把诗歌写得形象。

"你问诗歌如何才能写得形象，这重在技巧。诗歌不是喊标语口号，一经比喻，就形象了。"

师傅真诚传经送宝，并列举了他解放前夕写的揭露当地恶霸秦颂丞勾结军阀胡宗南的一首快板诗：

> 秦颂丞，胡蛮蛮，上下磨扇转得欢。
> 磨得百姓骨头碎，血榨净来油抽干。
> 有朝一日天睁眼，砸烂磨扇撂河滩。

这首诗之所以成功，是因为他把秦颂丞残害百姓比作上下转动的磨扇，引出磨扇磨碎百姓骨头，榨出百姓血汗的形象描述。这如同烹调食物，没有精美的佐料参与，任你是优质的白米细面，蒸煮出来也是索然无味的。

强华歪着头，仔细听着，像在初春听着头顶上隐隐轰鸣的惊雷，又像一阵春风吹来，只觉得心头一直冻结的创作坚冰开始融解，他似乎看到不远处，一湖盈盈的春水正向他涌来。

把师傅的教诲牢记心里，李强华开始注意用比喻的手法指导自己的创作。他1963年在参观县上举办的阶级教育展览后写的留言诗《剥削者的铁证》（组诗）就是按师傅教诲指导创作的范例。

千里马的成长，除了伯乐的慧眼相识，真诚相扶外，自我不息地奋蹄尤为重要。对诗歌的痴迷、执着、勤奋，是李强华自我奋进的内动力。

1956年，《姐姐遨娘家》处女作的发表，让李强华深深爱上了诗歌创作。1958年新民歌运动，为他展现诗歌创作才华搭建了平台，先后在《西安日报》《陕西农民报》《陕西日报》《延河》《人民日报》《人民文学》等报刊发表诗歌，更加激发他对诗歌创作的极大热情和执着追求，同时奠定了他在陕西诗坛的重要地位。到1959年底，李强华已有200多首诗歌先后发表，平均几天就有一首诗歌见报。

黄土地上，一位诗歌的精灵，已经展开了风鹏正举的翅膀。

1958年人民公社的成立，为农业实现机械化创造了有利条件。李强华的干劲更大了，信心更足了。他联络一帮小伙子翻地、排涝，连夜苦战，积了200多车肥。后半夜回到家，田野里的歌声笑语总在他耳边回荡，他高兴得怎么也睡不着觉，一口气写了18首短诗。

灵感飞来，情感像潮水般汹涌澎湃，创作之舟破浪前进，无法阻挡。

保持农民艰辛持家的本色，积极参加乡村社会主义建设的劳动，保护群众利益，是他拓开诗歌创作源泉，收获丰硕诗篇的根本原因。

披着蒙蒙的晨曦，到县南天桥腊家滩割柴火，是李强华那一时期经常要干的体力活，因为家里五六口人的食宿，寄希望于这些柴火燃起的火光。腊家滩是乱石荒草滩，狼虫常出没在半人高的蒿草中。镰刀与乱石的碰撞，飞禽不时的惊起，小动物偶尔的乱窜，常让李强华在忙碌中得到收获。等百十斤的柴火费了约莫两个时辰的功夫割完捆好，他的衣裤、手背已扎满了荆棘。扁担"嘎吱"一上肩挑回家放到院中，那刚升起一竿多高的太阳，在他满脸的汗珠上滚着金光。吃过饭工具一拿，他又跟上上工的队伍。

　　1959 年 3 月，县上在玉蝉乡水亭村进行鱼池开挖工程。作为村子青年团负责人的李强华，带领青年突击队，奋战在三百多人车水马龙形成的壮观劳动场面中。镢头、铁锨在竞赛中挥动着汗水，以热火朝天的景象，提前完成了工程任务。

　　平日里，田间地头，涝河岸上，强华总是用忙碌的身影，送走春夏，迎来秋冬，迎送那激情燃烧的岁月。

　　同年夏末的一天，西关老爷庙墙外北河湾地的麦场上，庄稼人用多半年的汗水，凝成一个又一个金色的大麦垛。碌碡在场上欢快转动的声音，构成了乡村夏季独有的旋律。

　　"失火了！救火啊！"突然，不远处传来惊呼声。听到叫喊，强华急忙放下手头活儿，拿起水桶一路小跑，冲向大火。

　　"大伙不要慌，快挑水。"

　　强华飞速上了麦垛，用麦钩抛下麦捆，底下的人快速拉到远处。扑面而来的大火气流呛得他睁不开眼睛，又不能往后退。

　　"强华，快下来，危险。"

　　火焰熏烤，燃焦了他的双眉，脸面全熏黑了，唯有两颗眼珠子闪闪发光。

　　烈火终于扑灭了，两万多斤粮食保住了，李强华却昏迷不醒。

　　当他睁开双眼，看到乡亲们一道道惊恐的眼神时，眼里竟溢出了泪水。

　　一肩挑着家庭，一肩挑着集体。艰辛和激情撞击着心灵，撞击成笔尖涌动的诗行。

　　牢记先烈遗志，保持"光荣人家"的传统，是他焕发旺盛的生命力，为自己钟爱的事业不惜奋进的思想根源。

　　1953 年，朝鲜战争结束，赴朝参战的志愿军战士陆续返乡。

　　1959 年正月，强华父亲李致安，在历经磨难和思念长子的痛楚中病逝。他的母亲面对老伴的离去，又思念一直未从战场归来的天喜（李曦）儿，情感已经彻底崩溃。

　　"天喜，你在哪里，妈太想你呢！"老母亲终日号啕如杜鹃啼血。她在困惑中奔走，昼夜难眠。看着母亲稀疏的白发又落残雪，看着她四处奔波憔悴欲癫的孤苦身影，强华伤心至极，泪水奔突却只能流到心里。他想，这事不能再隐瞒了，不能再折磨老人了，决定向母亲说明真相，便及时找组织出面落实此事。

　　1962 年春，城郊公社（现名甘亭街办）领导严育祥、崔振明、贺金禄和西郊大队雷恒甲、田育英、王龙、尚水时、姬秀琴等二十多名干部集体出面，来到家里共同为李曦烈士召开善后工作座谈会。

漆黑的夜晚，强华站在窗前含着泪水，静静地听着屋里领导们的谈话。小房里不时传来母亲撕心的哭泣。

"大哥，现在你该瞑目了！妈，你就痛痛快快地哭吧，哭出来会好受些。儿以后再也不必伤心欲绝编话圆谎了。"强华站在那里默默地想。

李曦烈士的荣誉向社会正式公开，善后工作有序进行。烈士有了归宿，了却了强华心中一桩大事。从此，他家门首悬挂着"革命军属"和"光荣烈属"两个匾牌。但不知何故，在后来户县的烈士名录中却没有李曦烈士的姓名。

在李强华逝世后，儿子兴团为了给烈士正名，从 2006 到 2014 年用了 9 年时间，历尽艰辛，终于从国家民政部领回李曦烈士证明书。2014 年 12 月，有关组织在西郊村广场为烈士举行大型祭祀活动，随后在鄠邑区烈士陵园建造起李曦烈士衣冠冢。

以笔抒怀，坚持不懈，李强华其所以几十年从未动摇心中的梦想，大哥报效国家，为国尽忠的精神，成为他前进的动力和前行的鞭策。

第二节　出席文代会　诗涌小书屋

漫漫人生路，是一天一天堆垒起来的，犹如登山的每一步石阶。当一个人站在生命的制高点，回首沉思哪一步石阶最震撼、最刻骨铭心时，对于多数人来说，恐怕难以得到最确切的标准答案。

然而，有的人终生难忘的一天，如高考的答案一样准确。

1960 年 7 月 23 日，对于生命度过 25 个春秋的李强华来说，绝对是最震撼、最刻骨铭心的。

那天早饭后，北京西苑大酒店的广播播出一个振奋人心的消息："党和国家领导人要在今天上午接见出席全国第三次文代会的代表。"

西苑大酒店沸腾了。

"我老咧，你娃们家可得把自己拾掇好。"

王老九拍着徒弟李强华的肩膀叮咛着，抻了抻他衣服的前襟。

笑容在李强华的脸上像花儿一样地开放着。他点着头，伸出手也把师傅的衣领展了展，两颗心传递着一样的激动。

徒弟扶着师傅上了等候在酒店门外的大巴车。

七月太阳红彤彤，锦绣山河换新容。

全国要开文代会，唱着喜歌进北京。

文代会上会英雄，如今英雄繁如星。

听取领导做报告，交流经验取真经。

英雄戴花又披红，扬鞭跃马乘东风。

文化战线催跃进，喜报献给毛泽东。

25 岁的李强华和 64 岁的王老九，是以一样的忠诚和爱好被一级一级推荐，出席第三次全国文代会的。到会的第一天，他就把这首《唱着喜歌进北京》的诗歌拿给师傅王老九看。

王老九捋着胡须，一面看一面点着头，那评语都在满脸的笑容里。

汽车在新华门前停住。代表们排好队，凭着胸前佩戴的代表证，进入中南海怀仁堂，按工作人员安排次第排好队。

"毛主席来了！"有人小声说。

怀仁堂立刻一片安静。几百道目光一齐投向那边的门口，如同清晨站在海边观瞻就要冉冉升起的一轮朝阳。

毛主席身穿一套灰色制服神采奕奕向代表们走来了，轻轻地拍着手掌。刘少奇、周恩来、朱德、邓小平等党和国家领导人跟在他的身后。

会场响起一片掌声，一片欢呼声。那是一颗颗赤诚的心冲出了喉咙，在一片手掌之中化作春雷，拥抱温暖的春风。

然后，会场像澎湃的海水突然平静下来。代表们屏住呼吸，披着射在身上的万丈光芒，感受着无比的温暖，一样地绽放着崇敬的目光，静静地瞻仰着，心里翻腾着波涛。

李强华的心和着这波涛汹涌着。他不知怎样才好，既要振臂高呼"毛主席万岁"！又要雀跃鼓掌。

眼看着毛主席走到跟前，李强华口也不知道喊了，手也不知道拍了，只是含着两眶热泪呆呆地望着毛主席，他的脑海一片空白，感到身体仿佛不存在，目光中只有晴空中的红太阳。毛主席在代表面前绕了一圈，然后合影，又在一阵海涛般的掌声中与代表们挥手离去。

> 毛主席来了,
> 刘主席来了,
> 朱委员长来了,
> 来接见文代会的代表。
> 千万人的掌声串成炮,
> 千万双眼睛都在笑。
> 欢呼声响成一片:
> "毛主席,您好!"
> ……

他即刻口占的这首诗歌的每一个字,也是与会代表此时此刻最要表达的心声。

当晚已过凌晨三点,强华激动的心情还不能平静。翻起身,急忙写了封家信,他要把这欢乐的时刻和欢乐的景象告诉给父老乡亲,让他们一起分享这份幸福。

"这就是咱最幸福的时刻。"王老九在强华耳边小声地说。

这种幸福,给强华的身体注入了一种巨大的情感,那就是他与人民领袖的深情,与祖国和人民的深情,没有什么东西会撼动这种深情。这种深情是一种精神的源泉,给了强华无穷的力量。他之所以终生扎根黄土地,用手中的笔筑起歌颂时代的精神大厦,这种力量就是吊起构筑大厦砖瓦的起重机。

这最幸福的时刻,有多少人能争取得到?然而,强华争取到了。他是用对新中国深得像大海一样的爱做奠基,然后用手中的笔,把这份深情日日化作歌颂新中国,歌颂农民新生活汩汩流淌的诗篇争取到的。他付出了忠诚和执着,在困苦和汗水中跋涉的脚步是那样富有色彩,那样激越和慷慨,他的身后留下的投影,也是那般耀眼。

1959年7月1日,24岁的强华光荣地加入了党组织。

强华永远不会忘记,那天,他对着鲜艳的党旗,举手宣誓时,泪水打湿了口中的誓词,他只觉得身体像一柱喷泉,喷射的水柱是那样有力,那是鼓舞他奋斗终生的激情。

同年10月,他加入了陕西省作家协会,成了一位名副其实的作家、诗人。他却觉得那是催他不息奋蹄的一根鞭子。

1960 年，对于李强华来说，如同百花烂漫的春山，他俯身采摘了那么多耀眼的花朵。

2 月，县文化馆推荐他成为鄠县政协第二届委员。

5 月 4 日，共青团鄠县委员会授予他"五四青年标兵"称号。

初夏，西安市在白庙村举办规模盛大的群众赛诗会，李强华和诗友韩云志、郑茂武、陈俊岳、蔡智武等代表鄠县登台朗诵。

上半年，他先后被推举参加鄠县文教群英会和西安市文教群英会，被省、市两级政府授予"文教战线先进工作者"称号。他是戴着这些荣誉的花环，出席在北京召开的第三次全国文代会，并荣幸地受到毛主席等党和国家领导人亲切接见的。

强华的思绪又回到 1960 年春季召开的西安市文教群英会上。当他站在庄严的大会发言台上，以《我想做个名副其实的农民歌手》的心声和与会代表进行经验交流时，感到十分光荣。他有这样的学习机会，是党和政府对他的鼓舞和鞭策。

"咱是个泥腿粗胳膊的庄稼人，写诗的事，从前连想都没有想过。这几年来，由于党的不断教导，要做有文化知识的新型农民。我和千百万劳动人民一样，积极响应党的号召，努力学习文化，练习着写诗，立志要攀登高峰。我热爱党和新社会，亲眼看到祖国工农业有了很大发展，我们鄠县也在千变万化，我们的日子一天比一天好，一天比一天甜，生活在这个快乐的国度里，我咋能不歌唱呢！"

强华的心声在上千人的会场回响，一个新型农民的胸怀，在党的阳光照耀下，追赶着春天的诗梦。

"在平时劳动中，我常常把日记本带在身上，利用休息时间，写些诗歌，念给社员们听，让他们提意见；平时收集他们丰富的语言，每天晚上坚持写诗，还要学习别人的好作品，尤其爱看诗人王老九的作品。雨天里，到附近一些有创作经验的人面前请教，借鉴人家的好东西，来提高自己。"

在锄头停歇时，在夜灯闪烁里，在风雨泥泞中，一支笔，一个日记本见证着强华在时间的缝隙里，在诗路的崎岖中前行的执着和刻苦。

"听党的话，跟党走；要深入生活；多写多改。"

强华在会场谈着创作的体会，那是发自灵魂深处的股股山泉，映现着山之怀抱的生机和山泉不息流淌的清澈。在结束文教群英会经验交流回宿舍途中，王老九应车厢里代表们的邀请，吟咏了一首赞诗：

三面红旗红又红，汽车里面尽英雄。

古代英雄千千万，哪胜今朝工农兵。

于是，车厢里开始了一场不寻常的赛诗会。临潼县年过花甲的农民诗人祁守业戴着黑边眼镜首先应和：

从古到今几千年，只把孔孟称圣贤。

中国兴起共产党，文教英雄比星繁。

群英会上齐献宝，赛过探花和状元。

一片生气令人羡，红光闪耀九重天。

祁守业歌声刚落，蓝田县农民诗人张风翔立即高声应和：

英雄聚会在西安，取经献宝谈经验。

为了工农多增产，我也学着把诗编。

为啥我的劲头大？党给我把力气添。

王老九听着喜上心头，随即脱口又是一首：

红旗飘飘迎风展，工农诗花映红天。

共产党领导才子多，群众会上诗万篇。

不知谁喊了一声："我们的青年农民歌手李强华还没开口呢！"

只见强华上前一步说："我也来一首。"他看了看师傅王老九，随口诵道：

农民诗人王老九，劳动写诗在人头。

过去唱的苦中苦，如今欢笑放歌喉。

我拜诗人王老九，愿你做我好师傅。

我有一颗跃进心，决心学你跟党走。

强华诵完，赢得一片掌声。王老九看着这位徒弟，捋了捋胡子，点了点头，笑容从那眼角的皱纹里往外流。

那笑容是师傅对徒弟的褒奖，那笑容是一位诗坛老骥的壮心与一位年轻的诗心共鸣后绽放的诗花，装点着三秦沃土上鲜亮的春色。

强华的思绪又回到首都北京，当他走出中南海怀仁堂，只觉得一颗心永远沐浴在怀仁堂的阳光里；心中的诗句，像鸟儿一样，时时都要冲出巢窠。汽车在返回的路上飞驰，不知谁喊了一声：

"请陕西代表来一首诗助兴。"

三秦沃土的诗歌春色又鲜亮在首都北京。

王老九看了徒弟一眼，示意叫他先上：

喊毛主席喊哑了我的嗓，
迎毛主席鼓肿了我的掌。
毛主席步出怀仁堂，
头上出现双太阳。
别说人有多高兴，
激动的泪花盈两眶。
百鸟朝凤花放香，
此时天高地也广。
黄金难买好时光，
幸福诗潮涌胸膛。

强华没有推辞，上前一步便高声朗诵。

话音刚落，便响起热烈的掌声。

"陕西出诗人呢！王老九名气大，现在又出了个李强华。"车上的代表议论着。

李强华和王老九，把陕西的黄土诗风吹到共和国的心脏。

夜幕降临了，强华躺在床上难以入睡。他想再跟师傅拉拉话，却又怕打搅他，毕竟六十多岁的人了。闭上眼，白天那激动人心的场景就在他的眼前，他想拍手，他想欢呼，他想抒发，翻来覆去，床铺发出挣扎的声音。

"你就念你写的诗吧！"

师傅明白徒弟的心思，回过头说。

强华坐起来，嘿嘿一笑，清了清嗓子：

毛主席步出怀仁堂，高大魁梧好强壮。

中南海里喜气生，迎头升起红太阳。

欢呼声声如雷响，满场人儿笑眼望。

幸福暖在人心里，见了领袖齐欢畅。

代表见了毛主席，浑身上下添力量。

手指荒山变绿野，千条河水把原上。

祝福领袖毛主席，伟大思想放光芒。

寿比南山不老松，福如东海万年长。

首都北京，金水桥头，为一位农民诗歌骄子注入了澎湃的诗兴。

第二天大会休息，代表们游览天安门广场。强华扶着师傅王老九在广场转了一大圈，走上了人民大会堂的台阶。

"这是咱劳动人民当家做主行使权力的地方。"师傅指着大会堂前宏伟的立柱说。

强华点着头，他只觉得在天安门广场散步的人们都是国家的主人，都那么可亲。他们在不同的战线上，为祖国的社会主义建设出力流汗，奉献着聪明才智。他从雄伟的人民大会堂，从祖国建设取得的每一项成就，看到了人民力量的伟大，更加明白了手中之笔的使命。

一个有使命感的诗人，总是让自己手中的笔伴随着时代前进的巨轮，把人民的创造蕴酿成一种精神，激励前赴后继者的脚步。

李强华正朝着这个方向努力发展。

1960年春季，他看到新中国第一台"东方红"牌拖拉机诞生了，看到工人老大哥驾着拖拉机在田野里掀起一片片泥浪，激动不已，写下了《"东方红"你来得早》的诗篇：

阵阵春风传捷报，五亿农民拍手笑。

第一拖拉机制造厂，"东方红"牌铁牛出世了。

欢呼声啊波浪高，掌声赛过连珠炮。

满场笑脸来问安，"东方红"——你来得早！

肥沃平原铁牛吼，机械深翻土壤好。

麦粒饱来色泽艳，棉花枝粗长大桃。

多谢工人老大哥，刻苦钻研有功劳。

工人农民同一心，掀起生产大高潮。

这首歌颂工人老大哥为祖国建设钻研精神的诗作，发表在当年 3 月份的《人民文学》上。

现在，李强华看着雄伟的人民大会堂，又是思潮翻涌，思绪万千，在扶着师傅回住所的途中，一首新的诗篇正在心田萌生。

又是一个难眠之夜。灯光陪着强华，看到落在纸上的一段心声：

我们漫步在天安门广场，

心像广场那样开朗。

国徽在我们当头照射，

浑身力量在不断增长。

毛主席唤醒了中华民族，

建设社会主义的新城乡。

六亿人民改变万里河山，

修建起庄严的人民大会堂。

敬爱的王老九啊，

你看这雄伟的人民大会堂。

那世世代代的皇宫宝殿，

哪个能比上它的雄伟模样？

王老九笑着点点头，

笑得那么激动和欢畅。

旧时代怎能比起现在，

　　这里是人民掌权的地方。

　　这首反映农民诗人对领袖、对祖国的热爱，对人民创造精神尽情赞美的《天安门广场上的赞歌》，发表在当年8月5日的《天津晚报》上。

　　一位农村年轻的后生，扎根黄土地，让锄头底下开诗花，竟然带着满身的芬芳，走进首都北京，走进中南海，得到人民领袖的接见，这是新中国人民当家做主的生动体现，这也生动地诠释着：忠诚、执着、奉献、成就，会让一介平民走向辉煌，而不管他是从事什么工作。

　　李强华为我们人生的发展树立了标杆，也强化了他自己以后走好人生之路应迈开的坚定步伐。

　　从北京回来后，强华向县文化馆和县上相关领导做了详细汇报。

　　"妈，我来看你来了，也没买啥好的。——我见到毛主席咧。"两天后，他提着捎回的二斤红糖和一斤副食，走进奶妈的家里。

　　"我娃到北京开会妈高兴，还捎啥东西呢。——毛主席他老人家可好？"

　　"好得很，好得很。"

　　"毛主席是咱的救星，多少大官都见不上。——我儿呀真有出息。"

　　强华到北京见到毛主席，感染了奶妈一家人，大家的脸上都感到有光彩。

　　"妈给你擀一碗干面去。你在北京怕吃不上咱这儿的干面吧？"奶妈说着溜下炕，接着却抱怨起来："你前年在北河湾场里救火，扑腾得蛮凶，看你躺在那儿半天没叫醒，把妈能吓死了。以后弄啥可要操心着，甭叫妈担心了。"

　　奶妈还记着前年救火昏迷之事，让强华心里涌起一阵阵感激。

　　"妈……"强华张开了口，只觉得眼眶热热的。

　　朦胧中，他又看到奶妈亲手把妻子亚兰搂在怀里的情景。

　　那是1960年开春之时，妻子亚兰乳部一侧长了一个痈，胀痛难忍。奶妈请来晋侯村名医刘洪璋，也就是在这烧炕上，刘大夫消毒后，给妻子做了手术。

　　奶妈搂着昏迷的儿媳说：

　　"我娃甭怕，有妈在呢！"

　　整整十几天的调养，奶妈一天四顿饭，顿顿变花样。

　　奶爸下地回来，锄未放下，先问："给娃把饭吃了么？"

　　"天申（强华曾用名），你也过来一块吃，不用搭锅了。"强华不时来看望，奶妈总是说着。

"妈，给你添的麻烦够多了，甭管我。"

"妈的奶儿多，就你有大出息，给妈争光了。你俩口子也没少帮妈，咱娘儿们还分啥你我呢！"

奶妈的这些恩情，强华总是记在心里。他感到自己是生活在浓浓的亲情、乡情之中。党和国家给了自己那么大的荣誉，父老乡亲那样厚爱着他，强华知道今后更应该如何去回报。

1960年10月，陕西省人民政府授予李强华"劳动模范"荣誉称号。

一个走进新中国明媚春天时只有14岁的青少年，从只有小学文化程度的基础起步，在11年的时间里，用手中的笔，把新生活的火热气息，凝结成几百首艺术的诗篇，有多首诗震撼地上了《人民日报》《人民文学》《诗刊》，这是一个有着传奇色彩的真实故事。这个故事的主人公就是25岁的李强华，他在鄠县，甚或在三秦大地创造了一个奇迹，他是鄠县的骄傲，也为有着丰厚文化底蕴的三秦大地再一次增添了荣耀。

一石激起千重浪。鄠县的各大工厂、农村、学校等请他前去做报告，做演讲。一位年轻的农民，多次走进工厂的车间，学校的讲台。他的诗歌，他在北京见到人民领袖毛主席的情景，像长了翅膀，飞舞着，传颂着。

然而，自从1959年正月送走父亲李致安后，李强华一家5口仍住在村里那间租用的房子里。

"不能太委屈了孩子。"

母亲韩清贤决定盖座属于自己的房子。她在崔家堡鱼池地花300元买下三间空庄基，1960年秋天破土动工。为了节省每一分钱盖新房，李强华整整提锤子打了十多天胡基。因为那时正值三年困难时期，村里各家各户普遍缺食少粮，家里送来的半后响压饥饭，仅够一人吃。强华便有意避开，让帮忙的搭档充饥；他自己在地里拔个萝卜如狼吞虎咽一般填补饥肠。谁知萝卜生克熟补，越吃越感到肚子饿，他便不由得多吃一些。十几天的饥食生萝卜伤了胃，后来晚上睡觉不停打嗝儿、呕吐，整夜难以入睡。听人说穆家庄一名乡医可治此疾，前往医治才得以好转。为了不误活路，方便垒墙，强华每日待天明已和好了泥，乡党一到场就能干活。由于过度劳累，一不小心他从二道架上摔了下来，扭伤了腰，然而仍拄着棍硬撑着把房盖好。

房盖成后，强华又在房前建起一间厦房，作为自己读书创作的书房。

书房里虽土炕占去半边，却收拾得干净别致。一厚叠报纸、文学刊物和书稿堆放在桌上；粗糙的泥巴墙上，一排整齐的小钉子，挂着文学资料和诗稿；窗边信插上十几只小口袋装满来信，最醒目的是墙上挂着毛主席接见全国第三次文代会代表的巨幅合影照。

夜晚，油灯下，他独自一人伴着孤影静静地读书创作。一年四季，那间小屋不时挤进一帮子南来北往的文学爱好者，强华便成了"核心人物"。他们或研讨诗歌创作，或修改作者诗稿，或静静地聆听桌子上那台"凯歌"牌电子管收音机传来的重大新闻。这儿成了鄠县诗歌爱好者"身居陋室，胸怀世界"的窗口。

盛夏酷暑，燥热难耐，蚊虫叮咬。薅一撮黄蒿熏一熏，关了门窗，强华便挥汗走进诗的王国。秋季，杨柳树上知了拼命鸣叫，那鼓噪声像是歌颂诗人执着的精神。三九寒冬，风雪无情地摇撼着那并不牢靠的门窗，又顺着缝隙挤进来，却没能熄灭灯下孤影伏案攻关的热情。寒来暑往的夜晚，拆阅各地寄来的信件，回信写信，糊制信封，遥寄深情，也是他一门必修课。窗口那疲倦的亮光终于熄灭了，那是全村人走进梦乡，深夜里闭下的最后一双眼睛。

从 1960 年到 1980 年，强华以诗歌为引领，把这间小书屋开辟成户县文化活动的一个小根据地。

强华身上的光环，让他从 20 世纪 60 年代起，肩上不时压着乡镇干部应担负的担子。不定期被城郊公社、县文化馆、县委宣传部、公社人武部等部门抽调协助工作。到农村驻队、到文化馆办展览、搞创作、到公社协助征兵等，成为他 20 多年生活乐曲经常演奏的特有旋律。

开展这些工作，开拓着他生活的空间，也开凿着他创作的源泉。《县长来到刘家庄》《书记在前头》《书记犁地》《县长种谷》《王队长》等诗篇，就是借调工作对他的馈赠。

然而，李强华仍是一个农民，他也不愿改变自己农民的身份和农民的本色。

"我是农民诗人，离开农村，离开父老乡亲，还算什么农民诗人。"

是金子，无论烈火焚烧，还是深埋地下，都不能改变其灿灿的光彩；是鱼目，无论是涂上朝霞，还是春色掩映，都逃脱不了腐烂的结局，这就是本色。本色的形成，除了遗传的因素外，环境的影响，后天的努力不无重要。目睹着人民当家做主的新中国一派勃勃生机，用手中的笔满腔热情地歌颂年轻的人民共和国，戴着党和国家给自己的荣誉光环，真心实意地热爱党，热爱祖国，形成了李强华闪耀着金子般光芒的内在本质。

家里的自留地还要去种，那是他们全家人靠挣工分吃饭之外的自我补充，他总想着如何让这补充更加滋润。家在县城周边的地理环境，让他选择了种蔬菜。然而，这是一种既费时又辛苦还需要技术的活路。

"只要能多挣钱，咱不怕吃苦，没技术学呢！"

强华开始翻阅种菜书籍，开始瞄准蔬菜市场，开始研究种植规律。风雨挡不住他在田畔劳作的身影；不断地摸索实践，让他把智慧转化为效益。一年到头，他家的自留地总是四季葱茏，收益可观。

愿意为乡亲办事的人，总会把曾经的些许经历变成一种特长，奉献出来，收获丰厚的人脉，强华就是这样的人。小时上学，学过毛笔字，又曾在父亲那里领教过主持农村红白喜事的常识，他便不时提笔在纸上涂画，却不临帖；记了几句主持台词，就学着在乡党的红白喜事上练功夫。

"咱学这不为别的，就是为给乡党帮个忙。"

写春联，书婚联，画窗花，主持青年人的婚礼，李强华又为自己开拓出为乡党服务的多种渠道。

"饥了给一口，强似饱了给一斗。"

强华明白这个道理，在乡邻需要时的付出中，又收获着深厚的人脉。

1961年，因三年困难时期，群众普遍生活艰难，家家吃了上顿愁下顿。村里三队王芳老人正为揭不开锅发熬煎。那天，那扇破门"吱儿"一声突然被推开了。只见他的儿子海彦肩上扛着半袋玉米回到家。

"大，天申（强华曾用名）哥给咱送的粮食，我背回来了。"

"你天申哥，恩人，恩人呀！"王芳坐起来说。

"天申哥有事忙着，他让你把身子操心好，说苦日子不会长了。"

王芳老人眼眶发热："海彦、秀兰，天申家里也不宽裕，能给咱送吃的，咱可要记着他的好处呢。"

能被群众记在心里，那是真情付出震撼心灵之后收获的一份感激。

作为村团支部书记，带领团员青年，完成政府交办的工作任务，更能显示李强华的赤子情怀。

1962年，新成立的城郊公社，社址选在西关老爷庙内。拆去前殿，后院要向北边拓宽数亩面积，地基比原址低了一半多，需垫四五百方土。土源选在北面百米外的一处高地，公社团委决定把此任务交给西郊、西街两村团支部。强华组织西郊村五十多人的突击队，与西街村团支部开展劳动竞赛。作为领头雁，他除精心安排劳动任务，自己更是以身作则。灯光下，一队队挑担的小伙健步如飞，一锨锨铲土的姑娘挥汗如雨，歌声笑声连成一片。经过三个晚上的大干，光荣地完成了艰巨的劳动任务。

交挚友，为自身诗歌创作和鄠县诗歌的发展，搭建起互助登高的云梯。户县一中校园诗人初红，与李强华相识后，很快成为亲密的诗友。三十多年间，李强华的那间小屋，回荡着两人改诗谈诗的韵律，西郊村的田间地头，萦绕着两人发起成立画乡诗社的激情。绞尽脑汁，苦心经营的岁月，把两人的黑发染得两鬓斑白。春风秋月，记录着他们说不完的话，扯不完的事。一首首诗文，诉说着他们风雨同舟的真情和雅趣。

李强华，一个大写的人，从时代中吮吸营养，又亮丽转身回赠时代，回赠家乡。他知道家乡是他的根，父老乡亲是他头顶上的伞。他感受着遮风挡雨的温馨，他感受着走出泥泞的开心。他用真诚付出，他用深情回报，他执着地用心底流淌的歌声吟咏这片挚爱的黄土地。

第三节　赛诗金水桥　进京受表彰

1959—1961年，年轻的人民共和国遭受了一场前所未有的大灾难，全国人民普遍经受了严重缺衣少食的生死考验。1960年冬，党中央对国民经济提出"调整、巩固、充实、提高"的方针，经过两年大调整，1963年出现了全面好转。同年9月，中央召开工作会议，又决定从1963年起，再用3年时间，继续贯彻"八字方针"，作为从"二五"计划到"三五"计划的过渡阶段。

与饱受严重饥饿的全国人民一样，李强华一家深有感触。然而，勒紧裤带，忍着饥饿，依旧不息劳作，他相信困难是暂时的，相信党一定能带领人民走出困境。这就是我们的人民，这就是刚刚走进新中国明媚春天不久的人民，他们已感受着当家做主的自豪，现在遇上春寒，坚信凛冽过后依旧是云碧气朗的艳阳天。

1962年春天过后，母亲韩清贤觉得娃们多，吃头重，四子来福要问媳妇，无奈决定分家。

"天申（强华乳名），咱们把锅拨开能更俭省些。"

27岁已经有三个孩子的李强华望着母亲，心里也不舍，但觉得母亲说得对，还是点了点头。

分了家，立了户，从三间瓦房扎垒出一间来，强华夫妇带着三个乳燕般的孩子蜷缩在拥挤的巢窠。

生活的天空不时会刮风下雨，有时暴风雨还夹带冰雹，恶狠狠地冷遇人、考验人。而那些有志者，就是迎着这些逆境，变得愈来愈坚强。

从三年困难时期走过来，从三间大房走进一间小屋，李强华心中的天空少有风雨。有时饿得实在扛不住，便从自留地拔个萝卜充充饥，然后扛起农具依旧上工。回到那一间屋里，看着三个孩子打打闹闹，都没法过去帮妻子做午饭，一声"门外要去"，便坐下来一面拉起风箱，一面想着心中的诗句。

家里最累的还是妻子杜亚兰。她和丈夫下工回来，赶忙围裙一系便泡在厨房。看着丈夫和孩子们吃完饭，她又赶忙到后院切草喂猪；上工铃响了，她碗里的饭总是没吃完。

干不完的活儿加速着生活的节奏。为着这个小家庭，为着一个美好的梦想，女主人为家庭的奉献往往更具有牺牲精神。

"我想买一台缝纫机。"

那是 1962 年冬的一天。晚饭后，看着炕上睡着的三个孩子消瘦的身影，相互听着对方"咕咕"叫的饥肠，亚兰对丈夫说。

"得多少钱？"

"就 120 元。"

年年辛苦劳作，仍是超支户，一个劳动日值就几毛毛钱，在哪儿借这么多的现钱呢？李强华的眼睛睁得像鸡蛋："你不要命咧！"

最终强华没能犟过妻子。亚兰以"不要命"的倔强向娘家借了 40 元，再倾其家底，从一乡党手里买回了一台"飞人牌"高档缝纫机。

妻子是为自己买了一份重担，但她乐意把它扛在肩上，因为那缝纫机的每一个针脚下去，虽让她付出了汗水，却一天天浇灌着一家人的生活，还收获了不尽的人脉。

亚兰当姑娘时就爱剪剪裁裁，现在这台缝纫机给她的爱好搭建了一个平台。有技能她又舍得出力，一年后在村里就有了名气。县城的八月初二古会前后和整整一个腊月，她的炕头总是堆满乡邻的布料。数九寒冬，她白天参加队上劳动，给麦田送粪；晚上，缝纫机被抬到炕上，一响就是半宿。有时为赶活路，就熬透通宵，机子一停，迎着黎明的寒风，又拉上架子车融入队上向田间送粪的队伍。

乡党中有人家为儿娶媳妇或嫁女，那也是亚兰忙碌的时节。坐在机子上，望着窗桄上吊着的冰凌儿,她搓搓手,把脚放进被窝暖一会儿,又踏得缝纫机的轮子"呼呼"飞转。

"人要有良心,咱不亏人。"

一些人前来要做活,总是拨一点工分来换工。亚兰总是"嘿嘿"一笑:"不说了,就依你说的算,不就是少坐会儿的事么。"

村子不少贫困的人,想缝衣服没有钱。

"你把布料拿来,不收你的钱。"

用智慧、用辛劳,杜亚兰为困难时期的家庭生活引进了一股清泉。这股泉水让瓜菜代的生活多了些许滋润;用善良、用舍得,她为乡邻、为弱者在困境中奉献出了爱心。这爱心反馈给她的是父老乡亲心中藏着的那份威信,但也难免引来有些人的嫉妒和报复。

那是 1963 年秋天的事。西郊村三队社员都在马坊院分谷子,强华急匆匆扛着一斗新谷子往回走,正欲进门。

"这谷子不够秤,不要进门,先放在门外。"妻子亚兰从后面赶上来说着。

"秤称的咋能不够?"强华不信。

"就是不够。——你不操心,咋就不看看秤?"

"你不放心人!"

夫妻俩为此事争吵起来。路过的队长张建忠闻讯赶来,问明原委,说:"这又吵的啥,找杆秤一称不就明了。"随之找来一杆秤一称,果然少了几斤。

"我当时就估摸着情况呢——这是跟咱过不去。"亚兰委屈地说。

强华扛上谷子再去找过秤的人,那人的脸红了,搪塞说没把秤看准。

还有一次,强华从生产队买回一些白杨树,准备盖房做椽用,树款记在队上"社员往来"账里。到了年底,亚兰让丈夫把决分账看一下。

"这有啥看的,你又不放心人?"

"这是干了一年的结果,要操些心。"亚兰解释着。

强华找到会计,查看了账目,果然,发现那会计把他家买队上椽的近百元树款记在"李强华"的名下。

"这笔账是咋回事?"当过会计的强华指着账目问那会计。

"我看一下。——噢,弄错了。"会计知道纸里包不住火,当即纠正过来。回到家,强华把此事向妻子说了。

"这是故意的。他咋不把别人的树款记在他的名下。多亏你识字,放在别人就坑惨了。"

强华是个耿直人，当村里的干部为集体的事批评人，不太注意方式方法，事情过去了，他从不往心里记，设想着别人也会是这样。他总是把人都往好处想，对人不提防，没承想有人受到批评总记在心里，一有机会就想着法儿报复。

忘却前嫌，强华依旧朝前走。队上评选救济粮户时，身为党员干部，他知道应该怎么去做。

"不要管我。"

社员们评选时，把强华搁在场外。领救济粮了，评上的群众拿上粮袋出了家门，半袋半袋地往回扛，街道上撒满了少有的笑声。强华把苦涩留给了自己，留下了一个共产党员的高风亮节，却苦了孩子们辘辘的饥肠。妻子亚兰没有抱怨，她向缝纫机、织布机索要"粮食"。每天晚上，走下了缝纫机，又上了织布机，"咣、咣咣"的织机声以挣扎的音律，一丝一缕地把棉线变成土布，再托人拿到山里换回粮食。

李强华和他的爱妻杜亚兰，精心经营着这个家。家里上有老下有小，这是一个压在肩上要挑几十年的担子。可以肯定地说，强华不是一位合格的家长。家里的大小事儿，他都甩给了妻子，他的心思在家门以外。而亚兰从和强华结婚的第一天起，就把家庭生活的担子接过来压在自己的肩上，因为她欣赏丈夫的才华，欣赏丈夫的公心，相信丈夫会从平凡走向不平凡。家里的尊老育幼，油盐酱醋柴，是她生活的主旋律。她是在小小的窝棚为丈夫创作一首首生活的诗歌，她是把案板当稿纸，日日为丈夫抒写着一曲曲爱情诗。她支持丈夫在窝棚以外，在农村的大地上去作去为，去抒写时代的诗章。可以说，杜亚兰，是以另一种重负，把丈夫一步步推上事业的高峰，这就是"贤内助"。当李强华站在事业的峰顶，佩戴着"军功章"时，首先应感谢的是贤妻杜亚兰。

"如果没有娃她妈的支持，我是不会走到今天的。"

当李强华一首首诗歌见诸报刊，当一次次荣誉的花环佩戴在他的胸前，当人们赞赏他的为人和才华时，这句话他不知说了多少遍。

相互的倾慕，升华着爱情的质量。他们共同生养了四子一女五个孩子。四子为：兴民、兴团、兴娃、新胜，一女为小英。不幸的是兴民17岁时夭折，兴娃，因家庭困难被送人抚养。但正直、明理的兴团，个人事业有成的新胜，朴实勤劳的小英，让这对夫妻感受着不尽的天伦之乐。

这是一个有着悲欢离合的家庭。李强华夫妇为这个家庭，为养儿育女共同付出了爱。然而，他深深地明白，是爱妻亚兰，为支持他的事业，总是在替他承担着他应给予的爱。一种对妻子人格的赞美，对妻子持家、养儿育女的感激，往往倾注在他的笔端，流淌出多首动情的诗歌。其中创作的《我心中的你》等诗，就是从内心深处流淌出来，凝固在纸上的真情。

> 昙花虽美没有你有意，
> 关心我等于关心自己。
> 菊花虽艳没有你刚强，
> 在困难时你风雨不避。
> ……
> 夜夜梦里你在我身边，
> 有你温暖，何惧冰天雪地。
> 恩爱像一条割不断的红线，
> 把我们的心紧紧连在一起。

诗中字里行间，跳动着对爱妻的赞美和感激之情。而对社会生活，对家乡黄土地的赞颂，强华不是遥遥远望的旁观者，而是身临其境的拥抱者。他把双脚深入进去，用心灵感悟风雨，流淌出来的或是一缕真情，或是一个真知，继而用形象的手法去激活，去唤醒，去放射，去拓展，最后进行艺术的梳理、编辑。那一首首从时间缝隙里迸发出来，激荡着家国情怀的诗篇，便是他用笔头蘸着心血在心田耕耘后的喜人收获。

1963 年 12 月，毛主席在中央宣传部一个内部刊物上，对文艺界的一个批语，引发了在农村用社会主义思想占领文艺阵地的运动。随之，城郊公社（现甘亭街办）成立创作组，成员有李强华、贺金禄、杨伟名、陈俊岳等十几人。县文化馆派员给创作组成员讲授诗歌创作知识，组织大家到草堂寺、王文轩地主庄园等地采风。李强华又结合先前村子举办阶级教育展览时那张地主住宅画，想着地主占了村子大半部分土地，门前又立着石旗杆，于是很快配了一首诗：

> 地主的房占大半，地主的地围四边。
> 穷人走进他家院，吓得浑身直打战。

　　他满以为这首诗写得带劲儿，谁知在场的老贫农王振清说："强华，我听着咋就不对劲儿；你把穷人说得太没骨气了。"

　　强华思索着老贫农的话，脸一下子红了。晚上，就去他家拜访。老人给强华讲了自己在旧社会给地主扛长工时受欺压、受剥削的事实，使强华深感那首诗没配好，但要改还无从下手。恰巧那几天去西安开会，强华便把诗稿拿给师傅王老九请求指点。师傅瞧了一会说："旧社会，地主毒得跟蛇一样，把穷人血汗吸干了，你从这方面打个比方，试合一下。"经师傅点窍，强华最终把那首诗改成：

> 阴森森，路弯弯，村中横卧蛇一盘。
> 屋瓦好似蛇的皮，门环就是蛇的眼。
> 蛇头张着大血口，蛇尾缠着村半边。
> 吸尽穷人血和汗，吐出乌云遮青天。

　　这首诗命名为《住宅》。如同春风吹来，千树万树梨花开，强华只觉得诗歌春水的闸门打开了，那诗韵的浪花滚滚滔滔，他采摘着，编织着，就像他用犁铧在黄土地上耕耘希望，收获丰硕一样，一担一担的金谷银棉堆在他的身后。他相继又创作了《算盘》《斗》两首诗，以《剥削者的铁证》作总题。

算盘
> 盘珠似磨，盘杆如轴。
> 压尽农民血，榨干穷人油。
> 地主算盘响，千家万户愁。

斗
> 地主两口斗，如同两只虎。
> 见你就使威，咬住不丢手。
> 收租斗壁薄，放债斗壁厚。
> 一出又一入，一斗差升五。

　　这三首诗后来发表在同年《延河》杂志第 12 期上。

　　从整体到局部，从宏观到微观，这三首诗，那灵动的比喻手法，把地主的"住宅""算盘""斗"的威势和残酷，写得入木三分，让人不寒而栗。那是他从师傅王老九那儿取回诗歌创作要用比喻、拟人等艺术手法的真经，以过人的灵性破译着师傅作诗的秘诀。他对地主剥削穷人用过的物件和地主的住房，经过观察、感受后，挣脱实写的羁绊，从自己头脑积累的生活物象中，进行选择、比对，然后提炼、升华，给普通的生活现象，染上褒贬色彩，创设诗境，以表达心中的情感。这三首诗，是强华运用形象的手法，间接抒情的一次成功实践，标志着诗人扎根黄土地的诗根更加牢靠，使他的诗歌创作具有更强大的感召力，把他的诗歌创作水平又推上一个新高度。

从那时起，李强华又开始学习创作戏曲节目，学写歌词。先后写出《送哥哥》《老树红花》《猪场新路》《公社新风》《田园新歌》《张连戒赌》等剧目或歌词。上级提倡自编自演，他写的有些剧目，还多次外出演出。创作的好多歌词，还发表在各地歌词刊物上。其中歌词《请到画乡走一趟》谱曲后，参加演唱获西安市红五月音乐会创作奖。

1964年4月初，江苏丹徒县农民歌手，向全国各地农民诗人、歌手倡议，要在《人民文学》上赛诗。他们唱道：

> 春风阵阵花如海，全国歌手把歌赛。
> 天安门前搭歌台，排排歌手跳上来。
> 跳上台，唱起来，唱得红旗迎风摆。
> 歌声响，干劲大，丰收跟着干劲来！

29岁的李强华得到消息，激动不已，决定响应倡议一试身手。他以自己擅长的民歌体为形式，废寝忘食，孤影伴灯，很快创作了一首20行的民歌，悄悄寄了出去。因为他知道这次农民诗歌大赛规格高，不仅有全国各地的农民诗人、歌手精英参赛，而且是以《人民文学》为赛台，所以他是怀着忐忑之心等待结果的。终于，《人民文学》1964年5月号以《山歌向着北京唱》为题，选登了全国11位农民诗人、歌手的作品，李强华的作品竟排在第一位。

这是李强华带着见长的民歌跻身全国农民诗坛，第一次参加全国农民诗歌大赛。诗歌排第一的位置，无可非议地证明了他农民诗人的实力。他从户县西郊村那间低矮的土屋起步，用了10年时间踏遍户县山水田园，观感时代风云变化，揣着深厚的家国情怀，笔耕诗田，澎湃诗浪，活跃诗坛，名声飞向神州大地。

春光明媚红旗摆，《人民文学》搭歌台。
丹徒歌手提倡议，全国歌手笑开怀。

当头太阳放光彩，迎春花儿遍地开。
放开嗓子大声唱，我先登上赛歌台。

不是中国共产党，歌手还在泥里埋。
歌声好比春雷响，雷声哗哗穿四海。

黎明唱到日落山，太阳落山歌还在。
听得人人心喜欢，越唱心里越爽快。

我唱山歌众人和，万人歌声响天外。
干劲随着歌声起，幸福跟着歌声来。

李强华的这首民歌，字里行间放飞着风华正茂的诗人春潮般的意气和对春意盎然的祖国大好河山的赞美之情。我们深切地感受到，强华这位歌手之所以歌声如雷，整日不歇，之所以一人唱万人和，这是因为他知道为谁而唱，为什么而唱。他正是借着这次参赛的平台，用这首民歌淋漓尽致地道出了自己的心声，把那蓬勃而火热的心底在天安门前展现。这心地、这心声就是李强华，一位农民诗人，那忠诚的脚步激昂慷慨地前进在祖国社会主义建设大道上的不竭动力。这心声随着祖国飞速发展的脚步高歌，这心地装着父老乡亲的饥寒温饱。当我们亲近他的言行举止时，怎能不会触摸到一颗质朴真诚的赤子之心呢？

1964 年 10 月 16 日，我国成功地爆炸了第一颗原子弹。消息传来，李强华按捺不住内心的激动，溜下炕趿着鞋，奔出家门，在巷内大声呼喊："我国原子弹爆炸成功了……"引起乡党的一片欢呼声。

回家后，他立即伏案书写贺诗一首。县文化馆要编一期快报，通知李强华投稿，他便把早已写好的诗歌送了过去。

1965 年，已担任村子党支部副书记的李强华，总是把村里的孤寡老人和残疾人挂在心上，他对妻子说："大家都困难，我们能帮一点就帮一点。"

一天中午，双目失明的五保户王新老人又拄着拐杖摸摸索索来到强华的家。亚兰赶快搀老人坐下，舀了一碗饭递了过去。

"亚兰，我就不明白，为啥到你家总是招呼吃喝，而有的人见我像避瘟神一样？都是干部，咋就不一样呢？"老人接过碗深沉地说着。

那年月，老人几乎是强华家的常客。强华总是耐心安慰，细心照顾，想法给老人争取点照顾，让老人安度晚年。

李强华关心他人，更是把集体的事儿放在心上，生怕集体的利益受到损失。

那是 1964 年夏季的一天上午，生产队的麦场上，社员们挥着汗水把一垛新麦摊在场上后，一具具碌碡被骡马拉着，在半空那鞭子的舞动中欢快地滚动起来。强华脱掉上身衬衣，连同那顶心爱的草帽一并放在路边的另一麦垛旁，也开始挥鞭碾场。

"天申，小马驹叼你的草帽呢！"突然有人喊。

强华拧过身，看到生产队的那头小马驹，正叼起他的新帽子在啃呢，大概是被那缕缕清香吸引住了。他没有惊慌，只是向那人打了个轻轻的手势，表示不要惊动马驹。他知道，草帽虽是自己心爱之物，但马驹更是集体的宝贝，可受不得半点惊吓。便轻轻地说："由它叼吧！"依旧扬鞭策马。

1965 年夏季一天午后，突然电闪雷鸣，风雨大作。不到一顿饭工夫，街道就积下了一尺多深的雨水。饲养员有事未在饲养室。强华知道牲口圈地势低可能积水，便不顾一切，冲进瓢泼大雨中。草帽被大风刮飞了，他就光着头往前跑。果然，牲口圈里积了水，牲口都站在水里。他忙不过来，便叫了几个青年一起排水，保证了牲口的安全。回到家，他浑身上下都被淋得湿漉漉的。

投身新农村建设的火热生活中，为使命担负一份份责任，李强华更是身体力行。1965 年，在"农业学大寨"运动中，户县县委成立了以陕西作协路萌和李强华、崔华峰等人为核心的创作组，深入全省学大寨典型村庞光乡化中村，一面与群众参加修荒坡造梯田劳动，一面创作出连环画《终南山下大寨花》脚本。后来，此连环画由陕西人民美术出版社出版，全国发行。

那一时期，配合冬季大搞积肥运动，农村掀起拆旧炕换新炕，拆旧墙、老烟囱的高潮。李强华带领团员青年，没黑没明地大干苦干。特别是挖涝河淤泥作肥料，真是"泥里水里连身蹚，艰苦劳动不居功"。白天他参加集体劳动，晚上夜深人静，便伏案进行诗歌创作。

队长没明把钟敲，积肥大队出发了。

不见尾巴不见头，人马巨流似海潮。

挽起裤腿光着脚，跳下涝河挖泥条。

浑身上下泥水溅，只觉心内热火烧。

……

今日咱比粪多少，秋后看谁打粮多。

跃进日月劲头大，同唱公社福窝窝。

这首《积肥大队似海潮》的诗作，表达了诗人对社员们一不怕苦，二不怕累精神的热情礼赞。

组织基干民兵，每年冬春季进行集中训练，也是那个时期一个突出特点。强华担任村子民兵营干部，协同户县武装部下派的武装干部对民兵进行列队、打靶、投弹训练。村子基干民兵多年坚持护秋巡逻、冬季夜间巡逻，为农村的安全工作做出了贡献。西郊民兵营是县武装部多年树立的先进典型。后来，强华回忆那段火红的岁月，创作的《民兵》《操练》等诗篇，是对那个时期民兵工作的真实记录。

我是民，也是兵，深知肩上担子重。

毛主席让我打胜仗，我持钢枪保和平。

……

这是《民兵》诗歌中的诗句。字里行间透露着全民皆兵，保护家乡，保卫和平的时代特征和对那峥嵘岁月的依恋之情。

李强华把心中的情注入乡愁、乡音，又用手中的笔为时代鼓与呼，已从一个普通的农民一步步走上农民诗坛，他的名字不时出现在陕西各大报刊上。时代厚爱着这位诗坛骄子，不少文艺单位、出版社满腔热情地为他出版诗集，表达对这位农民诗人的赞美之情。

1960 年 5 月，西安市群众艺术馆出版了他的第一部诗集《李强华诗选》。

同年 8 月，长安书店出版了他的第二部诗集《养猪好》（与人合作），没有稿费，只给他寄来 10 本样书。他心里却非常高兴，因为他知道，这本诗集对群众养猪会起很大的促进作用。

1966 年 2 月，陕西东风文艺出版社从全国报刊搜集了李强华的 90 首诗作，出版了他的第三部诗集《锄头底下开诗花》，也给他只寄了9本样书。

"出你的诗集，该给寄稿费。"有人对强华说。

"我的诗能走出陕西，我知足了。稿费咱不要，让出版社用它给群众多出几本书更有意义。"他挥着手里的书说。

豁达大度，同情弱者，疾恶如仇；拥抱生活，勤奋创作，成果丰硕。李强华又被层层推荐，参加了1965年12月在北京召开的全国青年业余创作积极分子代表大会。

讴歌新时代，李强华选择了诗歌；树立典型代表，时代选择了李强华。他一次次被请上神圣的席位，又在他肩上赋予神圣的使命，还有什么比这更能让李强华坚定不移地往前走呢！

北京开会期间，国务院举行盛大宴会，招待全国崭露头角的青年作家。正当代表们畅谈文艺春天到来之时，不知谁说了一声："周总理来了。"

李强华急忙扭过头，只见在礼宾司同志陪同下，朱德委员长、周恩来总理等党和国家领导人举着酒杯，向革命圣地陕西代表席走来，并向代表们问好。

李强华赶紧斟满酒杯，扭过身向前一步，跟总理碰杯。总理笑了，是那么亲切，浓眉间充满深情厚谊。

李强华，一位普通的农村青年，有幸与共和国的总理欢聚一堂，举手碰杯。那高高举起的酒杯，是盛满新中国几亿农民的衷心爱戴，由他们推举的一位后生恭敬呈上。从陕西户县这个小县城走出来的李强华，将背负着怎样重大的使命！回到驻地的夜晚，他激动的心情不能自抑，伏案写了一首《我为总理敬过酒》：

我为总理敬过酒，天增岁月人增寿。
眼前诗花向阳开，心中歌儿挤满喉。

酒逢知己千杯少，国逢盛世展宏图。
劳动创造新世界，满眼红花满眼福。

此诗后来在《户县报》首发。会议期间，代表们在人民大会堂一同合影。那1.6米长的合影，几十年来，一直被强华珍藏着，它向前来与他交流的文朋诗友诉说着那段不平凡的历史。

会议休息日，强华和代表们登上长城，领略北国大好风光；在北海游船上，跟江南才子们交谈诗艺；在天安门广场、在王府井大街感受着北京的变化，人民当家做主的自豪。

带着诗歌的礼花，1960 年李强华出席了第三次全国文代会，受到毛主席等党和国家领导人的接见。5 年后，同样地带着诗歌的礼花，他又出席了全国青年业余创作积极分子代表大会。这是一个刚刚走进而立之年的普通农民，在三秦大地走出的奇迹，走出了又一道三秦大地人杰地灵的风采。回村后，他又抽时间写了一首《泥腿子进了北京城》的诗：

土里生，土里长，每日忙在庄稼行。
过去苦难难开口，如今欢乐喜开腔。

中国有了共产党，劳动人民把家当。
泥腿子进了北京城，学着编诗写文章。

生产线上打胜仗，心怀祖国卖好粮。
文艺创作咱带头，革命重担挑肩膀。

要唱要唱咱要唱，我把好歌献给党。
歌声飞进怀仁堂，毛主席听见喜洋洋。

这首发表在同年 12 月 11 日《天津晚报》上的诗篇，充分表达了对党、对人民领袖的敬仰之情，以及作为新时代农民歌手一手握锄头，一手握笔杆的自豪感。

李强华握住饱蘸乡情的诗笔从黄土地一路走来，那铿锵的脚步溅射出耀眼的光彩，为他在诗坛崭露头角赢得了让人仰慕的平台。从 1960 年到 1966 年，为庆祝国庆、元旦、春节等重大节日，省内外媒体每年向李强华约稿。广大读者打开重大节日的报纸，喜读李强华的诗歌，成为一种靓丽的文化现象。

1960 年 9 月 29 日，李强华的《祖国颂歌——献给十一届国庆》发表在《陕西日报》上。

1961 年元月 1 日，他的《元旦佳节满堂红》在《天津日报》上发表。同年 10 月 1 日，《满城火红贺国庆》在《西安晚报》上发表。

1962 年元月 1 日，《祖国早晨》发表在《西安日报》上。

1963年元月1日,《今年重上一层天》发表在《咸阳报》上。

1964年元月1日,《红旗欢舞歌声高》在《西安晚报》上发表。

1965年2月6日(春节),《红灯照亮千家门》在《西安晚报》上发表,同年10月1日,《赞歌》发表在《陕西日报》上。

1966年1月22日,《朝新的目标启航——春节献辞》发表在《陕西日报》上。

看,千里朝阳,

为祖国镀上金光。

听,万里东风,

给人们伴奏乐章。

党领导我们从胜利走向胜利,

又朝着新的目标启航。

我们干着前人未干过的事业,

我们实现着人类最美的理想。

要让祖国日益富强,

共产主义是奋斗的方向。

有党的阳光照耀,

有毛泽东思想武装,

千万个工农兵作者,

也在迅速成长。

……

这是《朝新的目标启航——春节献辞》中的诗句。这首76句的长诗,以满腔的革命激情,回顾了新中国成立以来,在中国共产党领导下,祖国各条战线取得的伟大成就,赞颂了全国人民为祖国日益强盛奋发而为的担当精神,同时抒发了诗人一手拿锄头,为国家增产更多粮棉,一手握笔杆,为社会主义革命和建设而歌唱的壮志豪情。

一支小小的诗笔,接受春风的滋润,勃发出浩荡的豪情,在黄土地上演绎出催人奋进的诗歌风韵。李强华像鼓满长风的帆,朝着梦想的彼岸,正满怀信心地把笔下的字字句句变成破浪前进的万千号角。

第四节　诗学王老九　民歌唱新天

诗歌，是一定社会生活在诗人头脑中反映的产物，是一定历史时期，一定的社会生产方式、生活方式，通过诗人主观感受，用高度凝练的语言文字，立象尽意，缘情写景的文学形式。新中国的成立，为诗歌创作开辟了丰沃的土壤，也为诗人彰显诗性才情开辟了广阔的天地。

李强华是沐浴着新中国的阳光雨露，迎着扑面而来的春风，唱着一路颂歌走上诗坛的。那时，二十出头的他，血气方刚，怀揣梦想，以新时代热血青年独有的风发意气，在秦岭北麓，渭河之滨，撸起袖子，一手拿锄头，一手握笔杆，挥洒劳动的汗水和诗性的热情，积极投入火热的社会变革之中，书写心灵的篇章。

李强华从1954年开始执笔写诗，但真正意义上的诗人生涯是从1956年在《户县报》发表处女作《姐姐邀娘家》开始的。当他举笔迈步诗歌的田园，便如他肩上扛着的锄头一样，几十年如一日，披星戴月，栉风沐雨，播春耕秋，收获富足。

如果以十年为一个单元，那么从1956年到1965年，是他诗歌创作的萌芽期和成长期，也是他创作的旺盛期和第一个高峰期。

这十年间，他在县级以上报刊发表的诗歌，据不完全统计就有350余首。这一时期的诗歌创作，他是带着成名作《姐姐邀娘家》高规格起步到1960年进京，仅《李强华诗歌选集》就收录了130多首诗作。可以说，李强华是以高昂的创作激情，带着100多首赞歌，在1960年7月，走进中国文学艺术工作者第三次代表大会的会场，受到毛主席等党和国家领导人的亲切接见。出席第三次文代会像一股势不可遏的春风，鼓起了诗人诗韵的风帆，经过又一个5年的乘风破浪，他又以200多首诗篇作翅膀，飞到1965年12月召开的全国青年业余文学创作积极分子代表大会的会场，受到朱德总司令、周恩来总理等党和国家领导人的亲切接见。

纵观李强华的诗歌创作，是从快板诗开始的。诗人、诗评家初红在《诗体随时代而变——〈李强华诗歌选集〉序》中写道：

李强华作品的诗体演变，与他的思想、素养、性格等主观因素有关，又与他所处的时代、生活、思潮等客观因素有关。大致说来，可以分为快板诗——新民歌——自由诗三个阶段。

从1956年到1957年，是李强华创作的萌芽期，诗体为快板诗。快板起源于民间的顺口溜，兼有叙事诗和曲艺的特点。一方面，它篇幅长，容量大，有人物，有情节，另一方面，它合辙押韵，打起竹板，可诵可唱，辅之以表情、动作，有声有色，为老百姓所喜闻乐见。

……

李强华的快板诗溯源应追踪到临潼的王老九。

王老九识字不多，擅长说快板，创作了不少新颖鲜活的快板诗。李强华在报刊上读到王老九的这些诗，感觉情投意合，很受鼓舞，便开始潜心学习。这也是他后来要拜王老九为师的一个重要原因。

李强华写的快板诗，以七言为基本句式，杂以三、四、五、六乃至十言。竹板随身带，有空说起来，说旧社会的苦难，说新生活的幸福，说党的恩情，说好人好事，赞英雄模范。弹奏的是主旋律，传递的是正能量，为宣传党的各项政策，活跃农村文化生活，做出了突出贡献。

1958 年，全国掀起新民歌运动。这为李强华崭露头角，以试身手，显示诗才提供了广阔的社会舞台。诗人如鸟出林，如鱼入海，一头扎入生活的汪洋大海，不断酿造生活的诗意，创作出大量脍炙人口的新民歌，经常见诸《西安日报》《西安晚报》《陕西农民报》《陕西青年报》《陕西日报》《人民日报》《延河》《民间文学》《人民文学》《诗刊》等报刊。

众所周知，民歌是劳动人民集体创作的诗歌。它的特点是口头创作，口头流传，不断得到加工；语言精练，易为人民大众掌握；抒情性强，大都真挚地抒发人民群众的胸臆，表达人民群众的理想、愿望、追求和斗争精神；风格既刚健清新，具有鲜明的时代色彩和阶级意识，又有抑扬顿挫的优美旋律，常用衬字调剂节奏，句式比较整齐。

高尔基曾说，民歌总是不断地伴随历史的。因此各个时代的优秀民歌总是各民族不同历史的重要组成部分。民歌从内容上可分为劳动歌、爱情歌、生活歌、时政歌等，从应用场合和对象上可分为秧歌、樵歌、农歌、船歌、采茶歌、儿歌等。

20 世纪 40 年代中后期，我国解放区部分诗人在广泛挖掘并吸收民歌艺术营养的基础上开创了民歌新风，后被称为民歌体诗歌。代表作有李季的《王贵与李香香》，阮章竞的《漳河水》，田间的《赶车传》，李冰的《赵巧儿》等。这些诗歌在表现形式和语言运用上，主要采用了陕北民间流传的"信天游"等形式，大量运用比兴手法，节奏流畅明快、和谐自然，朴素的语言中有着形象美、音乐美，同时具有或淳厚或清新，或刚健或柔婉的艺术风格，这标志着我国新民歌创作在民族性、群众性方面大大前进了一步。

新中国成立后，为民歌的进一步探索发展提供了新的天地。著名文艺评论家常智奇先生在《李强华诗歌选集》序文的"他从'东方红'的霞光中走来"一节中对李强华的诗歌评价时做了较全面的解析：

那是一个"战歌"和"颂歌"的时代。诗歌比喻为号角、战鼓、旗帜、投枪、炸弹等。诗歌的风格多呈现出豪放、激越、昂扬、亢奋。这个时期的民歌体成为中国诗坛创作的一个倾向。其原因是，广大劳动人民在翻身解放的兴奋和自豪当中，在文艺为政治服务的方针指引下，在文艺为工农兵服务的规范下，唱着颂歌，表达自己获得土地的欢乐。陕西的农民诗人王老九、贺丙丁、李登峰等都是这样。在这种背景下，李强华后浴前光，在"东方红"的乐曲中，一颗红心向太阳，两脚泥土跟党走，放声歌唱新生活。他歌唱土地："被人踩在脚下／任凭风吹雨打／你却无句怨言／依然默默滋育庄稼。"在这里，诗人把土地当作自己，把自己当作土地，写土地，也是在写他自己。土地的意象与诗人自己的形象是"合二为一"、融为一体的。赋予农民与土地的形象，赋予土地以农民的精神，这是李强华对中国农民诗歌创作的贡献。

土地是渗入诗人骨髓的、血液的、精神末梢神经的。冬天，他能感到麦苗在雪被下的温暖，春天，他能听到万物萌芽的破土声，夏天，它能闻见麦子成熟的芬芳，秋天，他能感应到土地对落叶的一种欢欣。诗人与土地心心相印，血肉相连。"黎明，细雨停了／整个大地一片静悄悄／我听见，竹笋铮铮破土而出。"诗人在土地中看到的是生命，感到的是自然的律动，歌颂的是一种农民创造文明的精神。"雪没有压弯你的心／风没有撕断你的根／你储备了一身力量／又一次次打开牢门／那颗旺盛的生命／显示出你不屈的心啊！／你虽不那么显眼／却是第一个出来报春。"（《小草》）这是广袤的土地上小草的生命样态，它歌颂的是一种人类文明的社会精神。他的诗歌根植于土地，情发于普通劳苦大众，呼唤新诗的现实主义精神，表现广大人民群众的生活疾患，讴歌人民领袖，赞颂社会主义，颂扬工农兵；歌颂耕者有其田，劳者有其粮，寒者有其衣的社会主义新生活；歌颂翻身得解放的劳苦大众在共产党的领导下重整山河，移山填海，治愚治贫，建设美好家园的冲天干劲；歌唱新时代、新生活、新思想、新观念带来的新风尚；歌颂人民群众热爱祖国，热爱党，热爱社会主义的革命热情；歌颂社会主义好，共产党好。他是一个普通农民，他又是一个新时代的农民诗人。这个农民诗人是被新时代的幸福生活所陶醉的歌者。他的歌声中有获得新生活的自豪，有耕耘者的辛劳，有那个时代的春风化雨，有田园牧歌的意绪，有鸟语花香的自然。他的诗歌有时代的温度，生命的热度，劳动的强度，艺术的力度。

土地，被诗人赋予母性的形象和品德。大自然所有的生命都是土地的儿子，因此，土地又有许多子题可以表现。石在，火种是不会灭的；李强华从"毛石"奠基大厦的作用中，看到了"奉献"；从"水泥"与"沙石结为牢不可破的朋友"中，看到了民族团结的伟大建树；他从"绿叶"中，看到了"战胜寒风暴雨的胆略"。他是土地的主人、耕者、歌者。他热情讴歌土地的一种"厚德载物"的精神。

在 20 世纪 50 年代末，与李强华一起登上中国诗坛的农民诗人有湖北浠水县的王英，河南省扶沟县的冯金堂，山西的李希文、李居鹏，山东泰安城的刘志禄，河北兴隆县上庄村的刘章，陕西的王老九、贺丙丁等人。李强华生长在关中平原、古都长安的京畿之地，这里历史文化资源丰厚，加之他个人的禀赋和辛勤的劳作，他的诗歌具有一种秦文化的特征：感性中有理性，平实中有亲切，自然中有睿智，劳动中有真诚，善良中有诗意，风景中有自我。他在古典加民歌的形式中寻找到清新明快、淳朴刚健的内核。他的这种艺术追求一方面是从古典诗歌"本色豁达"的流派当中吸取营养，另一方面他直接从王老九那里继承了古典诗歌杂糅民歌，民歌消酿古典诗歌的真谛和秘籍，一跃而在新乡土诗的高地上求真、求善、求美、求纯、求质、求简、求朴，沿着中国新诗发展的道路，表现一种返璞归真，大巧若拙，俗中含雅，土里长花，清新明快，柔美崇高的诗性品质。

中国新诗是以三种艺术形式奠基的：（1）以艾青和"七月诗派"为代表的现实主义诗歌——关注国计民生、民族命运，负有历史担当和改造现实的重任；（2）以穆旦和"九叶诗派"为代表的现代主义诗歌——关注人类生存和心理体验，具有顽强的艺术探索精神；（3）解放区诗歌——歌颂新生活和新生活的缔造者、建设者，具有豪迈乐观的思想情绪。李强华更多的继承了解放区诗歌的传统。他的歌声中，携带着从寒冬走进春天的那种温暖，携带者普通的劳苦大众获得土地的那种欢乐，携带着泥土的气息，草木的味道，乡村的烟火，麦田的芳香，牛铃的清脆。这气息因淳朴而醉人，这味道因香甜而沁心，这烟火因光明而通神，这芳香因温馨而柔美，这清脆因银亮而销魂。苦难的农民告别了苦难的岁月，走上了幸福生活的康庄大道。新的时代需要新的歌声，新的生活需要新的歌者，"过去唱着悲愤与抗议的诗人们，迸发出了新的热情，歌颂新的国家，新的生活，歌颂新的人民"（艾青《中国新诗六十年》）。李强华在这种云蒸霞蔚的新时代，从李季、田间、贺敬之、李瑛、郭小川、闻捷等人那里吸取营养，沐浴着红色的霞光，踩着新时代的露珠，唱着颂歌一路走来。"贫农姑娘剪窗花 / 要剪人民坐天下 / 一剪分下牛和马 / 二剪为国种棉花 / 三剪农业集体化 / 四剪扛枪保国家"（《剪窗花》）；"红缨鞭子连珠炮 / 车轮唱着送粮曲 / 人欢马叫红旗飘"（《送粮曲》）；"欢呼声啊波浪高 / 掌声赛过连珠炮 / 满场笑脸来问安 / '东方红'——你来得早"（《"东方红"你来得早》）；"十月一，国庆到 / 锣鼓叮咚红旗飘 / 十一年来党领导 / 万里江山用金描"（《贺国庆》）；"红红的太阳刚出山 / 宝塔顶顶上明闪闪 / 站在宝塔山上望北京 / 知心的话儿说给党听"（《红红的太阳刚出山》）；"枣红骡，大白马 / 四蹄嘚嘚把车拉 / 为给麦田施底肥 / 人欢马叫鞭开花"（《施肥》）；"大红花 / 美扎啦 / 红花映红众人心 / 劳动模范胸前挂。"（《大红花》）李强华诗歌的光源来自太阳，底色铺通红色，生命来自自然。他的歌声带着太阳的光和热，带着生命的光和热，带着生活的光和热，倾情歌唱红色革命胜利后的新时代，它是一个红色革命的歌者。

红色革命给了他当家做主的权利，新的历史时代给了他言者的主体位置，广阔的大地给了他歌者的自由。他的歌声合着历史的车轮滚滚向前，伴着新时代精神的高扬而气冲云霄，光耀星汉。他歌颂大地，歌颂太阳，歌颂生活，歌颂劳动，歌颂普通人的生活状态和情感表达。这是一个农民歌者无拘无束，借助有限的文字，有限的文学修养，发自内心的诗性表达。它朴实而丰茂，单纯而广阔，通俗而清新，简约而虚灵，醇厚而鲜活，土气而母性。他的诗歌像土地一样平阔，像莽原一样自然，像草木一样生长。在思想内容上，他常常以人民或阶级的代言人的身份出现，关注社会主义新农村政治事件和焦点问题，传达时代的主流意识形态和审美观念；在艺术表达上，常常采用直抒胸臆和政治思辨相结合的方式，采用俯瞰生活和概括的方法处理生活，追求强烈的政治鼓动色彩和英雄浪漫主义情绪；在艺术形式上，短小精悍，较少描写，多在抒情，追求生动、真切、自豪、意蕴。

李强华是一个翻身得解放的农民形象的代表，他暗自嘲笑被剥夺继承权的"该隐"，享受自己拥有土地所有权的自豪。他是一个在"东方红"的晨光中被幸福陶醉的形象。他是一个"伟大的被压迫者，伟大的胜利者"的农民的形象。信奉平等，自由和正义的农民们在新中国朝阳的照耀下，看到的是一个为时运所宠的、朝气蓬勃、欣欣向荣的景象；看到了自己"自由、平等"生活梦想的实现。他们在一种"日神崇拜"式的、虔诚的颂歌声中，把自己向"天使"表示效忠的心献上神圣的殿堂。李强华怀着一颗滚烫的红心从橘红色的霞光中走来，他踏着"东方红"音乐的进行曲，耳畔响着"世上从来就没有救世主，要解放全凭我们自己"的国际歌声，在土地与阳光的重叠处，把虔诚的自白和跃进的号子二种声律有机地组合在一起，在社会政治抒情与乡村田园抒情诗的交叉部，显示自己诗人的个性。在李强华的诗歌创作中，道德和功利是密不可分的，他天生的优雅和女性般的精致把这二者在"为人生的艺术"的追求中，水乳般地结合在一起；把小土地所有者的阶级感和新时代的农民诗人的田园乐观主义有机地结合在一起。

下面不妨从微观上对诗人 1956 年至 1965 年这十年间的诗歌创作艺术作以简要评述。

李强华在 20 世纪 50 年代末到 20 世纪 60 年代初创作的诗歌，从思想内容来看，主要是以围绕农村建立合作社、人民公社过程中开展的有关政治、经济、文化、生产及生活等各方面的活动为题材，记录发生在他身边的生产、生活情景，抒写了他对生活的体验与人生的感悟。

农业生产活动是农民们一年四季在黄土地上不知疲倦奏响的生活主旋律。它的每一节乐章，每一个音符都饱含着艰辛，都渗透着汗水。作为农民的李强华，用锄头感触，作为诗人的李强华，用笔头开拓，那是多么丰富的题材之林：既有翻地、积肥、插秧、采桑、拾棉，又有抗旱、打井，开渠、灌溉等。诗人从不同角度，不同层面，带着独有的诗性感受，反映了农村生产活动的繁忙，农事的繁杂，农民劳作的辛苦，表现解放后合作化、人民公社化时期农民们焕发出来的劳动积极性和对农村新貌及未来愿景的展望，抒发了心中盼丰收、保丰收、喜丰收的那种"不求神，不靠天，劳动换来丰收年"的壮志豪情。

今日咱比粪多少，秋后看谁打粮多。

跃进日月劲头大，同唱公社福窝窝。

这是诗人 1958 年创作的《积肥大队似海潮》中的诗句。在生产力还比较低下的 20 世纪 50 年代，粮食要增产，水肥是关键，庄稼一枝花，全靠粪当家。而积肥是那个时代确保粮食增收的唯一渠道。诗人用明快的诗句，表达了粮与肥的关系，同时在一"比"一"看"中，突现了农民群众冲天的劳动热情和干劲，以及对人民公社的真挚感情。1958 年创作的《翻地歌》中有这样一段描写：

翻得月亮下山岗，翻得太阳东山上，

翻得遍地珍珠滚，翻得遍地稻谷香。

我们读这些诗句，总能感觉到诗人一颗火热的心，一种澎湃的激情。那排比手法的运用，也让我们感受到农民们深翻土地，在与地奋斗的辛勤和实现心中美好愿景的劳作中，洋溢的冲天干劲、苦干精神和其乐无穷的风貌。

水车转，扁担闪，股股清水灌秋田。
只为秋季大丰收，换人换畜水不断。

这是 1958 年创作的《抗旱》诗。这首诗，"水车转，扁担闪"仅用了六个字，便给我们描绘了一幅极其含蓄而又美不胜收的图画。我们已经听到了哗哗的水声，看到了闪闪的扁担，更看到了水车前和扁担下的人影，是他们组成了与天奋斗的抗旱大军。这就是明写景暗写人。是他们以"换人换畜水不断"的抗旱决心和行动誓夺秋季大丰收。而"换人换畜水不断"一句，又高度概括了建国初期人民群众大干社会主义的时代精神。

八百里秦川红旗展，百万雄师闹抗旱。
遍地水车莲花转，秋后米粮堆成山。

这首《遍地水车莲花转》的诗作，诗人同样是在写抗旱，但着眼点已不是一村一寨，而是八百里秦川的抗旱大军。不仅写出他们抗旱的雄壮之势和豪迈之气，更展望了抗旱后的丰硕成果。

积肥、翻地、抗旱这些农事活动，在今天看来，有的已成为永久的历史，有的显得那般落后，然而，它却是 20 世纪 50 年代中后期，在中国共产党的领导下，我国农村广大农民，以满腔的热情和流淌的汗水与天奋斗，与地奋斗，一步步推动农业向前发展的真实写照。

我们读李强华的这些诗篇，是在读新中国农业是怎样在一穷二白的大地上起笔，万众一心地描画农业发展的美好前景，也是在读一位农民诗人以真诚而可贵的精神，用诗歌记录新中国农业发展最初的一段历史。

兴修水利是征服水患，确保农业发展的重大举措。这一时期诗人先后写了多首兴修水利的诗，如《修水库》《修河歌》《筑坝歌》等。其中的诗句："背上馍，扛上锨，兵马驻扎运渠店"，从侧面记录了兴修水利生活的艰辛。

　　终南山下修水库，万把镢头工地舞。
　　千军万马日夜忙，为蓄天水保丰收。

　　南山水库一溜溜，天旱雨涝都不愁。
　　清清渠水地边过，金花银花不断头。

　　这是1959年创作的《修水库》。诗歌第一节正面描写农民们修水库的火热劳动场景，我们真切地听到那嘹亮的劳动号子，看到那飞动的车轮，挥洒的汗水，感受到千军万马修水库的繁盛景象。第二节那南山一溜溜的水库，清清的渠水，让人产生不尽的联想和想象，这是从侧面展望水库修成后旱涝保丰收的美好前景。诗句从实到虚，含蓄而隽永。

　　工地上，红旗飘，修河人儿逞英豪。
　　担的担来挑的挑，黄土堆成大山高。
　　一担黄土一担歌，歌声阵阵入云霄。
　　牛郎织女被感动，喝令银河把田浇。

　　这是同年诗人创作的《修河歌》。这首诗给我们展现的是修河工地，红旗飘扬，社员们"担的担来挑的挑"，以冲天干劲，表现出与天奋斗其乐无穷，与地奋斗其乐无穷的英雄气概。那劳动场面的热闹、繁忙，劳动者的热情、豪情和实干精神，竟然感动了天上的牛郎织女"喝令银河把田浇"。奇妙的想象与夸张，为诗的意境增添了神奇的色彩。这种浪漫主义艺术手法运用，给人一种灵动，腾挪之感。
　　1957年创作的《开渠大队》诗曰：

　　铁锨动，金光闪，一岭黄土堆成山。
　　条条新渠都开通，旱地成为水浇田。
　　不求神，不靠天，劳动换来丰收年。
　　粮食棉花增了产，幸福生活味道甜。

这首诗以夸张的手法，想象的笔触，由开渠浇田联想到增产丰收，进而感受到幸福生活的甜蜜。尽管诗作写得还比较抽象，未能以可感的形象描摹出生动的画面，但诗中蕴含的火热激情，是那样高昂地涌动出劳动者的自豪感和幸福感。

几千年呀几千年，涝河两岸人可怜。
满河洪水满河泪，满河饥饿满河寒。
党领治河除水患，千军万马齐动员。
搬来泰山筑坝堰，满河幸福满河欢。

这首题为《筑坝歌》的诗歌，是身处涝河岸边的诗人，亲身感受了过去"满河饥饿满河寒"，而现在又亲眼看到"党领治河除水患"。这新旧两重天的生活，激发了他和乡亲们以搬来泰山的雄心，去实现筑坝堰的壮志，才引来眼前的"满河幸福满河欢"。这是一首修筑堤坝，阻挡饥寒的歌，更是一首蓄满幸福和欢乐的歌。

春耕夏耘，农民们用汗水把秦川大地调成金黄的主色调。镰刀挥舞，新麦上场，诗人便抓住"送公粮"的场景，真诚地表达农民群众交公粮的火热心愿和爱国之情：

割完麦子快碾场，麦颗晒得嘣嘣响。
头场麦子质量好，先交公粮理应当。

1960 年创作的《送粮曲》，则是通过生动、形象地描写，具体真实地把农民们争先恐后喜交爱国粮的场面及欢悦心情淋漓尽致地展现在读者面前：

马驾辕，骡套梢，红缨鞭子连珠炮。
车轮唱着送粮曲，人欢马叫红旗飘。

麦干麦净麦味好，送粮人儿满面笑。
队头已到收粮站，队尾还在村中腰。

这首诗歌，最让人拍案叫绝的是结尾两句的情景白描，它把农民们交爱国粮的喜悦之情表现得淋漓尽致，真是古人所谓的"不着一字，尽得风流"。为了水到渠成的引出这一情景，诗人起首给我们描绘了社员们驾马车，挥长鞭，舞红旗高歌交粮的生动画面，再由新麦的高质量引出"送粮人儿满面笑"，烘托出人物的内心世界。诗歌在写法上的最大特点是情景交融，以景作结，尽情地抒发了农民们在庄稼丰收后，首先把最好的粮食交给国家所表现出的爱国之情。

植树造林，绿化祖国是我国的基本国策之一。诗人记述了1958年，妇女参加植树活动的情景：

> 星眨眼，鸡报晓，茫茫白雾把天罩。
> 妇女大队出发了，村前村后笑声高。
> 杨柳树，两千棵，妇女栽树歌声多。
> 一棵树，一支歌，歌声飞进白云窝。

这一首诗，诗人从宏观的角度，把植树与妇女联系起来，但又不去具体铺写劳动场面。首先是通过"星眨眼，鸡报晓"，白雾罩天时就出发，突现一个"早"字，从侧面表现妇女们植树的积极性；其次，写她们一面植树，一面唱歌，突现一个"乐"字，在写法上又采用复沓手法，显得灵动、空蒙，以此表现她们在劳动中的欢快，愉悦之情。同年又创作了一首《栽树》诗：

> 春风吹来百花香，千家万户植树忙。
> 梧桐栽在路两旁，保护路基遮阴凉。
> 河边插满柳树桩，堤岸结实防水涨。
> 宅旁村旁绿汪汪，又长木材又漂亮。
> 今春栽下杨榆树，十年过后做栋梁。
> 摇钱宝树到处有，金杏银果摘满筐。

这首诗先以春风、百花起兴，总写千家万户植树突现一个"忙"字，随之诗人给我们展现的是在路两旁、河两边、房前屋后、村庄四周植树的情景，这是把植树与不同的地域联系起来，如同列锦一样，揭示其功用，重点在于表现植树的重要意义。最后四句展望植树成果，又与时间关联，指出10年后树木成林后的美好景象，进一步揭示植树的重大意义。

纵观这两首植树诗，第二首诗较之于第一首诗，内容更显具体丰富一些，这是因为诗人围绕植树的立意不同，第一首重在渲染气氛抒发情感，第二首通过横向联系，纵向开掘，又与人物关联，重在揭示植树的意义。由于这两首诗写作的角度和侧重点不同，表现的手法各异，因之呈现出斑斓多彩的景象，给我们奉献了不同风格，又极具感染力的艺术品。

在合作化和人民公社时期，农村的群众文化活动是丰富多彩的，广大农民参与各种文化活动的积极性是很高的。诗人紧扣农村开展的各种文化活动，也写了不少受群众喜爱的民歌体新诗，有力地推动了这些活动的有效开展。1958 年创作的《听广播》一诗写道：

> 农业社，安喇叭，能说会唱本事大。
> 社员听见广播响，做起活来不知乏。
> 小喇叭，顶呱呱，传来捷报鼓舞咱。
> 遍地跃进歌声起，产量跨上千里马。

"农业社，安喇叭"，对于当前新农村来说，已经毫无新鲜感，然而，对于 20 世纪 50 年代末的农村来说，绝对是新生事物。那时农村的社员们通过集体收听广播，了解国家大事和村里的新鲜事儿。诗人以满腔的热情感知和宣传这一新生事物，用农民的大实话纪录生活，才让今天的我们真切地感受着时代的变迁。诗人这种担当时代歌手的自觉性本身就是一首嘹亮的歌。

> 群众文艺上舞台，万紫千红百花开。
> 高声歌颂大生产，英雄模范呈异彩。
> 迎春花开朵朵艳，群众演唱赛星繁。
> 生旦净丑都生动，角色尽是庄稼汉。

这首 1959 年创作的《会演赞歌》一诗，真实地记录了农村群众的文艺生活。庄稼汉开始登上舞台，歌颂新生活，歌颂英雄模范。千百年来，帝王将相、才子佳人一直统治的舞台，在庄稼汉生旦净丑的表演中，一去不复返了。这种历史的进步，只有在人民当家做主的共和国才能实现，生活中的英雄模范也只有在人民的舞台上才能呈现异彩。诗人的这首赞歌，表达了广大农民群众争做英雄模范的心声。

1963年，毛主席发出"向雷锋同志学习"的号召。作为农民诗人的李强华，以高度的政治敏锐感，写了多首联系实际学雷锋的诗歌，其中发表在1963年4月6日《陕西日报》和第11期《诗刊》上的《生产线上学雷锋》中写道：

> 生产线上学雷锋，艰苦奋斗不居功。
> 泥里水里连身躺，火海刀山我敢冲。
>
> 冲锋陷阵我当先，肩挑千斤不嫌重。
> 一心一意为群众，专把方便送别人。
>
> 生产线上学雷锋，做个不锈螺丝钉。
> 要我干啥我干啥，安到哪里都顶用。

这首诗语言质朴，感情真挚，其最大的特色是把学雷锋与生产线相结合，这也是那个时代学雷锋的一个显著特点，赞扬了那个时代人们自觉学习先进，干好本职工作的社会风尚。

提倡党政领导干部扎根基层与广大群众打成一片，同吃同住同劳动同学习，是20世纪50至60年代初，改变党的作风的重大举措。广大党员、领导干部深入群众之中，急他们之所急，想他们之所想，涌现出大量的优秀党员、干部，受到广大群众的拥护和爱戴，成为我们党联系群众，改善工作作风最良好的时期之一。

一直作为农村基层领导干部的李强华，亲眼看到，也深切感受到下乡干部和群众打成一片的感人景象，他以满腔热情写了多首诗歌，歌颂这一壮举。其中1957年创作的《下乡干部到我家》中写道：

> 白天干的庄稼活，晚上夜校教文化。
> 爸爸笑，妈妈夸，下乡干部顶呱呱。

另一首诗作《书记在前头》写道：

竞赛歌声遍地起，大闹积肥保丰收。

要问状元哪一个？书记跑在最前头。

    干部下乡蹲点，是那个时期农村工作一个突出的特点。李强华本身又是农村的基层干部，经常与上级蹲点干部一起开展工作，对他们白天晚上带领群众开展的活动，对群众对他们的评价都了如指掌。带着赞美之情，用诗歌真实地记录和反映那个时代领导干部以身作则、模范带头的好作风，成为诗人笔下的一个重要使命。

    一直生活在农村的李强华，目睹了旧中国下层民众苦难的生活和饱受欺凌的严酷现实，亲身感受到新中国成立后，劳动人民当家做主的自豪和建立共同富裕家园的火热激情，冲天干劲。这些曾经的痛苦和眼前美好的生活，为他注入了对新中国最深沉的爱，一种社会主人翁的强烈意识，冶炼着他思维的敏感和人性的情愫，让他具备了诗人最基本的特质和品格。他学会了在人们忽略或挥霍的生活细节中，敏锐地感知真善美对心灵的启迪，便用一种责任把自己情感的灿烂部分点燃，带着热情，带着骨气，对人生，对社会进行深邃的思索和感悟。如同一把熊熊燃烧的火炬，照耀着农村生产、生活的各种现象，让那美好的东西绽放出五彩斑斓的光芒。他用真情去捕捉，用诗语去凝固。他的笔头便开放出独有的黄土诗花。如农村风情民俗的"剪窗花""嫁女""娶媳妇""婚礼""拜年"等生活现象，到了他的笔下，便让人看到新社会新事新办，移风易俗的深刻变化。如1962年创作的《婚礼》诗这样写道：

新郎新娘桌边站，

耍房人儿挤个严。

这个说：喝杯合欢酒；

那个说：学个鸡叫唤。

支书提个小意见，

要他两口对诗篇。

夫妻喜心间，

说着就照办。

新郎说：春耕积肥大生产。

新娘说：我装筐子你挑担。

一树桃花笑红脸。

新婚闹洞房，不乏一些低级趣味之举。而这首诗，却别开生面让新郎新娘对诗，这是多么文明高雅的举动，它让移风易俗具体化、形象化，情趣化，具有引导、激励、启迪、教化的作用。这只有在明媚的新中国，爱学习的年轻人，思想文化素质不断提高的社会新风尚中才会出现。另一方面，也说明在那个时期，人们的精神面貌在发生着深刻的变化，文明程度在不断提高。诗人以特有的思想敏锐感，感知时代的这些变化带来的人们思想观念的变化，把这些变化用诗歌记录下来，也成就了他的诗性人生。再如写爱情生活的《送情郎》《情歌》《情歌短章》等诗歌，依据 20 世纪 50—60 年代年轻人建立爱情关系的新特点，把爱情与劳动相结合，以歌颂那个时代人们建立起来的新的爱情观。而李强华的爱情诗又有其自身的特点。

高高山上一树槐，我和情哥共同栽。

当年哥栽妹浇水，如今小树长起来。

小树叶儿绿又深，我和情哥喜开怀。

这是选自诗人 1958 年创作的《情歌短章》(四首)中的第二首。这首爱情小诗，诗人借用老槐树证婚的传说，让青年男女爱情之花在栽种一棵槐树中绽放。槐树的成长见证着用劳动培育出来的爱情是多么纯洁和甜蜜。

除了写男女青年的爱情诗篇，李强华把目光的触角伸向日常生活的方方面面，尽情歌颂普通劳动者。如女列车员、铁匠、木工等，走进李强华的眼中，会让他感受到劳动之美、奋斗之美，从而选择不同角度抒发心中的赞美之情。1958 年创作的《铁匠》诗：

人称李白诗中仙，斗酒邀月诗百篇。

铁匠写诗不靠酒，铁锤叮当诗意绵。

诗人赞美铁匠，没有描摹其豪壮的体魄，艰辛的劳作，而是独辟蹊径让其与诗仙李白比作诗。李白是诗从斗酒邀月出，而铁匠诗从铁锤叮当来。君可知：那铁锤终日叮叮当当锻打铸件的敲击声，不就是一首首对劳动的赞美诗吗？

这一时期李强华的诗歌体裁，是快板诗与新民歌体、自由体兼而有之。他的快板诗，或叙事，或描景，或写人，多用铺陈手法，以叙述描写为主兼以抒情。下面，我们对他的快板诗做一些简要评析，从另一个侧面来了解李强华诗歌的艺术风采。1956 年创作的《张大姐的嫁妆》：

> 张大姐，年十八，做起活来真利洒。
> 黑油油辫子红绸扎，水汪汪的眼睛圆又大。
> 中等个子粉红脸，人才漂亮又能干。
> 下地顶个男子汉，今年做工一千三。
> 十月里，天气晴，一件喜事到家中。
> 爱人寄来一封信，约定腊月把婚成。
> 张大姐，喜盈盈，把信念给父母听。
> 父母听罢笑出声，连忙准备办事情。
> 张大姐，喜洋洋，鸳鸯眼看配成双。
> 扯花布，做衣裳，太平洋单子一对箱。
> 孔雀花布做被面，又扯红布做门帘。
> 乡亲们，好喜欢，你买镜子我添钱。
> 各式各样都齐全，光缺一对花枕头。
> 自己扯布自己做，自己做来情意厚。
> 张大娘，喜洋洋，说她闺女好嫁妆。
> 不是爹妈张罗得好，都是自己劳动好荣光。

诗人先描述主人公张大姐的形象特征，继而叙写张大姐的喜事，再写她念信和父母听信后的表情以及父母为她准备的嫁妆，还有乡亲们送路的礼物和自己特制的花枕头，最后写张大娘对女儿的夸奖。整首诗围绕张大姐的嫁妆铺陈叙事，展开故事情节，有起伏，有波澜，有始有终，生动而有趣。张大姐为结婚置办嫁妆前前后后的喜悦心情贯穿故事的始终，既突出了人物的性格特征，又展现了村民们团结和谐的民俗风情，彰显了 20 世纪 50 年代婚姻嫁娶的新风尚。语言通俗流畅，节奏感强，富于乡土气息。

1957 年创作的《生产跃进五更忙》，开头以"雄鸡叫罢五更天，村前村后人声喧"，总写特定环境，然后分别以小伙、老汉、姑娘和"我""听见鸡叫鸣"出村干活恰遇"下放干部老张拾粪转回程"的情景：

> 小伙听见鸡叫鸣，东湾地里去打井；
> 老汉听见鸡叫鸣，赶上马车把粪送；
> 姑娘听见鸡叫鸣，村旁路旁把树种；
> 我扛镢头刚出门，迎面闪来人影影，
> 啊！原是干部拾粪转回程，笑脸蛋儿一溜风。

诗中从不同层面、不同人群、不同角度展现了村民"五更忙"的跃进气象，这样铺陈描写，使内容更加丰富多彩。最后以"鸡是铃，月是灯，生产跃进一片声。号角响，战鼓鸣，千男万女似雷动。杨柳桃杏一齐栽，村村社社披彩虹"作结，寓情于景，照应开头，使主题得到升华。

1960年创作的《县长来到刘家庄》用较长篇幅，铺陈叙写县长来到刘家庄察看猪圈，访问队长和养猪员刘大娘，又到菜园拾菜，挎粪筐拾粪，打扫猪舍卫生等。通过这些平常事件的铺陈描写，塑造了一个仔细认真下乡检查工作及与农民群众打成一片，深受群众爱戴的领导干部形象。

同年创作的《公社敬老院》，是从老人的衣、食、住、行到文化生活作白描式列举，从老人的物质享受到精神愉悦，让人亲身感受到社会主义给老年人带来的幸福生活，充分展现了那个时代的社会风貌，从一个侧面反映了社会主义制度的优越性，讴歌了共产党的好领导。最后以"心里感谢共产党，孤寡老人不熬煎。人人都说天堂美，我说天堂在人间"来议论抒情，表明主旨心愿。

《养猪好》《写封家书寄家园》《记者来访刘桂花》《史存智老汉》《我家有个木扁担》《鸡叫三声翻身起》等，这类诗都能及时反映身边发生的新人新事新风尚，为宣传党的各项政策，活跃农村文化生活发挥了积极作用。诗人在这一时期所写的快板诗有人物、有故事、有情节、有波澜、篇幅较长，内容丰富，语言生动，节奏感强，可诵可演，深受群众喜爱。

同时在这一时期，诗人也时不时有长短句式的自由体新诗的创作尝试。这些诗歌，是诗人多年艰辛探索，从已经驾轻就熟的民歌之路，向一个崭新然而充满荆棘的诗体新路大无畏转移的见证。但其清新、晓畅、生活气息浓郁的诗风依然充盈着。如1959年创作的《大战狮子山》：

大战狮子山，
引水上山峦。
人山人海闹喧天，
荒山变果园。

大战狮子山，
梯田修云端。
荒山秃岭瘠薄地，
变成米粮川。

大战狮子山，
英雄万古传。
高山颂咱毛主席，
恩情大无边。

这首诗运用五五七五言句式，每一节诗句长短错落，但三节整体上是规整的。我们感受得到诗人探索步伐的小心谨慎，然而，那种描摹大战狮子山火热场景的笔法，那卒章显志、意境升华的特点，如似曾相识的飞燕，扑面而来。同年创作的《女列车员》：

脚进走廊，
仰头张望。
数不尽的人哟，
脚下穿梭忙。
车厢飞出一姑娘，
她说："同志你慢点，行李我接上。"
"大娘你坐吧，小伙给你把座让。"
在意见簿子里，
写满了感谢、表扬。
我也用粗手粗笔画上几个杠杠：

"姑娘呀,

谁不夸你好榜样。

尽管是六月炎天,

你的话比蜜还甜还清爽。

我们虽不相识,

却会把你牢牢记在心上。"

　　这首诗选取在列车上耳闻目睹的一个生活片断,一个令诗人难忘的生动场景,通过一段相互映照的话语,成功塑造了一位服务热情周到的女列车员形象。句式多用短句,节奏明快,语意明了,尤其是直接引用鲜活的人物语言,大大增强了作品的真实性和生动性,使人感到亲切而温暖。

　　1960年创作的《新娶来的媳妇》,写一位新媳妇在洞房花烛之夜,"扛起铁锨飞出了农庄",在渠边"笑望着赶车新郎",没抱怨,不遗憾,更有句话想对新郎说:"单等五月黄浪起,丰收必有我一分力量。"这首诗反映了那个时代年轻人以事业为重,在新婚之夜也不脱离劳动的精神风貌。其选材的新颖独特,句式的自由活泼,语言的清新明快,叙述描写与议论抒情的有机结合,人物语言和心理活动的巧妙表达,展现了别样的情致。下面节选其中的第二段供读者朋友欣赏:

乌金,堆满了渠旁,

歌声在渠边荡漾。

送走了洁白的月亮,

一队队车马又来了,

小伙子正把乱弹唱。

新媳妇发出多情的眼光,

笑望着她那赶车的新郎。

有句话儿想出口,

羞得脸蛋儿红堂堂。

一车车粪儿送地里,

新娘仍在高处张望:

"单等五月黄浪起,

丰收也有我一分力量。"

同年底刊登在《陕西日报》上的《卖棉归来》：

绕过五里坡，
赛过白杨道，
一串串笑声跟着车轮跑。
二妹子高唱洪湖水，
刘山牛哼着眉户调。
畅谈来年生产计划，
胸怀壮志争道形势好。

修好增产渠，
接通友谊桥，
重翻沙滩种好泾渭棉，
整修水田待栽江南稻。
骡马咴咴叫，
皮鞭空中摇，
载回奖励的回田粉，
载回欢笑……

　　这些自由体新诗，描摹农村生活，诗体形式更加率性，或长或短依据需要让笔尖自由剪裁。然而长短有度，错落有致，与丰富多彩的农村生活细节形成恰到好处的匹配，读起来抑扬顿挫，极富韵味。这一时期有不少新诗被全国性权威报刊发表，是对诗人艰辛探索精神和取得成绩的充分肯定。
　　其他诸如 1960 年创作的《天安门广场上的赞歌》《毛主席接见代表》《祖国颂歌》，1961 年创作的《元旦佳节满堂红》《毛主席和放羊老人》，1962 年创作的《农村新歌》，1963 年创作的《读〈雷锋日记〉》《伟大的普通一兵》《螺丝钉颂》《剥削者的铁证》，1964 年创作的《我在田间呼胜利》《学雷锋》等自由体诗歌，都写得比较自由，放得开，在结构和语句形式及表现手法上都有其各自的特点。

李强华这一时期的诗体，无论是以叙事写人为主的快板诗，以抒情为主的民歌体新诗，还是句式长短参差的自由体新诗，从主题来看，主要是歌颂中国农村发生的各种新生事物。诗人在耳闻目睹中抒发自己的主观感受，表现劳动人民翻身得解放的喜悦和在共产党领导下重整山河，移山造田，治愚治贫，建设美好家园的冲天干劲，反映新时代，新生活，新观念带来的新风尚，以尽情地歌颂人民领袖，歌颂社会主义制度，歌颂共产党的领导，歌颂工农兵，从而深切表达人民群众对祖国，对共产党，对社会主义无比热爱的情感。

常智奇先生在《李强华诗歌选集》序文的"他从'社会主义好'的歌声中走来"一节做了精辟论述：

1949 年，毛泽东主席站在天安门城楼上，向全世界庄严宣布："中华人民共和国成立了，中国人民从此站起来了！"这声音传遍世界的各个角落，四亿五千万人民齐声欢呼，万众歌唱。祖祖辈辈种地的农民们感受到了新的生产关系和社会制度的温暖，感受到当家做主的权利和活人的尊严。他们发自内心地唱出了"社会主义好"。李强华 1956 年在《户县报》发表的第一首诗歌《姐姐邀娘家》，表达的就是这种感情。

社会主义好，是社会主义制度好。土地归农民所有，历史上地主剥削和压迫农民的情况不再发生，农民在自己田地上辛勤地耕耘，丰衣足食，感受到丰收的喜悦，生活的幸福。充分地享受着民主、自由、平等的新生活。《井水吟》《筑坝歌》《全家忙》等诗从不同侧面通过新旧社会的对比，社会底层普通劳动者的亲身体验来歌颂社会主义好。

社会主义好，是因为共产党领导好。中国历史上一切政党建立起的政权，都是为统治阶级服务的，只有共产党建立的新中国的新政权，是为劳苦大众服务的。歌颂共产党是当时诗歌创作的大潮。李强华歌颂共产党，是从社会普通劳动者的心理出发，通过人民群众的情感、意愿、企盼，歌颂中国共产党的温暖。《颂党歌》《六亿人民心向党》《毛泽东，你是……》等诗，从普通劳动者的生存方式、生活方式、生产方式出发，表现人民对政党的热爱，这是李强华诗歌创作的一大主题。

社会主义好，是社会主义的生活好。《姐姐邀娘家》《公社敬老院》《跳舞》等诗，通过社会底层普通劳动者实实在在的情感体验和真切感受，表现新生活的幸福，应该说是最直接也最有代表性的诗性表达。

社会主义好，是人民群众的觉悟提高了。《迎春歌》《满眼红花满眼春》《送公粮》《送粪》《只盼银水浪花翻》《生产线上学雷锋》等诗，从不同角度反映了人民群众在社会主义制度下思想觉悟不断提高重大主题。诗人惠特曼说，时代之所以需要诗人，是希望他们能揭示沟通现实与他们的灵魂道路。李强华是时代的诗人，他做到了这一点。他站在社会主义革命的基点上，热情讴歌新的生产关系带来生产力的解放，热情讴歌劳苦大众在新的生产力和生产关系中迸发出来的建设美好家园的冲天干劲和激情。革命的热情融汇于真实的生活感受和场景之中，使这种热情更具有一种艺术的感染力。宏大叙事与乡村抒情相融合，产生了新中国五十年代中国农民诗歌的一种新样式——乡村政治抒情诗。

李强华的乡村政治抒情诗，不是一味地歌颂，他的颂歌中也夹杂着对农民疾苦的一种呼吁和同情，例如：

你是一头黄牛

夹一副肉长的轭头

拉不尽浇禾的水车

装不完沉重的粪土

你不会讲条件

只知道默默耕耘奔走

作家诗人呀

你们是不是理解黄牛的劳苦

没有他哪有喷香的大米

没有他哪有可口的嫩韭

请饱蘸你们的墨水

为黄牛留下血和泪的记录。

这首题为《农民》的诗歌，是农民的赞歌、颂歌，也是诗人自己农民心声的自白。李强华诗歌可贵之处，在于农民的身份、农民的立场、农民的情感、农民的心理、农民的眼光，当然还有农民的自尊、自爱、自律、自豪、自信。……

1956年李强华的成名作《姐姐邀娘家》在《户县报》发表，1957年被《陕西日报》转载后，他便用手中饱含泥土芳香的诗笔，在三秦大地上，演绎着一位农民诗人的传奇。那首《稻香熏得人心甜》，以醉人的香甜在1959年上了《人民日报》。1960年到1964年，《"东方红"你来得早》《采桑曲》《山歌向着北京唱》等

4 首诗在《人民文学》上与大江南北的大腕儿诗人同台亮相。1963 年 11 月，《生产线上学雷锋》，披着时代的风云，跻身《诗刊》与全国各地涌现的学雷锋美妙诗篇竞秀。1957 年到 1965 年，李强华还先后在《陕西日报》发表优秀诗歌 30 多首，在《延河》杂志发表优秀诗歌 20 多首。

打开 2018 年出版的《李强华诗歌选集》，让我们放眼这一时期，《春光灿烂照秦川》《八百里秦川一片香》《长城内外舞银锄》《人马洪流漫秦川》《秦川处处报喜歌》中那春色宜人，银锄舞香，人欢马叫，大干社会主义的壮美景象；让我们倾听《扁担曲》《迎春曲》《春耕曲》《采桑曲》《送粮曲》中悠悠送来的春风抚肩，桑田采绿，田畔鞭舞，马车载情的新时代交响曲；让我们感受《抗旱大军满秋原》《让荒山荒滩献米粮》《千里麦苗泛春潮》《我在田间呼胜利》等诗篇中展现的春潮翻滚，山青滩沃，人定胜天，欢声雷动的热闹场面。

当头红日撒金线，微风轻轻黄浪卷。
稻田汇起一片歌，金珠结伴舞秋原。

红脸蛋，花衫衫，村里姑娘进稻田。
嘴里哼着丰收曲，双手浪里舞银镰。

舞银镰，捞珠串，稻香熏得人心甜。
眼前一片珍珠滚，脚后堆起金银山。

装运大队不断线，金稻穿梭百只船。
丰收农家心情好，肚内喜歌唱不完。

这首著名的《稻香熏得人心甜》一诗，发表在 1959 年 8 月 8 日出版的《人民日报》上。这首描写金秋丰收景象的优美诗篇，分为四节，每节 4 句，分别抒写了稻熟、收割、堆集、装运四个场景。它像四幅图画，连续剧般地把我们引入关中金秋收割稻谷的火热景象中。

第一幅稻熟图。金秋时节，关中平原红日当头，金光闪闪，像一条条金线，把那一眼望不到边际的成熟稻子连成串，汇成海；金稻跳跃着，闪耀着，像黄浪，又像金珠。是阵阵秋风吹熟了稻穗，卷起连绵起伏的波浪，汇成稻田特有的一片歌声；又是稻穗的粒粒金珠结伴起舞，让秋原成为丰收的舞台。诗人展开丰富的想象，运用比喻、拟人的手法，为我们勾画出一幅风抚金稻，稻舞秋原的欢乐景象，那是多么灵动感人的秋收图啊。

第二幅收割图。诗人选择农村姑娘为收割大军。"红脸蛋，花衫衫"六个字的形象描写，让我们似乎看到轻轻黄浪中律动着五彩的音符，演奏着丰收的小曲，多么美妙！姑娘们怎样收割？一句"双手浪里舞银镰"的概括描写，点到为止，勾起人们不尽的想象，收到言有尽而意无穷的效果。

第三幅堆集图。当我们正在想象舞银镰的万千景象时，诗人又以一个捞珠串的生动比喻，让人为之一振，多么新鲜、贴切。仔细思忖，这个比喻是紧承首节黄浪卷自然演绎出来的，真是随手拈来而又惊艳绝伦，让人不能不佩服诗人随形描摹的了得功夫。而捞珠串是要俯下身子与稻子亲密接触，所以"稻香熏得人心甜"一句水到渠成，又点明题旨。尾两句通过收割的效果，从侧面烘托出姑娘们劳动的速度和干劲。这里，珍珠、金银山的比喻也是由捞珠串生发出来的。几个喻体一脉相承，环环相扣，极大丰富了诗歌的生动性、形象性。

第四幅装运图。先用不断线概括地描述了装运的情景。再用百只船作比，描摹金稻装运穿梭的情景。这样，抽象与形象的结合，很好地表现出装运大队的繁忙景象。末两句直接议论抒情，表现了稻谷的丰收让农家心情美好，因而内心洋溢着唱不完喜歌的幸福情感。

纵观这首诗，是以稻香和人心甜为线索，写景抒情，情景交融，确是一首意境优美的抒情诗章。诗的字里行间洋溢着丰收的喜悦，劳动的欢悦和生活的愉悦，这是那个时代人们精神面貌的真实表现和真情流露，也是诗人劳动生活真切体验的诗意结晶。

日出东方闪金光，采桑姑娘喜洋洋。
吆喝一声众姐妹，手提花篮飘出庄。

桑叶嫩，桑叶旺，风吹十里一道香。
满面含春进桑林，绿海丛中穿凤凰。

笑声起，歌声扬，蚕业兴旺心舒畅。
嘴里唱着丰收曲，巧手翻飞采桑忙。

汗珠挂在脸蛋上，片片绿云落满筐。

回家路上随风舞，疑是仙女从天降。

这首发表在1961年《人民文学》第一期上的《采桑曲》，意境优美，抒情性强。自发表之日起，就深受读者喜爱。全诗四节，每节4句，以七言为主，间以六言，句式整齐，节奏明快，语流通畅，韵律和谐，上口顺耳，雅俗共赏。

这首诗是由一组意象群构成了一种优美的意境。诗人的主观情感，流动着灵动的旋律，就像一首美妙的采桑曲。

全诗概括起来，就是提篮出庄，进入桑林，巧手采桑，满载而归。四幅画面展现了采桑姑娘的劳动过程，但诗人没有冗繁铺叙，而是运用蒙太奇的手法，通过特写镜头，展示细节，完成意境主旨，让人在视觉、听觉与嗅觉的通感中获得美的艺术享受。

让我们一起走进诗人所营造的意境图画中去，近距离欣赏采桑姑娘的风采，感受采桑姑娘的精神世界，感悟她们的淳美心灵和质朴情操。

提篮出庄。这一天，煦暖的阳光照耀着秦岭北麓的山山水水、村庄农舍、碧野田原。一阵出工的铃声响起，采桑姑娘沐浴着万道霞光，吆喝着众姐妹一起手提花篮，兴高采烈地像一阵风似的飘出了村庄。一个"飘"字，让轻盈的体态，飘逸的动态，知愉的心态，尽含其中。这是一幅多么富有动感的图画啊！这春光明媚的环境，烘托了姑娘们喜悦的心情，洋溢着她们采桑劳动的兴奋和自豪。

进入桑林。你看，在那碧绿的田野上，那一棵又一棵，一排又一排绿油油、嫩生生的桑树，组成一片绿色的屏障。春风吹拂，姑娘们望着那一望无际的绿海，嗅着那扑鼻的桑叶香气，满面含春地进入桑林，像一只只金凤凰展翅飞翔。诗人对桑林和姑娘的两个比喻，调动起人的思绪去尽情想象那美妙的景象。

巧手采桑。"笑声起，歌声扬"，眼前，未见身影先有声。姑娘们的歌声、笑声从桑林里传出。她们因蚕业兴旺而歌唱，歌声放飞着舒畅的心情，歌声又伴着翻飞的巧手忙不停息地行进采桑。这里正面描写采桑劳动仅用一句，因为诗人的着力点是表现姑娘们投身到火热采桑劳动中的喜悦心情。

满载而归。经过紧张繁忙的劳动，采桑姑娘们脸上挂着汗珠，手提"绿云落满筐"的花篮，迎着春风翩翩起舞，犹如从天而降的仙女一般飘出桑林，又像英姿飒爽的女兵，带着战利品行进在凯旋之途中。这一节中，两个形象的比喻，为作品这美好的结局增添了浪漫神秘的色彩。本节写采桑姑娘付出汗珠得到收获时愉快的心情。尾句"疑是仙女从天降"。将采桑姑娘的美丽飘逸写到了极致，给人以不尽的联想和想象。

这首诗围绕"蚕业兴旺心舒畅"，写景、叙事、抒情。表现了人民群众在那个火红的年代，焕发出来的革命热情和冲天干劲，歌颂了新时代、新风貌。

1958 年创作的《麦收时节》把我们带到八百里秦川龙口夺食的岁月：

八百里秦川一片黄，八百里秦川一片香。
秦岭巴山披黄蟒，铺天盖地闪金光。

千万把镰刀明晃晃，千万辆车马排成行；
千万人路上如穿梭，千万片麦田收割忙。

一队队红旗随风扬，一朵朵麦堆像山梁；
一串串碌碡紧碾场，一车车麦子进了仓。

这是一幅多么热烈、壮阔的三夏抢收图画，这是一首多么酣畅、壮美的诗篇！诗人为我们描绘了一个宏大的丰收景象和千军万马战麦海的抢收场面，尽情讴歌了新中国成立初期农民群众的革命热情和冲天干劲。

成就这首富有特色诗篇的主要艺术是古典诗歌中复沓咏唱手法的娴熟运用。它让八百里秦川麦收时节火热的景象把我们的心情燃成一把把火炬。

其一是麦子丰收景象。开头两句仅换一个字，便由视觉看到的"黄"转到嗅觉闻到的"香"，它们是八百里秦川共有的特质。紧接着一个比喻，一个夸张极写丰收景象。这里，作者似乎站在秦岭之巅，俯瞰秦川内外所呈现的一望无际的丰收场景。诗人主要是运用静物素描和大写意的手法，勾勒出八百里秦川一派令人欣喜的丰收画图，宏大的场面蕴含着雄壮的气势。

其二是麦田收割景象。诗人一反前节静态的描摹，给我们展现的是一幅动态的收割图。放眼望去，"镰刀明晃晃""车马排成行"，怎么没有劳动大军？这正是诗人的高明之处，他是在明写物，暗写人。那劳动大军不正在挥动镰刀挥汗如雨，驾着车马排成长龙？对于人的活动，诗人紧接着点明后又打了个比喻，其明暗交错的手法何等高妙。更让人叹为观止的是，每句前都冠以"千万"，在复沓咏唱中强化了收割场面之宏大，队伍之雄壮，这样就把收麦景象表现得淋漓尽致。

其三是装运碾打入仓景象。用"一队队、一朵朵、一串串、一车车"等一字排比，极写麦场上红旗随风扬、麦堆像山梁、碌碡紧碾场，直到麦子进了仓。这种运用叠词排比和明写景、暗写人的手法，把麦场上热闹的气氛，宏伟的景象，紧张的场面和丰硕的成果，渲染、烘托到极致，又增添了不尽的含蓄韵味。

在这首诗中，我们不难发现，诗人采用大特写的手法，从宏观的角度，不断变幻宏大的场面和场景，展现麦收时节气势磅礴，雄壮宏伟的劳动景象，满腔热情地赞扬人民群众在那火红年代，进行夏收战斗所表现出来的，甩开膀子大干社会主义的主人翁情怀。

1959 年创作的《扁担曲》（又名《扁担磨出诗万卷》）：

> 我的扁担三尺长，挑着一对粪筐筐。
> 白天跟我忙积肥，夜晚睡在我身旁。
> 伴我生产浑身劲，陪我睡觉格外香。
> 突击月里闪得欢，时时帮我打胜仗。
> 扁担本是好伙伴，谁拿黄金我不换。
> 粪筐倒出幸福来，扁担磨出诗万卷。
> 夜晚担得太阳出，白天担得星满天。
> 担得遍地粪花溅，担得粮食冒山尖。

这是一首用扁担弹奏出来的劳动颂歌。全诗从头至尾围绕扁担叙事抒怀。如果没有亲历那火热的劳动场景，如果没有感受过用扁担劳动的辛勤汗水凝结而成的深厚情谊，如果没有在内心世界里孕育和寄予扁担崇高理想的博大情怀，是写不出这样感人的诗篇的。

这首诗通过"我"挑扁担积肥，抒发昼夜与扁担之情；扁担给"我"的影响，抒发与"我"的亲密之情；"我"对扁担的钟爱，抒发不离不弃之情；"我"挑扁担的目标，揭示极爱扁担的缘由。诗人把"我"和扁担通过劳动交融在一起，达到"物我合一"的境界。扁担的可贵在于伴"我"生产，帮"我"打胜仗，让"我"感受到劳动的幸福，在劳动体验中激发灵感，酿造诗意。这首诗以小见大，从人们普遍忽视的一个物件中挖掘出一个深刻的命题，可见诗人感知事物成诗的深厚功力，多么难能可贵。

在 1961 年 12 月号《延河》杂志上发表的题为《天上人家》一诗，是李强华早期用散文化语言所写的一首自由诗。句式长短不一，节奏虽没有民歌那么明快，但无论长句短句，都较为凝练，读起来那么顺口，听起来那么顺耳。这是诗人将古典诗歌与民歌在诗体形式上相结合而产生的自由体新诗的代表作之一。全诗内容是这样的：

山坡下有几块草地平如绿毯，
几条溪水由这儿潺潺漫延。
公社人在这儿建起新家，
阳光充足，窗户向南。
松柏常青，花草做伴，
一群群白鸭游在门前。
新修的仓库由这儿起头，
金黄色玉米挂满房檐。
一排排杆，一条条线，
广播传出丰收的乱弹。
一串串闪光的电灯，
像无数洁白的花环。
老人在笑，孩子在玩，
幸福光景涌进了深山。
人称这儿是"天上人家"，
的确，这儿四季都是春天。

这首诗歌给我们展现的意境有阳光充足、窗户向南、松柏常青、花草做伴、一群群白鸭在门前的小河游来游去的优美自然风光。有新修的仓库由这儿起头，金黄色玉米棒挂满房檐的丰收景象，还有一排排杆、一条条线通向各户的广播传出丰收的乱弹，一串串闪光的电灯，像无数洁白的花环等等层出不穷的新鲜事物。

这些景象，如果在平原上的农村，那就不足为奇。这首诗歌的可贵之处，就在于诗人让这些景象走进深山那"平如绿毯的草地，潺潺漫延的溪水"旁，告诉人们"公社人在这儿建起新家"，以表现"幸福光景涌进了深山"的重大主题，确实让人为之一振。末尾两句"人称这儿是'天上人家'，的确，这儿四季都是春天"，更是石破天惊，振聋发聩。这是卒章显志的一声春雷，雷声隆隆处，我们感受着天上人家，四季春天的美不胜收。

改变普通生活现象的时空，创造柳暗花明的春色，收获美妙绝伦的意境，这是李强华用他诗歌创作的实践，给我们奉献了甘之如饴的精神大餐。我们咀嚼着一股奇香的滋味，感受着心灵甜甜的陶冶。

总之，从以上对诗人这十年间的诗歌创作简析来看，诗歌的题材是极其广泛的，几乎囊括了农村生活生产活动的方方面面，反映了我国这一时期农村农民农业的发展变化，展现了新中国成立后在广大农村出现的新人新事新风尚，讴歌了伟大的人民领袖，讴歌了伟大的中国共产党，讴歌了无比优越的社会主义制度，发挥了诗歌艺术特有的文化功能，起到了教育人民，激励人民鼓足干劲，力争上游，多快好省，为社会主义建设贡献力量的重要作用。在诗体上以新民歌为主体，同时在长短句式的自由体新诗创作方面积极探索并取得了可喜的成绩；在艺术表现手法上，熟练运用比喻、拟人、排比等修辞格形象描绘，借景抒情，托物言志。在艺术风格上已形成质朴、爽朗，清新、明快、刚健诗歌品质。这些方面的阶段性成果，成为他诗歌人生的第一个高峰。

第三章　诗骨淬火期
（1966—1976）

第一节　磨炼逆境中　帮困风雨里

1966 年 5 月，年轻的中华人民共和国，在她 17 岁时，经历了一场历时 10 年的"文化大革命"。12 年之后的 1978 年底，党的十一届三中全会从根本上实现了党在历史上具有深远意义的伟大转折，揭开了我国改革开放的序幕。这一年，年轻的中华人民共和国，以波澜壮阔的步伐，正迈向而立之年。

1966 年，李强华也刚刚迈进而立之年。李强华便想到恩师王老九，因为共同的爱好和突出的诗歌创作成就，让他们一起参加过全国第三次文代会，受到党和国家领导人接见，几年未见，不知他现在的情况怎么样？

1967 年秋季的一天，他带上自产的一捆旱烟叶，去了临潼县相桥镇北王村，但因特殊原因未得相见，只好转身返回。

1967 年 3 月，他被抽调参加了陕西省委组织的毛泽东思想西兰路讲师团在长武县开展活动。

期间，他用自己写诗得的稿费买了图书放在大队图书馆，便于社员们前来阅读；买了马缰绳储备在生产队的饲养室……社员们也很关心李强华及其家人，在他及家人遇到困难的时候合力伸手帮助，让他感到阵阵温暖。特别是逆境中对他的安慰，那是比什么都贵重的一份厚礼，那是强华平时用一点一滴的真诚换来的。我们在顺境中一般较难感受到自己真心付出的意义，而当遇到困难时，你的付出得到了回报，才会真切感受到帮助别人有多么重要。比如 1967 年，李强华的爱人杜亚兰患了神经官能症，住进南街医院治疗，村子里有不少乡党前去看望。然而，由于多重压力，万般无奈，强华夫妇将出生才八个月大的三儿兴娃送与他人抚养，让其逃个活命。逆境中骨肉逼迫的分离，那是人世间刻骨铭心的痛，即使以后有可能弥合，但那段不堪回顾的往事，将永远是人生无法愈合的伤口，这时，仍有乡党前来抚慰。由此，李强华更坚定了这样一种信念，那就是为乡党在困难时伸出一双温暖的手。

一位正直的农村基层干部，一位忠诚不贰的农民诗人，在困境中煎熬着，也在自我磨炼着，

他以绝对的忠诚，除了夜以继日地劳动，就是抓住点滴时间进行诗歌创作，向户县文化馆和省市报刊广泛投稿。1967年5月28日，一天就创作了9首诗，全年共创作诗歌400多首。发表他诗歌的报刊送进村子，大街小巷总能听到读他诗歌的声音，他的威信在日复一日地提升着。

强华知道一位农村基层干部融入群众之中有多么重要，该干什么工作，他总是一如既往积极参与，往往成为带头人。深冬之夜，干了一天活儿的社员们常常加班用马车拉涝池的土粪，给麦田施肥。为了让牲口休息，往往由人驾马车。李强华晚饭后和社员们一起给马车装满土粪，抢着驾辕，那是既要有力气还要有心计的活儿。漆黑的寒风中，近十个青壮年社员，围着一辆马车，围着强华，用热腾腾的实干精神滋润着艰难的生活。

积极参与村子各项活动，一如既往地创作诗歌，李强华的人气如初升的朝阳，喷薄而出，蒸蒸日上。

作为一位著名的农民诗人，在那艰苦的年代，强华还要承受来自生活的沉重压力。那时家庭生活清苦，不光粮食紧缺，还没柴烧。生产队把麦秸、苞谷秆先给牲口储存够，剩下的分到社员名下已是微乎其微。家里烧柴靠搂竹叶、苞谷根、谷子根、茅草等来补充。想买煤就得花钱，还要凭票供应，即使弄上一张票，却没钱去买。

1968年，社员们成群结队进南山打柴。这是一项既苦累又危险的差事，但不花钱，所以人们热情不减。李强华拉上架子车，带上干粮叫上伴儿，后半夜就从家里出发。几十里的路途，还没到山里，已经又渴又困。到河坝用双手掬几口泉水，啃一块干馍，又往前赶。爬上山坡，钻丛林，过荆棘，斧起枝落，用绳子把柴捆好，一捆捆从半坡滚到河道，装上车还没来得及休息，日头已经偏西。没有时间歇息或坐在路旁吃干粮，强华驾着车辕，一面拉车一面吃馍。装满一车柴

下山，因惯性的冲力，风险更大。遇上大陡坡，需把车辕扛在肩上靠用力刹车向下滑动，每前进一步，都让人胆战心惊。

山里的天气说黑就黑了。摸黑拉车，人生地不熟，更是危险。稍有不慎，翻车冲下河坝的事时有发生。等回到家已是半夜，一觉没睡醒，生产队上工的铃便响了。翻身揉着惺忪的眼睛，又要参加生产队的劳动。已到中年的李强华，体力远不及年轻人，一次次上山砍柴吃尽了苦头。

一肩迎着困难和逆境的冲击，一肩负着清贫生活的压力，脚下，生产队的土路上流着苦干的汗水，手中那支钟情的笔头抒发着心中的赤诚，这就是 20 世纪中后期忠贞不渝的李强华，这就是那个时期千百万农村基层干部的一个典型代表。几千年来，我们的国家，我们的民族，之所以无坚不摧，不被战胜，就是这些压不垮的脊梁，撑起了中华的文明，因为他们心中燃烧着永不熄灭的信念。

为了自行解决饥荒，强华的爱妻亚兰连续卖了十三匹土布（每匹布三丈）换取粮食。在那极端困难的条件下，她不忘当好丈夫的贤内助。夫妻俩秉持着这样的理念：不领政府救济的东西，留着给更困难的家庭，要自己想办法克服困难。因为自己没能力把日子过好，是会被人瞧不起的。

为了他人，把痛楚包藏起来，在乡亲们面前装硬汉，其实他比别人过得更辛苦。然而，李强华的生活却很充实，因为他不脱离群众，总是在为乡党解困中得到一种满足。

1969 年冬，一乡党给娃结婚，女方向男方提出要其借台缝纫机做一个月嫁妆的要求。这可让男方作了难，因为向本族和亲戚求遍了没人给借。这乡党无奈间求到强华家，亚兰听后便慷慨地答应了。晚上，她对丈夫说："没和你商量，答应把缝纫机借给九哥，你不会怪我吧？"

"你做得好，你有心帮有难处的人，我咋能怪你！"强华高兴地说。

缝纫机被拉到几里外的河头庵，用了四十天，送回时把几个螺丝都颠掉了。强华夫妻抬回机子，没说半个"怨"字。

1971 年深冬，天还未亮。

"亚兰、天申，快开门呀！"一阵急促的叩门声把李强华夫妇惊醒。他催促妻子："下去看谁有啥急事，这么早就叫门！"

亚兰急忙披衣下炕，只见王家七嫂慌慌张张走进屋："亚兰，昨晚不小心烧炕失火了，把娃们的衣服都烧光了，这可咋办呀！"

李强华赶忙溜下炕："七嫂甭着急。——看咱有多余的衣服么？"

"七嫂，放心，我这儿有衣服。"亚兰说着打开箱子，找出了大小不等的衣服。"

"多给找几件。"强华对妻子说。

七嫂抱着一大包衣服，感激地说："够了，够了，给你们添了不少麻烦，不知咋谢呢！"

将七嫂送出门后，强华说："咱烧炕可得小心着哩。"

"帮人就是在帮自己。你不愿帮人，你有困难，谁会帮你呢？"李强华也经常这样教育着他的子女们。

在那困苦的年代，一般农村娃们都是老虎身上一张皮。因亚兰在缝纫机上的辛劳，使得家里有多余的衣物接济别人，更因为他们夫妻有一颗乐意帮助他人的心，不断拉近了他们和乡党、亲友的距离，也让他获得了创作诗歌的灵感。

那年月，到晚上或雨天，下不了地，强华就坐在饲养室的炕上和乡亲们说古道今，听着群众赞美党的好政策。他把群众的反响作为诗歌创作素材，进行消化吸收，然后创作出一首首接地气的诗歌来。

面对艰难清苦的生活环境，李强华的精神境界并不清苦，因为一种信念、一份忠贞已经成为他人生最崇高的信奉，他会自觉地坚守信奉，在乡党、在亲友中用自己的行动营造一种向上、和谐的氛围。

1969年腊月的一天晚上，奶弟志成婚期临近，许多事要办。贫寒人家最艰难的是钱短缺，奶妈一家正为此发熬煎；强华两口子抱着一床缝好的新棉被送了过来："妈，这是我们的一点心意！"

奶妈高兴地说："你们给妈又帮了个大忙，我正为这事发愁。你弟结婚日子近了，这钱还是不够！"

"妈，我们也想到了，你和爸甭发愁，借钱的事我们想办法。"一片真情的流露，把奶妈愁眉催成笑脸。

夜深了，李强华两口子起身告辞。奶妈高兴地说："还是我娃给妈把心操到了。"

帮助亲戚，强华最舍得出力，因为他总怀着一种感恩之心。

1970年，强华的母亲去世后，他更把奶妈家的事，当作自己的事一样，努力干好。

"我是吃着奶妈的乳汁长大的。"强华与妻子亚兰提到这门奶亲，总是流露出不尽的感激之情。

1970 年，奶弟志成患病住院，强华放下手头活儿，买上礼品，步行十余里，到余下地段医院探望。

"兄弟，哥来看你，咋咧？"强华坐在弟弟床前，兄弟俩叙说着病情，叙说着扯不断的亲情。

"哥，没有你的操心，我恐怕住不进现在的房子里。"奶弟十分感激地说，兄弟俩的话题又扯远了。

那是 1965 年的事。奶弟光荣参军入伍了，奶妈一家人既喜又忧，因为马上要盖房，谁来操劳？

"妈，你不用担心，有我呢！"强华送走弟弟后，对奶妈说。

那时强华是村子团干部，他便发动团员青年帮助军属义务劳动献爱心。晚饭后，十几个青年人拉着大车，从地里把胡基一回回拉到房架下摞好，那热气腾腾的景象，送得月亮偏了西。强华又连续忙了多天，一直到把房子盖好。

"多亏我儿想得周全。"房子入烟时，奶妈感激地对强华说。

对那些损害集体利益的人和事，李强华疾恶如仇。

1970 年冬，西郊三队南河湾菜地的蒜苗又被贼偷了。尽管立即调换了看守人，但偷菜之事依然没有止步。强华不信这个邪，他决定和党员王百成要抓住这个偷菜贼，刹住这股歪风。

寒冷的冬夜，漆黑一片。

"咱可一定要小心啊，弄不好就把人给丢大咧。"俩党员睁大眼睛，不敢怠慢，在蒜苗地四周巡视。

寒风像刀子一样，在脸上刮着，俩人便轮流进庵子暖暖身子。全神贯注熬过了大半夜，没一点儿动静；后半夜实在困乏了，觉得今夜可能没事了，便躺下歇息了一会儿。当俩人醒来一看，蒜苗还是让贼给偷了。原来精明的贼在暗处，正抓住他们"打盹"时才下贼手呢！难怪看守人"失职"。

强华不能原谅自己，感到很内疚。

"咱是党员，操的啥心，负的啥责？不行，得想办法抓住这贼才是。"

他俩分析着：偷菜人必上市出售，于是，赶到农贸市场详细侦察。果见一人形迹可疑，三言两语追问，那人便露出破绽，盗贼终于被擒住了。

西北风扬着雪花渲染着寒冬，梅花却在这滚滚的寒流中喷薄怒放，因为它有一副铮铮的铁骨。李强华不就是那"已是悬崖百丈冰，犹有花枝俏"的梅花么！

第二节　驻队愧尽孝　含情咏战马

李强华和临潼的王老九，是新中国不同时期农民诗坛显赫的领军人物。他们都用手中的笔，创造出一个诗意的世界，受到党和国家领导人的亲切接见。然而，师徒俩的命运截然不同。1969年2月14日，瘫痪了一年多的王老九在疾病中离世，终年75岁。而李强华于1969年，在父老乡亲中正享有很高的威望，除了坚持正常的诗歌创作，在他的肩上，更承载着大量的社会工作。这得益于他真诚耿介的为人收获的厚重人脉，得益于他在逆境中敢想敢说的人格魅力，更得益于那手中的笔常抒一片赤子之情。

1970年以后，村子凭借他的关系和声望，让他为村办企业跑采购。一次去西安，他兜里装着锅盔，住进了省作协招待所，遇近路不坐公交靠腿跑，一碗面汤泡锅盔便打发了午饭。他具有柳青《创业史》中买稻种的梁生宝的"吝啬"，但因他太直太抠，并非采购的"料"，只干了一个短时期就"下岗"了。

那时，人民政府常年派工作组驻村，帮助解决具体问题。强华便被城郊公社（现甘亭街办）抽调驻村。城郊公社大部分村子，他都住过。尤其是六老庵、北河头、穆家庄，还有户县人民剧团。他在住队期间，与群众同吃同住同劳动，饭是各户轮着管，一天伙食费是三角钱一斤粮票，平时很少回家。

白天，强华参加驻村的生产劳动，晚上，协调解决各种矛盾。会议一开就是半宿，甚至通宵。理不清的事，扯不完的理，苦口婆心，费尽心机，往往这边按下葫芦，那边又浮起了瓢。真诚和执着往往难以达到理想的效果。

1970年，李强华在六老庵村驻队整整待了一年。村子的角角落落，田间的沟沟坎坎，父老乡亲的习惯秉性，给他留下深刻的印象。该村文化积淀厚重，活跃着一批以绘画、写作、演唱为一体的群众文化队伍，经常通过办展览、开演唱会进行广泛宣传，推动了村子工作的开展。

这年盛夏的一天下午，六老庵村邀请031部队一个中队的100多名战士，在四队的大园子召开军民联谊会。村子的柳绪绪等画家制作的宣传展板和部队制作的展板，同时摆放在会场的醒目位置，吸引着过往的群众。大会由部队首长、驻军代表李安民主持，他讲述了当前的形势之后，便举行诗歌朗诵会。部队的首长、战士一个个斗志昂扬地走上讲台，赞颂祖国建设取得的成就。最后，只见身着粗布对门襟白衫、挽着裤角的驻队干部李强华，"噔、噔、噔"健步走上舞台，面对群情激昂的观众，脱稿慷慨朗诵他自己创作的诗歌，还不时挥动手臂，飞扬神采。高音喇叭多情地传播着那洪钟般的声音：

画画不在手艺精，全凭作者思想红。
只要人听主席话，笔尖随着人心动。

工画工，农画农，人民战士画英雄。
爱画韶山红太阳，更喜井冈不老松。

革命画，阶级情，亲人欢笑敌人惊。
团结人民打敌人，勇往直前干革命。

节选的这首《红心描出革命画》诗稿，贴近生活，情真意切，博得大家雷鸣般的掌声。部队同志听说李强华还见过毛主席，掌声中又投来一片崇敬的目光。

"没见你准备，咋随便就是一首？"会后有人问强华。

"咋没准备呢！上午布置会场时，我就在动脑子。突然想到前几年写的画革命画的诗，又做了一点补充。没整茬时间，只能忙中偷闲，刁空儿构思，也不太满意。"李强华解释着。

确实，为了这次活动，李强华没有少费心血。尽管他是写诗、赛诗的老手，见过大世面，但这次与部队联谊，对手如林，不可掉以轻心。写什么呢？他想到该村为办农民画展览，画家们因陋就简，就地取材，加班加点，不计报酬，按时完成了绘画任务，便回忆起曾写过的同类诗作，又进一步推敲词句，遂成佳构。

村子里有个刘姓青年非常喜欢写顺口溜、对口词，却很少有诗歌创作。强华以自己诗歌创作的经历，现身说法，引导他练笔写诗。这位很有灵性的青年很快转向诗歌创作，作品很有生活味，深受强华的喜爱，后来被发展为村文艺创作的骨干之一。

1970年腊月初，风雪肆虐，却是驻村干部最忙碌的时候，也是强华最忧心忡忡的时候，因为他的母亲韩清贤的病情越来越沉重。

那是一个漆黑的夜晚，寒风刺骨，滴水成冰。强华依然在村办公室和村干部们召开会议研究工作。

突然，门被推开："三叔，快回去，七婆的病又重了。"一位热心的乡党找到了六老庵村。

强华站起来，交代完工作，出门跳上乡党自行车，顺着涝河岸土路，飞速往回赶。他人坐在车子上，心却像身边的涝河水翻滚着不息的急浪。

"父亲十几岁离开老家，到鄠县县城西街给几家商铺当掌柜，抓养大四个儿子，个个供给成读书人，令村子人十分羡慕；他自己又精心给乡党操持婚丧大事，平息邻里矛盾，受人尊敬。母亲是个病身子，整日心事重重，活得太艰难了。"

强华想着又自言自语说开了："本应和你四叔（李强华的四弟李玉峰）好好孝敬老人，可咱总是个忙身子。眼下的事哪样不干能成呢？只能亏了老人，我心中的苦又能对谁说呢？"

一边是生病的母亲，一边是驻村的工作，顾了这头，就顾不上那头了。强华自知离开母亲的病床，驻进村里忙公家的事可能会因难以尽孝遭人非议，但他没有向组织提任何困难，依然被子一背便驻进了村子。

中国是一个注重传统观念的国度，农村的传统观念尤其厚重。那些面对传统观念逆行的脚步，往往面对纷纭的众说，能顶住巨大的压力，这是需要魄力的，否则将败下阵来。李强华有这种魄力，因为他早已把人生的坐标定格在坚定信仰的高度。

李强华赶回母亲床前，已经是半夜时分。

"妈，儿回来看你了，你醒醒吧！"

惭愧，自责。李强华要对母亲说的话太多了，却不知如何说起，只有那如断线的泪珠表达着这位儿子对母亲的歉疚。

母亲挣扎着睁开眼睛，留给儿子最后一丝笑意，静静地离去了。

泪啊泪，泪在横飞，那是情感决堤后的冲天倾泻。

自古忠孝难两全。料理完母亲的后事，强华又赶回驻村的六老庵，那里正压了许多事在等着他呢！擦干眼泪，把精力投入到工作中去，他没有在乎旁人怎样议论。

1972 年，李强华被抽调到城郊公社落实政策办公室工作。由公社干部余恒博带领，组成包括连丰村的张文悟、穆南村的高志胜和李强华的工作组。

"我不会骑自行车，为弄清村子每一户每一个人的情况，不管跑多少路，办多少事，都凭步行。晚上总有问题者找到家里，诉说自己的冤情，一坐就是大半夜。第二天早上困得起不来床，但听到闹钟响，像打了强心针，一骨碌爬起来就去上班。"强华说着，又陷入深沉地回忆之中。

责任压在肩上，劳累透支健康，但钟声就是冲锋的号角，一个个高地便在呐喊声中踏在脚下。这是一种慷慨激昂的人生。

1973 年，李强华又被城郊公社抽调协助征兵工作。那时，全公社每年要接收 200 多名新兵，而体检合格的青年有数倍之多，政审复查时间紧，任务重，牵扯面又广。公社征兵办公室人来人往，不乏有人通过关系，或直接找到强华的家里，甚或想硬拉他到酒桌上。

强华的妻子亚兰叙述了这样一件事："那天晚上，他爸回到家，望了望桌上的闹钟，说：'咋可 12 点了。'我心想，才刚 10 点，今儿咋连表都认错了？更奇怪的是，已往回来都要和我拉拉有趣的事儿，今儿刚说完话上床就睡，呼噜声像拉风箱。第二天才知道是在昨晚接兵联欢会上多喝了几盅酒。"

酒与人生结缘，会演绎出或丑或美的境界。那酒杯的绿液蕴含着饮酒者的褒贬情怀，抒发着他们不同的人生追求。不善饮酒的李强华，酩酊大醉，那完成使命的欢悦全在这醉态之中。

由于李强华经常被借调出差，作为村子党支部副书记的他，确实影响了对村里事务的处理。时间一长，村里有的支委有意见，他们认为：强华作为一名村干部，却整年忙在外边，把力气都出在外头，影响村子工作。特别是，西郊村当时是比较富裕的，生产队的劳动日值每年都在一元以上，可公社给他借调的补贴是每日八毛钱，交给村上每天记 10 分工，村上要倒贴钱给小队。这样就伤及村上的经济利益，借调时间越长，村上倒贴越多，意见也就越大。

对于这个问题，时任西郊村党支部书记的郭忠民这样认为："政府抽调强华，把他放在外面，作用会更大，得顾全大局呀。"

尽管如此，有人还是难以理解。

李强华陷入两难境地。对于别人的意见，他不争不吵，只能默默承受，忙完外边的事，便抽空赶回来和村干部一块尽心地把村里的事办好。

是金子，不管放到哪里，都会熠熠发光，且从不炫耀；越是释放光亮，越会受到赏识。1972 年的一天，陕西省作家协会抽调他陪同日本作家代表团参观临潼华清池。

阳春三月的华清池，被绿树红花白云蓝天装扮得如同当年刚出浴的杨玉环。外宾对眼前的美景赞不绝口，一位外宾指着九龙池哇里哇啦一阵，看着李强华。翻译赶忙走到强华面前说："日本朋友想让你当场作一首诗。"

李强华转过头，扫视了那位外宾一眼，又俯视着美丽的华清池，随即吟道：

华清池水清又亮，映出一轮红太阳。

中日友谊永不断，活像池水情意长。

当翻译还没有把这首小诗全部译成日文，几名日本朋友都已竖起大拇指："中国农民了不起！"

站在九龙池边，另一位日本友人又笑着对强华张开了口："在我们那里，只要你给我写作，我就给你钱。"

"不！我们是社会主义国家，写作是为人民服务的，不能被金钱所绑架！"

还没等这位日本友人说完，李强华便急忙接过话茬，那坚定的话语被浑厚的语气传送开，像九龙口中喷射的清泉，是那样激荡时空。

这些西装革履的日本友人惊得瞠目结舌，面对眼前这位着装土气的农民诗人，只有肃然起敬地凝视，一个个伸出了敬慕的手。

1973 年，李强华又荣幸地以省作协组织的作家参观团一名成员的身份，赴革命圣地延安参观学习。

"当我站在延河大桥仰望着宝塔山，才真切感受到贺敬之《回延安》诗歌中流露的真情。我们在杨家岭、王家坪、枣园的土路上，窑洞前，在七大会址，在展厅的图片前，寻找着领袖们的足迹，感受着大会代表们曾经坐过长椅留下的余温，聆听着总理摇过纺车那经久不息的韵律，瞻仰着毛主席曾经骑过的那匹战马标本，似乎觉得自己就是当年的一位战士，一头扑在延安母亲的怀抱。"

李强华情不自禁地叙说着。《延河》《延安岁月》《革命文物二题》《颂诗三首》《战马》等一组诗歌，便滚滚滔滔从他笔底下流出。提起那首《战马》诗作，那是李强华终生撞击心灵、记忆犹新的一次创作实践和引以为豪的人生经历。

那天晚上，已过十点，旅馆那间客房里，明亮的电灯陪着强华和另一位作家的交谈。虽然，他们在困倦中闭上了眼睛。然而，李强华心中那盏灯依旧光芒四射。

"我似乎看见一匹战马在陕北千沟万壑那抗日前线扬鬃奋飞。在它的身后，千军万马所向披靡，因为驾驭那匹马的主人是我们的领袖毛主席。像于无声处听到惊雷，一个突发的灵感让我高兴得几乎叫了出来，我便在被窝里开始构思。当坐在返程的火车上时，初稿已经拉出来了，几经修改，那首《战马》诗终于脱稿。"

　　胸怀一颗破天胆，
　　背备一副保险鞍。
　　迈着越山跨海四只蹄，
　　亮着穿云破雾一双眼。
　　敌机再炸它不怕，
　　暴雨再洒腰不弯。
　　风里行，火中穿，
　　气盖世，力拔山。
　　为什么这匹战马世上少有？
　　在茫茫黑夜金光灿灿？
　　因为头上那颗永恒不落的北斗星，
　　照亮了战马的每根毛细血管。
　　尘土在它身后甩，
　　红旗在它眼前现。
　　马蹄嗒嗒冒火花，
　　豪情赛过胭脂染。
　　声声呼啸震山谷，
　　步步踩出新起点。

　　这首诗伴着李强华朗诵的脚步，在他以后三十多年的时间里登过无数次舞台。
　　夕阳中，一位老人站在高处，手捧诗稿，面对晚霞引吭高歌。翠柏听到马蹄嗒嗒，山谷听到风声呼啸，溪水听到红旗猎猎。一匹战马在诗韵中飞奔，溅起四射的深情。这深情是激励一颗诗魂青春永驻的不竭动力。

第三节　跪拜缅恩师　躬行耕乡愁

1973 年初春，春寒料峭，阴霾沉沉，但对于李强华来说，那胸中的真情足以破冰驱寒。

再一次踏上临潼的土地。李强华深沉的回忆道：

"刚下火车，我师傅王老九的二儿子王继洲已在车站等候多时。返回的路上，他对我说，他爸临终前拉着他的手问，户县的李强华现在咋样？强华还年富力强，爸怕是再也见不上这个徒弟了。

我认真听着，一股泪水像大坝突然开闸，冲出了眼眶，因为师傅那些震撼的话语引起的伤感深深地撞击着我的心湖。我在 1967 年去临潼没有见到师傅，这次来，我们师徒俩已经是阴阳两隔。我再也看不到师傅衔着旱烟袋指点我写诗的笑脸了，再也听不到师傅那亲切的声音了。我为自己在师傅弥留之际，没能守在床前听他临终前说的这些肺腑之言而痛心。那时我在百里之外，冥冥之中怎么就没有一点感应？现在我多想听到师傅喊我的名字，哪怕是一个字，但是，这个世界上，再也没有第二个王老九了。"

在从车站往村里走的路上，王继州继续向李强华讲述着他安慰他父亲的情景。当时王老九听着难过了，他说："我们是战友，他有才华，我把农民诗歌的希望寄托在他的身上。他能在农民作家里当上探花郎……"

这些话像是千百面铜锣在李强华的头顶敲打，李强华的心在颤抖；走进师傅曾经住过的那座房子，看到师傅的遗像，他怎么也控制不住地跪下去，地面上洒下斑斑泪水，像点点梅花，那是他唯一能表达心愿留在临潼大地的深情。

"师傅，我来迟了……"

是的，强华多想见到师傅，现在匆匆而来，已是师傅的三周年祭日。这迟到的脚步是他永远的遗憾。千般思念、百般柔情翻滚在心头，凝成诗句，李强华在师傅的遗像前追思朗诵。寒风奏乐，乌云低垂，那一个个字，伴着一滴滴泪，是一声又一声呼唤，呼唤着恩师的魂灵，久久地、久久地。

后来，临潼举办王老九祭祀活动，李强华总是积极参加，并先后创作出《中

国诗坛一颗星》《诗人王老九》《祭王老九》，以及长篇叙事诗《王老九之歌》
等诗作和6篇缅怀文章，表达对师傅独有的深情。

> 清明时节热泪流，后生祭奠王老九。
> 恶劣气候今已过，蜂飞蝶舞日当头。
> 青山跟你来做伴，白云在你头上游。
> 留有诗风在人间，芳名百世永不朽。

这是李强华20世纪80年代末创作的《祭王老九》。十几年过去了，他没有忘记师傅的教诲和恩情，每到清明节，总会托付白云载着一缕缕思念，遥祭师傅的忠魂，表达其怀念之情。王老九和李强华师徒在三秦厚土结下的这份情谊，传为佳话，将永远流传。

新中国的成立，为他们的成长，洒下了阳光雨露。王老九以其奇峭质朴、欢庆唢呐般的诗风，在三秦大地，闪耀起第一颗农民诗星。步其后尘，李强华又以激扬锣鼓般的诗风，成为又一面进军的旗帜。师徒二人在农民诗坛活跃了半个世纪，他们对农民诗歌的贡献，演绎着各自激昂慷慨的传奇，成为照耀农民诗歌发展道路永不褪色的一道耀眼彩虹。

1973年下半年，李强华的人生又书写了一笔光彩。因为他被组织上抽调到陕西省作家协会《陕西文艺》筹备组工作，堂而皇之地走进《陕西文艺》（前身为《延河》）杂志编辑部，和不少大牌作家、编辑坐在一起，当了一年实习编辑。当时与李强华同在一起工作的老编辑姜鸿章回忆：

"强华来《陕西文艺》杂志社工作，仍然是光头，常穿粗布衫，黑色粗布裤子，典型的关中农民装束。他每天上班便伏案看稿、选编、改稿。编辑部里有不少文学修养很好、素质很高的老编辑，强华对他们非常尊敬，常前去请教，虚心听取意见，改进自己的工作。每到礼拜天，当大家休息时，他却要急着赶回户县老家管理庄稼，料理生计。"

这一年，为李强华诗歌创作再上层楼搭建了一个难得的平台，让他登上大雅之堂，暂时改变了角色。他珍惜这个平台，却仍然保持农民的本色。在新的实践中学习提高，在虚心请教中充实自己，从不去想方设法谋取私利。一年结束后，他没有向杂志社提出任何要求，依然把书报往布兜一装，回到户县西郊村。

李强华用那满是泥巴和老茧的粗手，握着一支诗笔，赢得了莫大的荣誉，赢得了各级领导的赏识，他视之为一种鞭策。他告诫自己，决不能依靠这种荣誉和赏识谋取私利，要保持始终如一的农民本色。因为农村是他的根，父老乡亲是他的伞。他感受着遮风挡雨的温馨，他感受着走出泥泞的开心。用真情真意吟咏这片挚爱的黄土地，是他永不改变的追求。

李强华从《陕西文艺》杂志社回到西郊村后，全国学习天津市宝坻县小靳庄写诗、赛诗活动依旧如火如荼地进行着。

小靳庄是在 20 世纪 70 年代初，因唱样板、搞赛诗会而闻名全国的。当时村中有一群没有太多文化的农民张开口，拿起笔，开展写诗赛诗活动，其诗歌最初以顺口溜形式出现于劳动生产过程中，带有自娱自乐性质，是农民们自发的诗歌创作活动，具有配合村里政治思想文化工作的作用，成为党支部用政治思想促进农业生产的一种独特工作形式。后因由农业学大寨典型转变为政治典型，其诗歌创作内容发生了变化。他们的诗歌在当时被称为"时代的战鼓，斗争的颂歌"，在各种报刊上大量公开发表，结集出版，被当作开展群众性诗歌创作活动的样板，于 1974 年在全国广泛推广，掀起热潮。

为适应意识形态领域的这场活动，户县文化局、文化馆等部门相继在全县组织开展了学习小靳庄写诗、赛诗活动。西郊村是全县开展这一活动的典型之一。著名农民诗人李强华回村后积极参与，并成为引领者。这一活动又为他展示民歌创作风采创设了得天独厚的舞台。他结合工作实际，创作了大量富有农村生产、生活特色的新民歌。如《插队青年到我家》《农民大学生回村了》《赤脚医生》《积肥》《施肥》《浇地》《广阔天地好课堂》《桑木扁担三尺三》等诗作，深受人民群众的喜爱。

冬上金，腊上银，正月上粪瞎胡抢。

隆冬送肥掐时间，大寨路上人追人。

十里霜路脚踏轮，露珠湿鞋志在心。

车车壮肥进了地，化作红旗插上门。

眼前一地好庄稼，来年麦味香喷喷。

这首题为《施肥》的诗作，是李强华围绕农业生产活动中，关于水肥的重要性而创作的组诗当中的一首。这首诗，李强华用其民歌独有的明快、质朴、朗朗上口的诗风，把农民们的施肥经验、送肥干劲、开展竞赛，以及展望丰收的苦干精神、喜悦心情跃然纸上，是一首反映那个时代农民们以主人翁的担当精神战天斗地，大干社会主义的赞歌。

李强华的诗歌创作活动是丰富多彩的，然而他的家庭生活环境却是清苦的。

想自食其力改变在村子的居住环境，重盖一座新房子，也是李强华心中一直的念想，却总被金钱像魔咒一样紧紧地卡住。1975年元月，他东奔西走，七拼八凑，盖房资金还差二百多元，觉得无处可借了。

村子有一史姓老人，凭着勒紧裤带过日子，有九角钱再借一角也要存入银行下崽生息，是出了名的"啬皮"。外甥前去借钱，都吃了闭门羹，因之他与不少亲戚处得路断人稀。

一天晚饭后，亚兰对丈夫说："就六哥手头宽裕，不知他可愿意帮咱不？"

"我看难。"强华摇着头。

"这也是没路的路了，咱试试吧。"亚兰说着站起身出了门，强华跟在她身后。

"六哥在家么？"到了六哥家，亚兰先开了口。

"是天申两口子来了，屋里坐。"落座后，六嫂忙着倒水。

"兄弟是大忙人，无事不登三宝殿，今儿来是啥事？"六哥直接就问。

强华难于启齿，亚兰心直口快："六哥，要叫你受点作难。最近盖房钱不够，想在您这借200元，不知方便不？我们把利息给您背上。"

六哥看了强华夫妻一眼，把六嫂叫到跟前悄悄说："天申借钱我做主，给了。天申给乡党谁家没帮过忙呢？两口子是过日子人，我信得过，你没意见吧？"

"没意见，亚兰给咱缝衣裳就没多收过钱。"六嫂从里屋取出200元交给亚兰，强华要打借条。

"拿走，甭误事。"六哥说。"谢谢六哥六嫂。"夫妻俩在感谢声中走出院门。

"六哥一向啬皮，这次咋脆得跟梨瓜一样。"强华对妻子说。"辇是遭上的，人是为上的。把人做好了，没有难办的事。"亚兰回应着。

事后，强华还钱时带上利息，六哥两口子说啥也不收利息。

人心是一面镜子，真实地映照着社会众生的形象。那些心里装着他人，双手帮其渡过难关的人，在这面镜子前，留下的是美好的形象，反馈的是感恩的行动。

李强华尽管家庭生活拮据，但遇到亲戚的求助，他会想方设法帮助。

那是一年的清明节前夕，李强华捎上纸钱，急步走在村外上坟的路上，忽然有凄凉的哭声从不远处坟地传来。是谁这么伤心痛哭呢？

当他靠近坟地，清楚地看到一个人正跪在他母亲的坟头，便急步上前。只见有几个人正相劝安慰："不要哭了，你的身体要紧。"

"姐——你来了，咋没见你到屋里去？"强华看清了，叫了一声，忙上前搀扶。

"我去了，你的门锁着呢！我便来到咱妈的坟上。"姐弟俩上完坟，在回家的路上，姐姐说到了借钱之事。

原来远嫁长安的姐姐，因急事求家族们帮忙借钱未果，便回户县娘家找兄弟们，走到强华门前又碰了一把铁锁子，不免失望伤心。

强华听着，心里也很伤心："姐，咱回家，我给你取钱。"

他哪里有放在家里的现成钱呢？回到家，悄悄让妻子向别人借了200元，递到姐姐的手上，姐姐感激地回去了。

"咱和姐姐毕竟是最近的亲人啊，不管别人咋样，我们都得帮帮她才对。"他对妻子说。爱妻亚兰不住地点着头。但帮助亲戚，强华也是有原则的。

有一件事，要追溯到两年前。长安县冯党村老家一堂兄的儿子，因偷盗被户县城关派出所抓获。堂兄知道强华在户县的声望和影响，满怀信心地赶来求助。

"哥，咱管不住，让公安管一管也好。就不该偷人嘛，如果人偷了你，你咋想。"强华听明原委，劝着这位堂兄。

那年月，物质匮乏，糊口艰难，偷盗者被抓了放、放了抓的事儿屡见不鲜。李强华不肯疏通说情，这是他做人的底线，也因此得罪了这位堂兄。

送走堂兄，李强华对孩子们说："你做坏事，没人当面说你，但也会在背后笑话你的父母教子不严。"平时，他对儿女们限制很多，常使儿女们感到自己不如普通人家孩子自由。随着时间的流逝，儿女们都一天天长大成人，过上安稳幸福的生活，才感到父亲当初的种种限制是一种深深的爱。

遵纪守法，李强华对亲戚、儿女们的要求是刚性的，而他自己更不越雷池一步。1973年，他在城关公社参与对新补定为"地主成分"的家庭重新审查工作时，不时有被取消了补定成分者觉得李强华对他们政治生命的复活出了力，一份感激之心往往变为一种物质行为。有天晚上，北街七一村一卜姓村民趁天黑送来二百斤煤聊表寸心，李强华推辞不掉只好暂时收下。那年月，煤是稀罕之物，多数烧柴的农村人家视之为宝。在情与利面前，李强华夫妇商量后照价把钱送给了人家。这样的便宜不能占，这是他做人的准则。

李强华要谋的是如何为公，如何为家乡和社会付出。

20世纪70年代中期，全国掀起"农业学大寨"热潮。户县人民政府投入数万名民工在冬季农闲时节，对太平河、潭峪河、涝河、甘河等四条河流重新规划，对全县土地进行园田化治理。

提起 1975 年冬天的治太工程，乡党阎兴财等人回忆道：

工地上人山人海，彩旗飘扬，标语横空，广播喇叭整日播放歌曲鼓干劲，不时表彰先进，通报进度。为了便于工程管理，实行了军事化连排编制。西郊村组成的工程连分散居住在草堂镇平堰下村民家的土楼上。每个排分十多米宽的沙石带，要求按时开挖清理，移垫到河堤上。

李强华作为城关工程营西郊工程连的领头人，面对多年淤积冰冻的坚硬沙石层，他和大家想着开挖的法子。每天清晨五点出工，各连队之间相互开展劳动竞赛。尽管寒风凛冽，如刀割锥刺，但小伙子头上还冒着热气，有的光着膀子，双肩被架子车的襻绳勒得肿胀，鲜血都渗了出来；打眼放炮，手上磨出血泡，虎口被震得裂开血口子，但没有人叫一声苦，喊一声怨。为赶工程进度，大家苦干加巧干，每天五顿饭，中间两顿送到工地。待吃完晚饭回到住地，已经是午夜时分。那种豁出命苦干的精神，才真正叫大干社会主义呢！

工地上，李强华既是指挥员，又是战斗员，既要忙指挥部的事，又要在连队参加劳动，还要协调连与连之间、排与排之间的事宜。吃饭没个准头，不时吃冷饭甚至没赶上吃饭。多少个夜晚，大家回住地休息了，他和相关干部还要召开会议，安排第二天的活路，常常是会议结束了，雄鸡已开始打鸣。

经过一冬的艰难整治，河道截弯取直，造出万亩粮田，涌现出许许多多"治太英雄"。西郊工程连被授予"先进工程连"光荣称号，李强华被评为"治太英雄"。

20 世纪 70 年代中期，户县人民战天斗地的壮举，改变了户县的发展环境，将永远写进户县的历史。那一代户县人的苦干精神，像一面旗帜，也将永远为户县的子孙后代所学习、传颂、敬仰。李强华，就是这面旗帜上一颗璀璨的星。

那艰苦的岁月，对于李强华来说，是一次思想的历练、人性的历练。他就像风浪中的一叶小舟，随着浪涌波伏，时而跌宕，时而沉思，逐渐成长为驾驭风浪的驭手。他的诗歌创作，随着驭手冲浪能力的提升，也开始从喧嚣走向理性和深沉。

由过去单枪匹马地创作，到加入相关创作组，参与基层民间刊物的编校工作，是他走向理性的第一步。

20 世纪 70 年代初期，李强华参加由县文化馆牵头组织的创作组，与文化馆的刘滨海、西郊村的李玉峰、光明乡的知青吴欣等人，创作出反映农村火热生活的大型现代戏《红石战鼓》的经历，让他感到集体创作显示的力量，这也是他后来发起成立画乡诗社的一次震撼性的实践指引。

李强华曾经驻队的六老庵村，后来办起小刊物《涝河》。柳绪绪为该刊物的领头雁，聘请李强华为首席顾问。他欣然答应，并经常指导、帮助开展工作，且成为刊物的热心撰稿者。他的《涝河喊冤》《夜读讲话》《幸福的接见》《生日电话》等诗作，都是在《涝河》上最先发表的。与农村刊物《涝河》的亲密接触，后来用画乡诗社的办刊经验指导乡村的文化工作，促进了农村文化活动的蓬勃发展。

深入生活，回归自然，歌颂黄土地，歌项工农兵，是李强华创作走向理性的第二步。那是20世纪70年代初期，一次李强华在户县钢铁厂干活。休息时，一个工人听说他是农民诗人李强华，便高兴地请他来作首诗。其实，他在劳动中，看着工人们挥汗的景象，就开始进行构思了。听到工人的请求，他已胸有成竹，站起来上前一步，随口吟诵：

大气锤，响连天，
火车铁轨由你锻。
飞跃的巨轮，
离不开你的铺垫。
时代的列车，
有你正好飞旋。
满载着木材，
满载着钢筋。
锻工啊，是你的辛勤劳动，
保证时代的列车滚滚向前。

强华的朗诵获得工人们一片称赞。这首歌颂工人生活的诗歌，是他深入工厂生活收获的馈赠，同时也显示了他深厚的文学功力和艺术天赋。

翻开2018年5月出版的《李强华诗歌选集》，一个明显的特点是，编辑者收录诗人这一时期创作的诗作，偏向于歌颂黄土地和工农兵大众。十年间共收录诗作139首，其中1966至1971年仅46首，而1972年到1976年共收录93首，特别是1972年到1974年就有86首，而且，这三年每年在省市报刊上发表的诗歌都在10首以上。这充分表明1972年，是作者创作方向理性回归的转折，也是作者从浮躁走向深沉的一次大转折。

1973 年 7 月《文艺园地》发表诗人的《麦浪滚滚谱新歌》，把人们带进黄土地芒种时节，那万顷金波翻滚的丰收景象，更把人们带进挥镰收割、龙口夺食的艰辛往昔：

太阳一出红似火，城郊麦田荡金波。
汗珠换来丰收景，麦浪滚滚谱新歌。

麦穗长，麦颗饱，丰收农家心情乐。
战胜干旱一百天，人民公社英雄多。

娘子军，铁小伙，喜开银镰闹收割。
跟着走镰一溜风，浪里划出一串歌。

轻割轻捆不掉穗，轻装轻放粒不落。
龙口夺食人人忙，队队争把"长江"过。

历史虽然翻过了那艰辛的一页，然而那"龙口夺食"的苦干精神，永远不能丢掉。

放映队，到乡下，自己就把帐幕挂。
快板表咱好队长，幻灯演咱红管家。
终南山下忙奔走，活像一只红喇叭。
声声响在人耳边，句句说的知心话。
……
前半夜喜得睡不着，后半夜熬眼把粪拉。
块块要产千斤粮，亩亩要拾百斤花。

这首《放映队赞歌》，1973 年 10 月发表在《文艺创作选》中。这是当年电影放映队活跃农村文化生活的真实记录。每一个细节，让那些过来之人，能产生无尽的美妙回忆。特别是社员们前半夜看电影，后半夜把粪拉的构思，集中表现了老一辈农民们在那文化生活贫乏的年代，乐观向上、艰苦奋斗的精神。

发表在 1974 年 9 月 20 日《陕西文艺》上的《化作喜报镶满天》，是一首有 36 句的诗。其中的一节是：

> 队长扬鞭送粮去，一路秦腔不断弦。
> 涝河大桥巍巍起，柏油公路明闪闪。
> 前车已进粮站门，后车还在场中间。

这是当年农民们喜交爱国粮的情景。其中"一路秦腔不断弦"一句，把农民们上粮之喜和爱国之情折射得那么明媚。末尾两句"前车已进粮站门，后车还在场中间"，以夸张的手法，描写出上粮队伍浩荡之势。虽然这种景象已成为一种历史画面，但那种浩荡之势洋溢的爱国之情，却给人永恒的鼓舞和激励。

李强华诗歌创作的理性之花，开始结出丰收之果。1975 年，他带着创作的新诗《劳动人民有智慧》，走进中央彩色新闻纪录片《户县人民绘新天》中进行朗诵。同年，又走进西安，登上陕西师大、西北大学等高等院校的讲坛，向师生讲述自己成长的经历和创作的经验。

从政治风浪中逐渐成熟的李强华，正等待着文艺春天的到来。

第四节　诗章忆烽火　赤心抒真情

1966—1976 年，中国的文艺思想产生了极大变化：一是在指导思想和方向上，提出把"塑造工农兵英雄人物作为社会主义文艺的根本任务"，作为文艺创作的出发点、文艺批评的根本标准和文艺工作的生命线。在这个思想指导下，文艺作品的思想内容和艺术表现形式出现了相对单调、呆板的现象。二是"三突出原则"使文艺创作中的形式主义、八股腔、雷同化发展到极致。三是"主题先行论"的思想，使文艺创作从概念出发，在一定程度上隔离了文艺同人民、同生活的血肉关系，致使许多作品失真。这些因素对李强华的诗歌创作不可避免地产生了一定影响，但从生活出发，接地气仍是他创作的主流思想和真情表达。这是诗人李强华最为难能可贵的地方。这大概是他长期生活在社会底层，一刻也没有脱离生产劳动，一刻也没有脱离人民群众，又时刻关注时事政治，凭着朴素的阶级感情和革命热情，表达诗人独特的家国情怀的缘故吧。

在这一时期，他的思想比较复杂，有过困惑与不解，有过疑问与痛感，他在坚守乡村劳动生活化的诗意中夹杂着革命思潮与时代氛围。但诗歌的主流还是延续着他热爱劳动、热爱家乡、热爱祖国的那种纯洁的家国情怀。

关于这一时期李强华的诗歌创作，陕西著名文艺评论家常智奇先生做了理性分析与评价：

……例如《"老三篇"精神大发扬》《毛主席对咱微微笑》《毛泽东思想是红太阳》《誓为革命种庄稼》《"十大"公报传下来》《北京知青到延安》《张思德之歌》《六月夏收遍地歌》《我是一棵向日葵》《手捧"讲话"向前走》等作品，在延续着生活化、乡土化、劳动化、大众化的同时，不可避免地也浸染着那个时代的政治光色。但是，他毕竟生活在社会底层，是一个地地道道、本本分分、有良知、有血性、有仁爱的淳朴农民。他的诗歌在歌颂劳动，表现田园风光，抒发乡土情感中，强调社会思潮，时代氛围，这就大大地冲淡了那个虚妄年代的非理性。他的作品中没有暴力、血腥、残忍、践踏人性的妄言，没有跟风吆碌碡的梦魇，没有权欲的热昏，没有野性的疯长，没有逃离生活的"逍遥"。有的是对劳动生产的坚守，对土地的挚爱，对耕种的不弃，对生活的热爱，对诗歌的痴恋。他从爱好出发，从心灵慰藉出发，写自己真实的感受，表现普通劳动者的心愿。他的诗中依然流淌着劳动的愉悦，乡情的温馨，伦理的坚守，人性的维护，田园的歌颂。翻阅他这个时期创作的诗歌，我们能够感受到，他依然以一个农民的善良、本分、淳朴，表现中国农村生活、乡村情景、劳动场面、习俗风尚，显示了他坚定的农民立场、骨气和原则。他是以一个农民的眼光来看待社会、时代、历史、生活、世事的诗人。他在农民朴实的感情基础上，以热爱劳动、热爱生活的诚挚，延续着家国情怀的那种纯洁的感情。他诗中的生活目标是"永远不脱离劳动，永远不离开土壤"（《朝新的目标起航》）。他诗中的生活主角是，"迎春花开朵朵艳""角色尽是庄稼汉"（《会演赞歌》）。他诗中写学习"老三篇"，但学习的目的是"种田本是为革命，誓叫渠水上旱原，要使沙滩换新容"（《"老三篇"精神大发扬》）。他诗歌创作中的革命意象——红色革命的种子是与生活当中的形象——小麦、大豆、高粱、玉米的种子有机地融合在一起的；他诗歌当中的意境是建立在乡村情景、劳动场面、大地伦理、自然律动的基础之上的。正由于他的这种农民立场、农民气节、农民情操和现实主义创作方法，减弱了那时

103

极"左"思潮对他创作的影响。

他在这一时期创作的诗歌，依然充盈着一种积极向上、澄澈明亮的乡土气息。他诗中的《新队长》是"脚不停，手不闲，用罢镢头又摸锹，镢头响处山低头，铁锹底下冒清泉"。《老支书》是"为增产，访千人问生活，走万户，步步踩在红线上，社员叫他'火车头'"。《植棉组长》是"旧社会的童养媳，新时代的半边天，过去围着锅头转，而今为革命务好棉"。

这些把革命抒情诗种植在乡土生活的广袤大地，用辛勤劳动的汗水浇灌它，使其喷霞吐虹，芳香四溢，是李强华在这一时期对中国新民歌创作纯洁性的坚守。他把革命的理想主义与严谨的现实主义有机融合在一起，把诗人的浪漫主义与社会底层普通劳动者的生命、生存、生活的真实情感体验水乳般融合在一起，这就使审美感受的诗性深深地扎根于鲜活的生活、生命、生存的血液之中。他的诗歌永远绽放村舍文化、乡俗文化、自然文化的光彩。乡村，永远是人与自然联系的精神脐带，永远是人类的精神家园的村口"酒家"，无论城市化建设到了什么程度，无论工业文明把人类引向何等幸福的岛屿，人与自然、人与土地、人与乡村的血肉联系是"斩不断，理还乱"的。李强华的诗歌中始终歌颂着太阳、蓝天、炊烟、土地、鲜花、泉水、细雨、小溪、大山、春种、秋收、打枣、送肥、采茶、晒棉……他在蟋蟀唧唧的叫声中，聆听乡音的中秋团圆；他在石匠叮当的锤声中，感受物质财富创造者在艺术审美创造中的灿烂才华。人是自然之子，劳动创造了人类。田野、农民、劳动的情景，乡村生活中晨曦的袅袅炊烟，这些都是他诗歌的题材、主题。李强华的诗歌创作永远洋溢着劳动的气息，弥漫着生命的体验，凝固着伦理道德与责任。由于他身处社会底层的位置所致，他的普通劳动者本质的朴素情感，他的善良醇厚的为人，他的实事求是的人生观和价值观，他的诗歌创作，永远匍匐于大地，永远在太阳、大地、农夫三维组合之中提炼诗情，永远在人性、劳动、审美三重组合中酝酿诗意，这是李强华诗歌创作的根本。

在这一历史阶段，李强华还自觉地把审美和政治有机地结合在一起，他在思考审美如何介入政治的诗性表达。在这里，他的诗歌创作，既要保证审美与政治自身是合乎人性的，又要保证审美与政治的关联是内在统一的。合乎人性使得审美的政治性追求不沦为幻觉，也使得政治的审美化呈现不流于粉饰；内在统一要求审美与政治的结合是贴切自然、一体相融的。它既能使审美不至于成为政治的工具，也能使政治不至于成为审美的指挥棒。在他的诗歌创作中，以德行来保证政治的正当性。

　　的确，李强华在这一时期的诗歌中或多或少，都留有那个时代政治色彩和历史印记，但每首诗几乎都是从劳动出发，表达农民心愿，抒发农民情感，反映乡村生活场景、习俗风尚，显示了他坚定的农民立场、骨气和原则。如 1966 年创作的《"愚公移山"地头学》，一看这个题目就很接地气，读后使人感到亲切。因为，诗中描写的意境就是那个时期农村生活的真实写照。诗的第一节这样写道：

　　地里有个土疙瘩，方方足有一亩八。
　　碍脚碍手难耕种，要想移动费工大。

　　字里行间没有标语口号，没有大轰大嗡，而是地地道道的自然景象，彻彻底底的农民心声。第二节写道：

　　《愚公移山》地头学，天大困难也不怕。
　　百把镢头排住挖，十辆车子往外拉。

　　这里的"天大困难也不怕"一句，虽有口号之嫌，但用在这儿却是社员们真实的情感态度，真切抒发了广大农民战天斗地的豪迈情怀。后两句对劳动的描写，具体生动，是对前句内容的具体诠释，虚与实结合得恰到好处。诗的最后一节写道：

　　平整土地种好棉，多卖粮棉给国家。
　　春天多流几身汗，秋后棉树赛雪架。

　　这一节，直抒胸臆。末尾两句以形象作结，寓情于景，告诉人们：丰收的果实是靠汗水换来的。这首诗写生产队组织社员平整土地的劳动情景，虽带有那个时代的政治气氛，却形象地反映了广大农民群众的劳动热情和苦干精神，以及诗中所表达的爱国情怀。这是显而易见的。

> 拖拉机来到咱们队，村头上好像开大会。
> 各家老少来观光，看看机头摸机尾。
> 不吃草来不吃料，一台赛过马百匹。
> 毛主席派来机耕队呀，给咱队里翻闲地。
>
> 拖拉机来到咱们队，社员乐得掉下泪。
> 轻便灵活真好用，把地犁得松松的。
> 点上瓜子结大瓜，种上五谷长大穗。
> 多年愿望成现实，别提心里有多美！

　　这首《拖拉机来到咱们队》是 1967 年 4 月创作的。细读诗作，我们感受到的社员们喜迎拖拉机为生产队机耕播种情景，扑面而来的是社员们看到拖拉机时，那一双双乱看机头乱摸机尾的眼和手，那一张张脸上横飞的欢乐泪水及他们"多年愿望成现实"时美滋滋的心境。诗人紧紧抓住社员们看到拖拉机时的举动和情感表现，生动翔实的表达出农业机械化对"三农"发展有着多么深远的影响。

　　1970 年创作的《毛主席引来幸福道》：

> 芝麻开花节节高，人民公社年年好。
> 村村电杆手拉手，队队大车骡牵骡。
> 渠渠清水波连波，条条路上车赛车。
> 座座电磨呼呼转，台台电碾取糠壳。
> 户户檐下喇叭响，家家屋内电灯照。
> 草棚变成新瓦房，破衣换来新花袄。
> 人民公社顶天地，增产粮棉知多少。
> 毛主席引来幸福道，人民群众笑呵呵。

　　这首诗通过列举农村、农民生活中所呈现的一系列新景象，歌颂人民生活的巨大变化。电杆、大车、渠水、电磨、电碾、喇叭、电灯、新瓦房、新花袄都是那个时期农村出现的新事物、新变化，都是农民的切身经历和感受。诗中所描写的景象，反映了农民生活环境的巨大变化给他们带来的获得感和幸福感。诗中叠词的运用增强了艺术表达效果，末尾两句道出了农民生活变化的根源，表达了对人民领袖的歌颂和热爱之情。

红旗展，战鼓急，誓师会上呼声紧。
春耕时节打胜仗，革命生产双跃进。
群英聚会豪情荡，田野摆开长蛇阵。

大路上，脚步勤，黎明村头人追人。
扁担吱吱伴着笑，积肥灌水先送粪。
产量要比去年高，好似鲤鱼跃龙门。

夏收金，秋收银，广阔天地显精神。
眼望越南怒火起，仇恨化作满身力。
增产粮棉当炸弹，建设祖国根扎稳。

锣迎春，鼓迎春，春天早在众人心。
抓革命，促生产，中央指示如甘霖。
冰消雪化迎春到，红日东升万象新。

这首《春天早在众人心》，是诗人 1968 年创作的反映春耕生产活动的诗歌，共 4 节，每节 6 句。第一节渲染春耕誓师会，第四节表达社员们的冲天干劲，来自中央指示的甘霖，政治色彩比较浓，但第二节黎明即起送粪的情景，描绘得生动形象，特别是第三节把种粮与抗美援越联系起来，横向发散拓展，使题材的时代气息更加丰富，收到以小见大的效果，是十分可贵的。

这一时期，他还创作了不少表现粮食丰收的诗作，不仅艺术手法高妙，而且脱去政治色彩，充满浓郁的黄土风情。

棉桃咧嘴笑，

谷子弯着腰。

玉米高举红缨棒，

高粱低头把手招。

公社十月红似火，

丰收景象歌如潮。

这首 1971 年创作的题为《十月》的诗，最大的艺术特点是采用侧面描写的手法，借景物形象而含蓄地表现了主题。我们看到：棉桃、谷子、玉米、高粱，组成了公社十月大丰收的景象，似乎见景不见人。其实，这每一个景物的背后都隐含着人的活动。诗人是明里写景，暗中写人，是人的汗水浇灌了这些丰收景象。另外，拟人化的手法，赋予这些景物欢悦的动感，是那样富有灵性和生机，无不充盈农民的喜悦、兴奋和自豪。尾两句形象作比，十分贴切，特别是"丰收景象歌如潮"一句，让我们虽像隔着青纱帐听到如潮的歌声，但社员们如潮的脚步，如潮地挥臂，正震撼在我们的脑海中，是那么鲜活、生动、有趣。这是庄稼人精神世界的形象袒露。

李强华还特别关注这一时期的新事物、新风尚。如《电碌碡》《电风扇》《打稻机》《我国卫星上了天》《找对象》《赞新嫂》《咱不当家谁当家》《过桥》《参观农展会》《户县农民画巡礼》《农民大学生回来了》《当年的老八路回到村》《赤脚医生》《插队青年到我家》《北京知青在延安》《乡医》等，这些诗歌从不同角度及时反映了那个时期出现的新事物、新习俗，其现实意义、历史价值和艺术价值，都是不可忽视的。

涝河水，响淙淙，

有架独木当桥用。

大妈提笼到河边，

小脚动也不能动。

大妈心里急，

想起女儿病……

正在无奈时，

巧遇子弟兵。

前边拉，右边扶，

帮助大妈挪步行。

南山伸拇指，

涝水照尊容。

大妈过桥后，

身上热潮涌。

万千感谢语，

登时说不出……

可爱子弟兵，

望着大妈笑语盈。

一曲军民鱼水情，

涝河两岸永传颂。

诗人这首 1972 年 11 月 27 日创作的《过桥》诗，通过一位农村大妈看女过独木桥挪不开步时巧遇子弟兵帮助的故事，谱写了"一曲军民鱼水情"的赞歌。非常感人的是子弟兵"前边拉，右边扶，帮助大妈挪步行"的举动，诗人以抒情的笔触写道："南山伸拇指，涝水照尊容。"这种分别通过南山、涝水的独特反应，借物抒发了对子弟兵的赞美之情，它和诗中正面直接抒情形成虚实结合，别有一番韵味。

1974 年创作的《赤脚医生》，则是从患者的角度，赞扬赤脚医生"白天为我来扎针，夜间询问三四遍"的热心周到的医德、医风。这正那个年代出现的新生事物。诗人运用简明生动的语言，形象地反映出那时医疗事业在农村的广泛普及和奋战在医疗第一线的白衣天使全心全意为患者服务的崇高品德。

从这些诗作中不只映现出诗人敏锐的生活观察力，更能映现出诗人紧跟时代步伐，感知时代脉搏的思考力。

《找对象》是诗人 1973 年创作的表现插队女青年，在农村锻炼成长的诗歌。这位女青年已成了"能犁地，能插秧，学播种，会砌墙"的庄户人。因"大嫂逗她一句笑"，竟让她做出人生选择：找个"爱党爱社劳动强"的"知心人"，决定"扎根农村一辈子"。这首诗反映了 20 世纪 70 年代知识青年把青春献给新农村的崇高精神风貌。

1973 年创作的《赞新嫂》，写一位新嫂朴实、良善，不追时髦，"不穿呢子兜兜裤，不坐人抬花花轿"，爱学习，爱劳动，已成为会各种农活的新能人。反映了 20 世纪 70 年代移风易俗的新风尚。

《咱不当家谁当家》写一个老妇人面对丈夫选上队长后深夜谈心的故事。老妇人由"总把后腿拉"到共同"研究明天的计划"，以实际行动支持丈夫当队长，并语重心长劝诫丈夫："为了保卫好光景，你还得握紧印把把。"反映了 20 世纪 70 年代人民群众所具有的政治觉悟和集体主义精神。诗中环境描写逼真，故事情节跌宕起伏，人物形象生动有趣，是一首贴近生活，贴近时代，贴近老百姓的现实主义佳作。

我们还从 1972 年创作的《电碌碡》一诗"农业走向机械化，一台机器赛百马"的诗句中，感受着诗人对机械化的赞美之情；从同年创作的《电风扇》一诗"管它天风来不来，咱靠风扇来扬场"的诗句中，体味着农民们用电风扇扬场的自豪感；从《打稻机》一诗"农业机械显神威，喜得社员开怀笑"的诗句中，触摸着诗人看到打稻机脱粒的神奇而带来的喜悦之感；从 1970 年创作的《我国卫星上了天》——"我在涝河正挖泥，喇叭传出好消息，我国人造卫星上了天，霎时我浑身都是力"的诗句中，与诗人共同绽放对我国卫星上天的狂欢欣喜之情。

李强华这一时期的诗歌创作，还有两个方面是值得一提的：一是结合时代现实创作的政治抒情诗，二是 20 世纪 70 年代随省作协组织的采访团赴延安革命圣地参观学习后，创作的以革命历史为题材的抒情诗。

前者如《朝新的目标起航——春节献词》《访北马大队》《四海翻腾云水兴》《农民女画家李凤兰》《公社书记》《户县农民画巡礼》《大雁塔远眺——献给国庆的歌》《延河唤我去战斗》《赞女队长张秀霞》等诗篇。这些诗采用的都是长短句相结合的自由体形式，篇幅较长，容量较大，可读可诵。应该说，这是他在这一时期长篇政治抒情诗的尝试与探索。这些诗有强烈的时代性，在当时产生了一定的影响。从这些诗的内容和情调来看，诗人是怀着满腔的政治热情和社会责任感来书写的，其思想表达是积极进取、昂扬向上的，充满浪漫主义激情，同时又是较为严谨的现实主义。但从艺术角度来讲，这些诗的现实性大于艺术性，也就是说，诗的形象性、生动性不及他所创作的新民歌体的抒情诗那么精巧。

后者如《战马》《忆延河》《枣园灯光》《延河畔漫步》《灯》《纺线车》

《草鞋颂》《延河颂》《红松赞》《红船赞》《艄公赞》等。这些以革命历史为题材的诗歌，抒写了革命战争年代，老一辈无产阶级革命家，在推翻旧中国反动统治的艰苦卓绝的战斗历程中所表现出来的英雄气概，歌颂他们为创建红色江山，建立新中国，呕心沥血、浴血奋战的壮志豪情和胸怀天下的伟大情怀。这些诗歌多以景物为抒写对象，通过联想生发开去，既回忆历史，又映照现实，把革命的理想与现实的生活有机结合，在历史的画卷中平添了农民诗歌的时代内容。

　　李强华创作的这些诗歌，在艺术表达方面多用比喻、拟人等手法，使描写更显生动，抒情更为浓烈。如 1974 年创作的《战马》一诗，诗人是这样描绘毛主席当年转战陕北时骑过的那匹战马的形象的：

胸怀一颗破天胆，
背备一副保险鞍。
迈着越山跨海四只蹄，
亮着穿云破雾一双眼。

　　诗人描摹这匹战马的形象，起首一句便用拟人手法赞其胸怀，笔势峭拔突兀，然后与山海云雾相结合描其形。这山海云雾象征那征战的恶劣条件，这样，就为这匹战马飞奔赋予了特定的社会环境。这是古往今来最靓丽的一匹战马，具有一种神奇的力量：

敌机再炸它不怕，
暴雨再洒腰不弯。
风里行，火中穿，
气盖世，力拔山。

　　敌机、暴雨、风、火，那是战争的滚滚硝烟。这匹战马以力拔山的气概，把它们踩入蹄下，这是何等的英武。诗人抑制不住满腔的敬仰之情，高亢设问，然后自答：

为什么这匹战马世上少有？
在茫茫黑夜金光灿灿？
因为那颗永恒不落的北斗星，
亮了战马的每根毛细血管。

这是诗人对这匹战马势不可挡内在原因的理解和揭示。它的所向披靡来自"那颗永恒不落的北斗星"。这颗北斗星就是伟大领袖毛主席。这是一句破题点睛之笔。正因为是毛主席驾驭它，所以它飞奔起来才能：

尘土在它身后甩，
红旗在它前面现。
马蹄嗒嗒冒火花，
豪情赛过胭脂染。
声声呼啸震山谷，
步步踩出新起点。

诗人把这匹战马当作毛主席在战争年代指挥的千军万马中一位英勇无畏的战士去写。它的胆识，它的举动，它的力量，它的豪情，它的声音，都来自战无不胜的毛泽东思想。诗作中，毛主席虽然没有出现，但我们从北斗星，从红旗的这些物象中，已经感受到它是在一个伟大思想的指引下，成长为一位所向披靡的战士。

南湖船儿扬红帆，过瑞金，到安源。
路经遵义加了速，乘风破浪到延安。
暗礁挡，浪头卷，狂风吼，漩涡转。
英明舵手掌航向，压倒顽凶走浪尖。
千块怪石甩身后，万层妖孽避两边。
风吹浪打志不移，不过黄河心不安。
风雨几度不抛锚，历史长河开新篇。
红船驶过金水桥，社会主义没停站。

这是诗人 1974 年创作的《红船赞》。这首诗运用他熟练的民歌体来抒写，采用六七言交错的句式，以明快的节奏，再现革命历程中的艰难困苦和无数革命先驱，为了人民的解放事业，浴血奋战的浪漫主义豪情和英雄主义气概。字里行间洋溢着对无产阶级革命家魄力和气度的赞美之情。

艺术上运用象征手法，借南湖红船回忆中国革命由小到大，由弱到强，最终建立新中国的艰难历程。南湖红船，就是中国共产党的象征，是她带领苦难的中国人民，从南湖出发，过瑞金，到安源，经遵义，到延安，过黄河，最终驶过金水桥，让五星红旗，在北京，在祖国大地迎风飘扬。这革命的征途，暗礁挡，浪头卷，狂风吼，漩涡转，然而中国人民摧枯拉朽的脚步，之所以能压倒顽凶，甩开怪石，踩碎妖孽，面对狂风暴雨志不移，不抛锚，胜利地航行在社会主义大道上没停站，是因为"英明舵手掌航向"。

我们读这首诗，是在读中国革命的战争史，读中国人民前赴后继的奋斗史，感受着人民领袖的英明和伟大。抒写这样伟大的革命历程，几十年的风雨兼程，李强华用一支从泥土中磨砺的笔头，如此娴熟地驾驭文字的车马，呼啸地穿行在风烟雨浪中，借助典型物象在纸面上为我们艺术地描绘了一幅中国人民革命的历史长卷。我们怎能不钦佩这支笔的主人，农民诗坛为他冠以三秦大地第二代农民诗人领军人物名副其实。

1974 年创作的《红松赞》，则是采用自由诗的体式书写。象征手法和第二人称的叙事角度，增强了诗歌的抒情性。

> 望韶山红松高大的身躯，
> 我心里就感到万分兴奋。
> 坚定挺拔的红松啊，
> 你又增添一个新的年轮。

诗人仰望韶山红松坚定挺拔的高大形象，心里就感到十分兴奋，表达了诗人对韶山红松的敬仰之情。接着通过联想，回忆革命历史：

> 当年红松破土而出，

正是那天昏昏地沉沉。

湘江为你灌溉琼浆，

韶山为你输送养分。

红松在红色土壤里，

长成不屈的性格不变的心。

既像井冈山上的青松，

又像延河里的水。

几次猛雨扑过来，

你依然挺立不下阵。

几次狂风吹过来，

你依然显出壮丽青春。

　　伟大领袖毛主席不就是韶山红松的形象？但这首诗的可贵之处更在于诗人意识横向发散创设的意境。诗人由韶山红松联想到井冈山的青松，又联想到延河里的水，这就举一反三地把毛主席在不同时空的伟大革命实践联系起来，让人产生对人民领袖伟大革命活动的回忆，对中国革命艰难历程的回忆，重温毛主席对中国革命建立的伟大功业。所以，这首诗虽然较短，但他留给诗外的时空是广阔无垠的。

　　思接千里时空，耐人回味，产生共鸣，就是这首诗歌冲击读者心灵扬起的波涛。

第四章　诗性沉淀期
（1977—1985）

第一节　春雷驱沉雾　逆风砺心志

1976 年 10 月，党中央执行党和人民的意志，在非常形势下采取特殊方式，粉碎了"四人帮"，这是全党、全军和全国各族人民长期斗争取得的伟大胜利。它宣告了十年"文化大革命"的结束，一个新的历史发展时期的开始；它从艰难中挽救了党，挽救了国家，挽救了中国的社会主义事业，使人民共和国的历史和中国共产党的历史翻开了新的一页。

1978 年底，党的十一届三中全会的召开，揭开了我国改革开放的序幕，实现了新中国成立以来党的历史上具有深远意义的伟大转折，开辟了有中国特色的社会主义道路，使我国进入以改革开放和社会主义现代化建设为主要任务的历史时期。

带着粉碎"四人帮"之后由衷的喜悦和迈步进入改革开放崭新历史时期的激越情怀，李强华只觉得周身曾经的压抑，被阵阵春风吹去，心河的冰封被融融春水解冻。那暖暖的多彩的春光向他招手，他拥抱着这明媚的春天，追赶着这春天的脚步。

"诗人李强华来了没有？好着吧！"

那是在户县政协的一次会议上，又走上户县县委书记工作岗位的安生高，站起身，环视着台下就座的政协委员，高声地问了一句。

"来了，来了，安书记好！"李强华刚进入会场坐定，听到问声，赶忙站起来回答。

县领导一句真诚的问候，就是那初春的一声春雷，驱散了压在李强华身上的沉雾，曾经罩在他头上的不实之词，终于从他的档案中化为烟云。

1978年，西郊村党支部班子改选，李强华又被推选为村子党支部副书记兼任第三生产队队长。怎能忘记，1960年、1965年曾经两度进京，先后参加全国第三次文代会和全国青年业余创作积极分子代表大会，受到毛泽东主席亲切接见的李强华，又被推举为农村基层领导干部，在上级党政部门领导下，开展农村工作。此后，接踵而来的，是省内外各文化艺术协会对李强华的邀请。参加这些协会的活动，加入相关协会成为会员，让他的诗歌创作登上了更高的平台，为他放眼时代的景观打开了一扇扇窗口。

1979年，中国民间文艺研究会（1987年更名为中国民间艺术家协会）恢复活动后，邀请李强华参加全国民间歌手座谈会。同年2月，中国作家协会西安分会（1993年更名为陕西省作家协会）第二届主席团召开会议，邀请李强华参加。1980年12月27日，李强华荣幸地参加了陕西民间文艺家协会成立大会，成为协会会员。

1979年8月7日，王老九诗社率先在临潼油槐祁孟村成立，李强华、章立被邀请参加了大会。作为王老九的关门弟子，李强华参加王老九诗社成立大会，既是对其师傅的学习和纪念，也为1983年户县成立画乡诗社打下了基础。参加户县文化部门组织的文学创作活动，让李强华直接地感受到组织起来搞创作，对于培养发展区域创作队伍，活跃农村文化艺术氛围的重要性。

1980年夏季，李强华参加了户县文化馆在太平峪组织的一次文学创作活动，感受颇深。那次组织的十多个文学青年，驻扎在太平峪家佛堂大队农场里。白天，大家在河坝里，把石头当凳子，把膝盖当桌子进行创作。灵感伴着不断变换的姿势，在腰酸背疼中构思人物的命运、历经的风雨、生活的感受。晚上，大家挤在农场的草楼上，而楼下的厨房，早晚把炊烟送上来，让人在风烟滚滚中感受艰苦环境下的泪眼婆娑。当时，有的年轻人很不适应，心里打起退堂鼓。同样身临其境的李强华就宽慰着：

"搞创作的人首先要历练自己。不光读万卷书，还应走万里路。这万里路就包含着要经历艰苦磨炼。我们眼下所处的环境，比单位或家里是艰苦了些，其实也是一种特殊的享受。我们白天处在青山绿水中，山风拂面，河水奏乐，空气十分清新。早晚虽有点烟尘，毕竟时间很短。当你总是想着作品中的人物，作品中的意境，这种环境或许对你的创作会有一定的帮助呢!"

在李强华不断的开导下，那次文学创作活动取得了很大的成绩。

担任村队干部，和社员们在一起，白天为过好日子出力流汗，晚上为收获欢欣而雀跃，那是 20 世纪 80 年代初，李强华同父老乡亲们与天奋斗，与地奋斗，用一个个奋斗者的情怀和境界，留给农村历史一段特有的火热生活。

在一个月朗星稀的秋夜，西郊大队三队马坊院里，堆放着白天从几十亩地里掰回的小山丘般的苞谷。苞谷堆旁的竹竿上吊着 200 瓦的电灯泡，让远在天边的月亮有些黯然失色。

"那时，我是小队会计，和队长估摸出苞谷的总数，按总工分算好账，揉好纸团抓阄，排出分配的先后次序。"

李强华的儿子李兴团饶有兴趣地继续回忆着:

八个大担笼放在苞谷堆旁，十多个妇女依次排开给担笼拾苞谷；抬担笼的几个小伙，两人一组，那个担笼拾满了抬上大磅，称好后又抬起倒在一旁空地上，待一家分完，再分另一家。

每次分苞谷，我父亲就坐在大磅前当"公道佬"。他戴着老花镜，一边拨着算盘，一边仔细查看磅上刻度和砝子，核准花数，对会计的数目再复核。还要操心底下抬苞谷的人，不能倒错了堆儿。

"公道佬"一般应具备很高的威信，大伙才放心。父亲经常担任这一角色，最后把写有户主名姓、总数、花数的纸条交与户主。

六十多户人家的苞谷就这样用担笼一次次、一笼笼装满、上磅、抬下分到了各户。谁家分好了，社员们就互相帮忙往回运。有时因估摸不准，还需再分一次。几万斤苞谷，蚂蚁搬泰山似的在后半夜搬完了。父亲和队上干部才拖着疲惫的身子，最后回到家里。如果有灵感，他还要走进小房，坐在书桌前伴一阵灯光才入睡。

灯光底下坐着一位社会底层的农夫，他以勤劳、厚道、质朴的品格，顺应民意，主持公道，成为农民群体中的一位佼佼者；他用稿纸间流淌的真实、自然、纯粹的诗句，抒发自己的心声，逐渐成长为一个草根族的乡土诗人。

20 世纪 70 年代末 80 年代初，随着"人"的内心世界的觉醒，诗歌艺术界与僵化雷同的艺术形式断裂，催生出具有现代意味的美学原则和诗歌观念。它们以其独特的艺术魅力创作了具有现代主义思潮的诗作，其代表诗人和代表作品如舒婷的《致橡树》《四月的黄昏》，北岛的《回答》《结局或开始》，芒克的《天空》《十月的献诗》等。

然而，有少数作者受某些外国诗歌的影响，有意无意地把诗歌写得十分晦涩，叫人读后得不到一个明确的印象，不知所云。那种似懂非懂、半懂不懂甚至完全不懂，让人不得其解的诗作，给粉碎"四人帮"后的文艺天空带来一股疑云，诗坛一度处于发展的低谷。

当这股变味的诗歌思潮袭来时，作为乡土诗人的李强华明确表示："不跟风，不参与，不摇旗呐喊。"他谴责那种所谓的朦胧诗：

"和人民群众意志相违背，和中国国情相违背，跟历史悠久的中华文化传统相违背……人民群众不欢迎，此路走不通。"

随着朦胧诗的隐退，李强华坚持走民歌与古典诗歌相结合的新诗道路，歌颂光明，暴露黑暗，手中的笔成为他为新时期鼓与呼的号角。

支部开罢动员会，飞出两支突击队。
女队要培金银滩，男队要斩旱龙背。
五届人大发号召，学习大寨要显力。
山要修成虎头山，水要修成松溪水。
沙滩培成金银滩，为队增加百亩地。
……

这是李强华 1978 年创作的组诗《新长征路上》之一的《突击队》中的诗句。诗人睿智地感受到粉碎"四人帮"，拨乱反正是中华民族又一"长征"的开始，如何表现这一"长征"之新，他依然把笔触沉淀到农村生活的最底层，歌颂青年突击队，在党支部领导下，战天斗地改造河山的雄心壮举。这些诗句明白晓畅，字里行间给人以进击、振奋之感。

这一时期，诗人创作的不少诗篇，从不同角度歌颂春天，歌颂农村群众在"长征"路上的壮举，充分表现了诗人向新的目标冲锋陷阵的坚定步伐。如 1979 年创作的《春天早在社员心》：

不用锣鼓来催春，春天早在社员心。
移山填海显身手，长征路上大军进。

这春天是新时期经济建设的春天，"移山填海"是万马奔腾的建设景象，这种景象展开"长征路上"波澜壮阔的宏伟画卷。

第二节　才艺惠乡里　诗吟责任田

李强华在涝河畔长大。涝河水哺育了他坚强执着的性格；农家生活和痴情写作，赋予了他独有的生活习性。朋友们总结他有"三快"：说话快，走路快，办事快。平日里，一米七的个头，穿件老式对门襟粗布褂，留着传统的光头，见人先微笑再打招呼，三言两句总会伴着简单的手势。别人正答着"啊"声，他已抬脚往前走，没时间与人长聊。给人能办的事，毫不含糊，三锤两梆子就办完，从不敷衍推托。他的脚步就像刚上紧发条的闹钟，滴滴答答，奔走得那般有力。他每日披着夕阳从田间归来，放下工具，顾不得掸去衣服上的灰尘，就蹲在锅头前，给里面搭一把柴火，就把膝盖当桌子，随便拉出一个废本子或纸片，拔笔就赶紧把劳动时打的诗歌腹稿写下来，再做删改。常常是诗改得令他满意了，锅里的饭不是烧煳了，就是灶头的火早灭了。为这没少受妻子的埋怨，但他一开口，那诗句就在屋里缭绕，总能把妻子心中的火熄灭。

李强华的精神生活是那般充实，然而他家的日子又是那般清苦。一家五口人，靠挣工分糊口，一分钱总想着掰成三半花。常常是连买稿纸、信封的钱都没有。儿女念书用过的本子，他爱惜得收起来当宝贝，因为，那本子的背面又是他放飞诗歌的地方。有时得到厚一点的纸，他拿来糊信封，几乎没买过正规的信封。那时物资匮乏，经济拮据，他和妻子养成节衣缩食的习惯，一件粗布衣洗干净就行，他很少给自己买新衣服。平日里总是不修边幅，要登台朗诵诗歌了，原先高高挽起的裤子，任由它挽着，就急急火火上了台子。所以，每次外出，妻子总是不放心，问他该拿的东西拿上了没，给他把衣服抻展，纽子扣好，顺手把衣领翻好，再把后襟拍打几下。他吃饭也不讲究，瞎好饭一样香，馍渣掉在地上捡起来一吹又塞进嘴里。平日又要劳动，又要创作，为了节省时间，吃饭养成狼吞虎咽的习惯，别人还有半碗饭，他已放下了碗，把嘴一抹，就忙自己热衷的事去了。

著名诗人党永庵在《农民诗人李强华》序中，是这样描写李强华的：

我想，当时车站内外和街道近旁，那些来来往往、熙熙攘攘的行人中，有谁会想到，在一抹夕阳下，这个背了顶旧草帽默默挤上那辆大巴车的老人，就是户县的那位发表过数千首诗歌作品、出版过六部诗集的名声远播的诗人呢！

有人说，抽烟喝酒上瘾，李强华是写诗成瘾。一天不写，心里就闷得慌。诗歌，只有写出来了，唱出来了，发泄了，才痛快。人们用"诗痴""诗迷""诗狂"比喻他并不过分。为了写诗，他不在意生活的清苦，不在意别人的冷嘲热讽，官场的升降沉浮与他无关。饭可以不吃，觉可以不睡，诗不能不写。不管是在顺风时，还是在低谷中，不管是三伏酷暑，还是数九寒冬，他都从容恬淡，与诗为伴，以写诗为乐。

然而，他不像专业诗人，有那么优越的环境和条件，有那么多创作的时间，他是在生活的夹缝中挤时间创作的。因为他白日除了参加生产队的劳动，家里像套磨子、起茅子、碾糁子、砸辣子等这些琐碎的活计排着队等着他，缠着他。他活干得疲倦了，可只要挤出一点点时间，拿起笔，就来精神。

他的诗，有的写成于凌晨二点，有的写在黎明鸡叫，有的写在午饭前，有的写在黄昏后，有的写在正月十五，有的写在中秋佳节，有的写在打胡基壕坑的喘息时，有的写在患病期间……有空他就写，没空像钉子一样挤出一点时间他也写。创作诗歌，已经成为他生命不可或缺的重要部分。进入创作状态，他才感受到人生的意义。

除了写诗，他还写毛笔字，画画儿，扎花灯等。这些广泛的爱好是受父辈的影响，因为他生长在一个文化底蕴深厚的家庭。

每逢年关，李强华便和好友王治民等在村办公室义写春联。虽然字写得一般，但那时农村能提毛笔的人太少，他便弄起笔墨为乡党年复一年地服务，让红红的春联寄托他们追求好日子的梦想。

那是1981年农历腊月三十日，李强华已整整为乡党写了几天春联，终于伴着黄昏的雪花收摊，走进家门。

"快烧锅，还有一锅馍没蒸完。"妻子亚兰催促着。

"哎！"强华屁股还没坐稳，门外有人高喊："天申，天申，在家么？"

强华急忙起身迎了出去。雪花中，站立一位老者，那是二队的根成叔。

"叔，啥事？快进屋里暖和暖和。"

"我的对子还没写呢。"

"先进来。"亚兰赶忙端着热腾腾的包子走过来，"叔，先尝个包子。"

"不吃咧！要给你们添麻烦呢！"

"叔，你稍等会儿，马上就好。"强华说着展开红纸，取出墨汁，麻利地又忙开了。

送走根成叔，已是掌灯时分。李强华站在门口，看着家家大门贴上春联，红红地渲染着村子的年气，一种难以言表的快感让他感到特别舒心。

这种感觉不止一次地让李强华认识到，多学一样本事，就有为乡党多做点好事的机会。当这种机会来到时，他总是陶醉其中。村里有人家给小子办婚事，他被请去画几幅窗花。一盘水彩，一支毛笔，笔走彩飞，窑窝帘、窗格上，一幅幅活灵活现的花草鸟鱼便呈现在眼前。主持婚礼，站在张灯结彩的大门口，主持辞从他口中飞出，既喜庆又顺口。那热热闹闹的乡音在一桌桌宴席上缭绕，溅起满桌的笑声，落在肉红菜绿间，替主人传送着招待宾客的一片诚心。

每年元宵节，李强华都要动手为孩子们扎彩灯。竹篾子在他手中的刀下舞着蹈着，彩纸在剪刀和糨糊的配合中随意组合，一个个鱼灯、蟾灯、风车灯、西瓜灯便挑在儿女们的手中。街道里，邻居家的孩子也送去几个，给儿女及伙伴们的童年时代，增添了无限的乐趣。

农村盖房图个吉利，乡党们总爱在脊檩上绘制八卦图案，以求避邪镇宅。他们时不时拿来红布，强华再忙，也会放下手中的活儿，画呀描呀。图画出来了，筷子、五色线、麻钱等一应配合，再给主人叮咛咋样摆放，叮咛着扯不断的乡情。

对乡亲，李强华信奉"吃亏是福""让人一步海阔天空"的信条。乡党找他帮忙，只要不出原则，他都尽心尽力，不计前嫌，不图回报。

1981年，村里一位干部的岳父患精神疾病，医生开的药方中有一味是全蝎。主人跑遍县城各大药店，就是买不到，这位干部想到了李强华。其实，在那个动乱的岁月中，他曾给强华制造过很多麻烦，李强华完全有理由拒绝。但他一口应允，来到北关医院，托二嫂给买回了全蝎。

1982年，村子七组一位杨姓乡党的四轮车手续，总是办不下来。他想到强华人缘广，便找上门来。

"天申哥，兄弟有事求你来了。"

"你说，看哥办得了。"听完原委，强华放下碗，"走，找他去。"

李强华领着杨姓乡党跑到古城路农机管理站大院，走进侄儿办公室。

"三爸，你有啥事？"强华把事情给侄儿做了说明，侄儿转身找到领导办公室，"主任，上次给你说的那事儿——我三爸今天来催了。"

"你三爸是谁？"

"李强华——"

"噢，大名鼎鼎的农民诗人。我知道了，你给他说明天来取手续。"

一支烟没递，一分钱没花，几十天的烦心事，立马给解决了。

"天申哥，多亏了你！"那乡党递着烟，强华一支不抽。

"有啥感谢的，谁不用谁呢，你忙吧！"强华说完，转身干自己的事去了。

见到危难，倾情相助，更显李强华的人格魅力。

1981年芒种后的一天中午，强华和儿子李兴团从南岸地割麦回来，饥困难耐。父子俩坐下来，一碗水还没喝完，突然门外有人喊："救命啊，快救人啊！"

"那呼救声带着惊恐，我和父亲赶忙放下碗跑出门去。"兴团说着，又陷入了深深的回忆之中。

原来是对门一乡党厨房内土墙倒塌了。胡基、木头坍塌在一起，满屋尘土飞扬。"我和父亲跑过去，忙用手刨肩扛，硬是从倒塌的墙下救出被压的两个女娃，都10岁多，她们浑身沾满灰土。父亲抱一个，我背另一个，赶紧抄近路沿西街五魁巷直奔南街医院（现为中医医院）。我和父亲一前一后奔跑，忘了饥饿困乏。女娃身上的血迹染红了我的衣衫，但生命攸关，我只觉得浑身都是力量，看着父亲比我跑得还快。我们赶到医院，将两女娃交给医生抢救，坐下来歇缓，我才感到周身一点力气也没有，而父亲和闻讯赶来的孩子家长忙前忙后。经抢救，一死一伤。父亲听后很痛心，一个尚未绽开的花苞，就这样凋谢了。"

"咋就不知道保护好娃呢！长这大多不容易，太可惜了。"事后，李强华提起此事，总是思忖着，对没有能救回的那个小生命感到惋惜。但那个年代，条件太差，人们吃饭都成问题，哪有更多的精力去想安全问题呢！

一滴水当涌泉相报。对待亲戚，李强华是个重恩之人，特别对奶妈家、丈人家的报恩之举，着实让人感动。

1982年，奶爸患前列腺癌。李强华和奶兄弟一起，将老人送到西安中心医院治疗。因医院床位紧张，无法入住，他便托熟人帮忙，先让老人住进走廊里。检查后大夫说："幸亏你们来得及时，这病需要马上手术。"

奶弟对强华说："哥，你先照顾两天，我回去安排一下。"

"行，爸这有我，你放心回吧。"

强华陪着老人住下，取药打饭，精心护理。

"爸，你甭害怕，谁能没个坎坷。医生说这是个小手术，很简单，一做就好了。我们都在跟前，你就放心，没事的。"

"我听我娃的。"

奶爸放心了。强华与医生相互沟通，仔细观察输液变化，扶老人上厕所。奶爸看在眼里，喜在心里，向临床病友家属夸道：

"我儿是文化人，爱写诗，太有孝心了。不是亲儿胜过亲儿。"

奶爸手术很成功，一月后康复出院。

回到村里，强华不时前去看望。奶妈奶爸逢人就夸强华对他们付出的更大的真情：

1979 年，奶妈家因公路拓宽要移房。强华跑去告诉奶妈："甭麻烦人，我来提锤子打胡基。"他和奶弟志成一合，连打了八天胡基，人都瘦了许多，让人看着心疼。

1980 年秋，户县房管所在奶妈家房后墙外挖下水道，又逢天下淋雨，墙基被雨水浸泡下陷了，使她们房的后檐墙裂开缝子，下陷一尺多深，十分危险。强华知道后及时赶到，和奶妈家人商量解决的办法，先在房管所借来几根杉木杆，把房撑住，又与房管所协调，最终，房管所答应免费为奶妈家修好檐墙，还给了一些补贴款。

每当奶爸奶妈一家人表达谢意时，强华总是嘿嘿一笑说："谁叫我是你们的儿子呢！"

人常说："一个女婿半个儿"。作为李伯村丈人家女婿的李强华，岂止是半个儿！

1982 年，丈人家小舅子盖房。那时候，人们刚开始在房前规划做个凉台晾晒粮食。小舅子买回楼板，乡党们高高兴兴前来帮忙。支好台架，大家围上去抬楼板，但怎么也架不到墙上去。那时人们都没架过楼板，也没有相关机械设备，不知咋样才能架好。

"我想这么办，找两根檩条戗在墙头，给楼板两头插上木楔，两边用大绳绑好，楼上安排两组人马用力拉绳，下边的人向上推送，试试看。"强华看了后，胸有成竹地说出自己的想法。

大家按照他的指点来办，上下一股劲儿，楼板在号令声中，沿着檩条斜坡缓缓拉了上去。第一块安全到位，很快调放好，又如此送上第二块、第三块，速度越来越快，二十几块楼板半天就架完了，鞭炮齐鸣，喜宴开始。

"今天这事还没见过，多亏咱哥见识广，要不就麻烦了。"

几位乡党围过来，边吃边夸赞着。

"咱也没见过，多观察多动动脑子，就能找出门道来。今天更要感谢大家，没有大家齐心协力，哪能这么快就架完呢？给你们敬酒了。"

李强华站起来举起酒杯，和大家干杯道谢。

在广大的农村，有那么一种智者，他们没有高深的文化程度，甚至没有见过大学文凭是什么颜色。然而，却是黄土地上生长出来的"专家""学者"。他们靠着聪慧和善于联想思考，面对农村五花八门、错综复杂的生活难题，能独到地提出自己的主见，从而把山穷水复转向柳暗花明。就是在这一次次转化的过程中，他们收获了威望，也往往在处理大事和难题中，成为当然的"领导"，成为群众心目中的偶像。李强华就是这类智者，所不同的，他又是一位著名的乡土诗人。

1986 年，李强华岳父腿部骨折，住进医院。李强华对儿子兴团说："你把手里的事缓一缓。白天你忙，晚上陪护是你的事，你舅家把咱操心扎了，人不能忘恩。"兴团听父亲的话，外公住了一月医院，他几乎夜夜陪在病床前，深得老人的欢心。

20 世纪 80 年代初，有位在镇安县乡镇工作多年的表弟想调回户县，但在组织安排上卡住了。因为外地想回户县的干部多，而想调出去的干部太少，没有空位。有人出主意说强华哥认识的人多，找他去。表弟求到表哥强华跟前，他听完事由说："让我试试看，但不能保证办成。"

他向组织部门说明原委。鉴于表弟家有八十多岁的老娘需要侍奉，组织同意调回，事情很快办妥。这是李强华人生中少有的求组织帮忙的事。

随着李强华诗人声誉的与日俱增，与他建立关系的"达官显要"左右逢源，这是一笔多么宝贵的财富。然而，他一生几乎无视这笔财富的价值，连他的儿女们都没有沾上利用这笔财富去取得一点光亮；为表弟调动工作找组织，算是他一生的一次越"雷池"。

1982 年，李强华创作了一首诗《山里人》：

脚步咚咚如鼓鸣，
扁担压得像张弓。
山里人，
力无穷。

送走穷山和恶水，

换回温暖及春风。
南山叫，
北坡应。

明日要你谈富经，
责任田是咋样种？
靠政策，
显灵通。

话儿出口人心乐，
流水唱歌花更红。
山里人，
庄稼情。

这《山里人》不就是李强华的自画像！"脚步咚咚如鼓鸣"，不就是他"三快"的习性么！

生活的清苦，生产队、家里数不清的活计，为群众写春联、画窗花、主持婚礼、画八卦，为乡党办力所能及的事，为亲戚盖房提锤子、上楼板、调解纠纷、他们生病精心护理……不就是千钧的扁担，压在他的肩上像张弓。然而，李强华大步向前力无穷，因为他那般地热爱生活，热爱这个时代，用诗歌歌颂生活，歌颂时代，是他步履铿锵的力量源泉。

他既像1981年创作的《寄梅》中"北风再刮刮不倒,厚雪再压压不弯"的梅花，又像同年创作的《鸟》中"声声唱着人民心愿：长安长安，长安长安，莫再动乱，莫再动乱"的百灵鸟。

1982年，农村开始实行"家庭联产承包责任制"，这是广大农村地区迅速摘掉贫困落后帽子，逐步走上富裕道路的伟大创举，是马克思主义农业合作化理论在我国实践中的新发展，它把个人付出与收入挂钩，使农民生产的积极性大增，极大地解放了农村生产力。

李强华，这位从清苦中走过，深知怎样才能过上梦想中红火日子的山里人，以特有的庄稼情歌颂这一伟大创举。同年，创作了诸如《政策一宽好致富》《洒向人间都是福》《双手就是摇钱树》《社员有双描春手》《广阔天地显身手》《地

逢承包多打粮》《致富花开四季香》《家庭像个小银行》《而今年年出财神》等
多首诗篇，这些诗篇浸润着泥土芳香，饱含着实现承包责任制后，广大农民种地
更加自由、更有动力、更加精神焕发的深情。

> 过去提倡穷过渡，搞得人困马也瘦。
> 而今有苦也有乐，广阔天地显身手。
> 遍地都是粮食库。

这是 1982 年创作的小诗《广阔天地显身手》。诗人以过来人的深切感受，
把过去"穷过渡"的农村生活现象与现在实行责任制，虽然有苦有乐，但因"广
阔天地显身手"产生的"遍地都是粮食库"的景象做对比，鲜明生动地表现出实
行农村"联产承包责任制"带给农村和农民的深刻变化。

> 在屋前，养鸡群，给屋后，造果林。
> 生财之道宽又广，政策打开致富门。
> 而今家家是财神。

这是 1982 年创作的《而今家家是财神》。这首诗通过农民朋友在屋前，给
屋后发家致富的具体举措，引出"生财之道宽又广"，进而揭示：因为"政策
打开致富门"，所以"而今家家是财神"。诗作在艺术上采取先实后虚、虚实结
合的手法，产生了极强的艺术感染效果。

伴随着共和国穷则思变、日新月异的步伐，诗人李强华一路走来，回忆起与
恩师王老九相处的峥嵘时光，感慨良多。1981 年，在王老九诗社成立二周年之际，
他动情地创作了两首诗：《中国诗坛一颗星》《祝王老九诗社成立二周年》。

在《中国诗坛一颗星》中，李强华回忆恩师"从临潼，到北京，扶犁编诗出
了名"，情不自禁地呼出："农民诗人王老九，中国诗坛一颗星。"表达了对恩
师的崇拜、赞颂和思念之情。

在《祝王老九诗社成立二周年》中，诗人回顾王老九诗社发展过程后，满怀
热情地感受到：

> 风越吹来诗越美，雨越洒来花越红。

诗社花儿开得艳，根儿扎在泥土中。

这一首首诗歌，让李强华的思绪又追溯到拜师后的峥嵘岁月。

1960年10月，一次西安举办赛诗会，师徒俩又见面了。李强华满怀渴求地说："王老，今儿上午咱俩合个影吧！"

"光合影还不够，还得心贴心向前走。"师傅说。

李强华深思着师傅的话。当时，国家正值严重自然灾害，苏联又撤走全部在华专家，共和国真是高天滚滚寒流急，李强华不免情绪低落。赛诗前，他把诗稿拿给师傅看。师傅掏出他的放大镜，看了看说："精神不振，诗性不高。"在师傅指导下，强华把原诗改为：

村头大树我们栽，家里大房队帮盖。

风吹雨打志不移，咱和集体分不开。

是的，任何时候，不但不能和集体分开，更要和党同心同德，甩开膀子走社会主义大道。李强华感受着师傅骨子里对党的那份深情。正是这份深情浇灌着师傅的诗心，让他不断开放出灿烂的诗花。

李强华，一位从黄土地走出的农民诗人，带着一路风雨，踏着一路坎坷溅起的泥泞，正在思考着，在农村实行联产承包责任制的崭新时期，如何牢牢地将诗的"根儿扎在泥土中"，开出与时俱进的诗花。

第三节　倾情建诗社　吆云伴牧归

1983年，西郊村实行了联产承包责任制后，李强华为了让儿子们放开手脚发家致富，与儿子兴团商议，要把他们小夫妻分开另过，经济上独立核算。因未盖新房，兴团夫妻俩仍住在父亲的房子内。

李兴团，经人介绍与同村姑娘王小利相识相爱，1981年，22岁的他与小利结为百年之好。作为有理想、能拼搏的新青年，他在"文革"结束后，担任过西郊村团支部书记、民兵营副指导员、小队会计。

1984年，兴团已有两个孩子，与父母兄弟住在一起实在拥挤，便借债申请在村南建起两间小平房，生活的负担立刻加重。

1985年，强华的老瓦房临近涝河道，因淋雨地下水位上升，房屋出现倾斜成为危房，不得不暂时搬住到儿子兴团家。无奈，一场天灾逼着他不得不再次盖房，陈账未了，又添新债。

1986年初，拆旧房，强华在村南新规划宅基地盖起三间楼房。为帮父亲，兴团将自己准备盖二层楼的楼板、门窗、红砖都给了父亲。兴团与父母操心劳神，楼房建好后留下5000元外债（当时一个土工日值2元）。父子们咬紧牙关拼命干，拆东墙补西墙，节衣缩食，到1990年才还清外债。母亲对兴团说："账还完了，我还留700元要给新胜娶媳妇，咱如今把经济重新再分开。"孝顺厚道的兴团点头答应了。

就这样勒紧裤带度日月，李强华坚持了数十年。他绝不会凭借自己农民诗人的光环，凭借广泛交往积累的丰厚人脉，为自己谋得优裕的生活环境，为儿女谋得一份稳定的工作。他对儿女们说："自己的天下自己创。"但也有例外。

1975年，为儿子兴团能读高中，多学些知识，他找过户县一中党支部书记白德全。

1986年，找五竹职中校长陈曦彤，让小儿子新胜读了三年职高。

1976年，李强华的二哥从东北本溪部队转业回家乡，暂时安排在户县二中担任党支部书记。因常年下村包队，喝不惯甘河一带黄泥水，又水土不服而病倒。离户数十年，人生地不熟，找人办事更是两眼一抹黑的二哥找上三弟强华。强华步行十几里，到五竹镇（原苍游乡）双永村，找当时的县委副书记王凤琴说明了实际情况，最终县上为他二哥调整了工作。

儿子们为自己创脚下的路，有些关节渡口，只要强华稍一用力，很可能就把他们送上改变一生命运的坦途，但这位父亲没有那样去做。因为他是这样要求自己，也是这样教育子女的，那就是："流自己的汗，吃自己的饭，自己的事自己干，靠天靠地靠祖先，不是好汉。"

1988年，李兴团参加户县计划生育委员会招工考试被录用。他先后在余下镇、五竹镇（原五竹乡）干了十余年计生工作，最终因其属以农代干序列被裁减回家。这位父亲没有找任何关系去通融，而是安慰儿子回来就安心务农。懂事的兴团没有怪罪父亲，一直在农村安心当农民。

20世纪80年代初，兴团在村子一直担任共青团干部。父亲的潜移默化，让他逐渐走向成熟，遇事坚持原则是他正直人生的亮点，父亲李强华一直是他坚强的后盾。

1981 年元月，西郊三队召开群众大会，把兴团选进队委会班子，准备接替原会计的工作。可后来村委会派文书王随堂和李强华一起做兴团的工作，让他退下来。

"爸，你这不是帮倒忙吗？"兴团对父亲的举动很是想不通。

那天晚上，父子俩谈了很长时间。

"你的人生路还长着呢。有人对你当会计有意见，不要在意点滴得失。要好好锻炼，以后机会多着呢。"父亲语重心长地说。

尽管兴团有一肚子的委屈，但他还是经过慎重考虑后，尊重父亲的意见。第二年冬，他又被群众选为生产队会计。

同年，村上一位主要干部的儿子想当兵，但一直没有加入共青团组织。为了弄一张团员证明，便托人找到李兴团。兴团迟迟未动，来人又找到李强华。

"兴团，你觉得这事应咋办？"强华知情后问儿子。

几天里，这位父亲再没问此事，他静观儿子对此事如何处理。

兴团及时召集团支部会议。大家一致认为该青年身上有不少毛病，平时又不靠拢团组织，没有写过入团申请，此事不能办。

兴团顶住压力，给出结论，得罪了某干部。他及时向父亲说明情况。

"好！好！好！这事就得这么办。"

父亲支持儿子的态度如此坚决。

1982 年夏，西郊三队队委会决定：在外跑生意的人，给队上每日缴 1.5 元记 10 分工，才能参加队上分配。而队长的叔父没有缴钱还想参加分配。那天下午，作为小队会计的李兴团，坐在麦场大磅前算账分粮。

"说话，给分不分？"那叔父问。

"不分！"兴团说。

此人便火冒三丈，破口大骂，还想打人。若不是几位乡党上前阻挡，冲突在所难免。

"甬理，忙你的事。"一老者上前劝兴团。

又一乡党急匆匆上前对兴团一阵耳语。原是李强华捎来话：

"今这事不怪你，但你叔年纪大了，让他骂几句消消气，咱也少不了啥！他说啥你都不能还口，就练练你的耐性。遇事原则要坚持，处理事情却要谦让，要忍耐，冲动会把事闹得更糟。"

父亲的一番叮嘱，压住了兴团的怒火，他继续算账分粮。见兴团不理不睬，那人只好无趣地离开了。

要作诗，先做人，李强华把这一信条作为人生的座右铭。他做人从严以律己开始，从严格要求家人开始。他追求人格境界与诗歌境界的统一，这是他诗歌创作成就越来越恢宏的内在原因。这一原因也激励他去实现心中更激越的宏愿。

"户县诗歌创作各自为战的松散现状，已不适应新形势的发展，应成立一个民间社团组织，把广大诗歌作者组织起来。作者有了平台，发展会更快，创作激情会更高，好作品会更多，临潼的王老九诗社已为我们做出了榜样。"

李强华的这一念想，在他1982年9月再次被评为省级劳模时，就开始酝酿。他和初红、章立、钟景峰、石侃之等诗友多次商议，大家一致表示赞同。

1983年5月23日，在纪念毛主席《在延安文艺座谈会上的讲话》发表41周年之时，户县在新中国成立以来第一个民间诗歌组织——"画乡诗社"宣告成立。

户县画乡诗社理事会组成人员：

顾　问：毛　锜

社　长：李强华

副社长：初　红

秘书长：石侃之

理　事：章　立　李强华　初　红　石侃之　钟景峰

《画乡诗浪》编委会：

主　编：初　红

副主编：石侃之　钟景峰

有感于画乡诗社的成立，李强华创作了《画乡诗社赞》：

竹笋逢春才破土，紫燕逢春方穿柳。

画乡诗社出世来，要学诗人王老九。

笔尖饱蘸涝河水，诗情滚滚溢出口。

乐到心头化精神，飞到田里变五谷。

这首诗，诗人"笔尖饱蘸涝河水"，用"溢出口"的诗情盛赞画乡诗社成立，表达了要以王老九为榜样，把诗情转化为精神，转化为丰收五谷的心愿。

画乡诗社成立后，每年都要以一种花命名举办一次诗会。如迎春花诗会、桃花诗会、牡丹诗会、荷花诗会、菊花诗会、梅花诗会。每次举办诗会前，李强华都要进行大量准备工作——编写议程、写讲稿、修改诗稿、作总结，并提前半个月把通知送到社员手中。李强华不会骑自行车，便跑县城送通知；农村社员让捎书带信，以保证社员按时参会。同时，诗社也配合县上重要工作，进行诗歌创作，再把优秀作品汇集成诗集出版，发送给诗社社员和诗歌爱好者。

甘河镇东滩村宫桂芳回忆："1983年秋，李老师从县城步行二十多里，来到东滩村给我送来了《民间瑰宝》一书，因为那书里有我发表的新作。第一次他邮寄到村办公室，让人拿走了，所以这回专程送来了，我很感激。他给我谈了很多创作体会，让我把发表的作品收存好以备用。中午吃了一顿浆水面就匆匆地走了。"

时任户县牧医职校副校长的耿朝晖先生回忆："记得20世纪90年代初，我在地处涝河之滨的户县牧医职校任教，平时也爱写写小诗或散文。经肖益人老师推荐，我的诗也登上了《画乡诗浪》。有一天，我刚上完课，门卫说，有个骑三轮车的老汉在校门口找我。我紧走几步，一看，是仰慕已久的画乡诗社社长李强华老师。他中等个子，光头，脸上淌着汗水，不停地用草帽扇着凉风，旁边放着三轮车，车上拉着一沓《画乡诗浪》。李老师说：'这期的《画乡诗浪》有你的专版，不错，大家反映写得好。我知道你很忙，便专门给你送过来。'大热天，不会骑自行车的老人竟骑三轮车为我送诗报，真令我激动不已。从此，我便在他的旗下，先成为一名诗人，后成为《画乡诗浪》主编，且成为一名副社长了。他亲自给我组织诗歌研讨会，并写过《耿朝晖的人品和诗品》的文章。后来，我调进文化部门，还当过文化馆馆长，经常和他一块组织诗会，学诗写诗，有时也请他到学校搞文学讲座，对他的了解，对他诗歌的了解也就与日俱深了。"

成立画乡诗社，是李强华和诗友们共同在画乡大地上，用责任、用智慧，举起的一面旗，抒写的一首抒情诗。这首诗的一字一句，如同跳动的音符，谱写出诗社社员心中激越的旋律，在画乡、在三秦大地传唱。它唱在阳春的桃花源，唱在金秋的硕果间，唱着五谷丰登的喜庆。李强华，就是站在秦岭脚下，涝水之畔的指挥者。

这是一个清醒的指挥者。他深知自己一直生活在农村，虽然有扎根黄土地吮吸生活乳汁的优势，但也感受到自己文化底蕴不太深，受所处环境限制，消息相对闭塞，难以对外面的世界了然于胸。如果不主动改变现状，与时俱进，将很难引领画乡诗社长足发展。为了弥补不足，他自费订了《西安晚报》《陕西农民报》《民间文学》等报刊，从中既了解国家大事，学习党的方针政策，又汲取文学素养，以不断促进创作水平的提高。每天坚持读书看报是他与诗歌结缘后养成的习惯，一直保持到他人生的暮年。

1983年8月，户县成立文学作者协会，李强华被推选为首任主席。

户县作协首届班子组成人员：

主　席：李强华

副主席：初　红　赵　丰　杨　涛　段景礼　仝德普　张碧涛

秘书长：马维岳

由于李强华主要是进行诗歌创作，所以，户县作协开展活动，一般情况下是和画乡诗社的活动结合起来进行的，这也是那一时期户县作协工作的一个特点。

随着画乡诗社和户县作协的成立，户县群众性的文学创作尤其是诗歌创作进入一个新时期。1983年，李强华先后出席了陕西省文学艺术工作者第二次代表大会和西安市文学艺术工作者第三次代表大会。1984年3月7日，他应邀参加西安市作家协会成立大会并担任市作协理事。

这一时期，李强华的创作进入一个新境界。灵感如泉水清澈涌动，精品佳作不断涌现。如《山溪》《野花》《发结》《小草》等，成为农民诗坛传唱不衰的精品。特别是1984年秋季开始酝酿创作的《牧归》，让诗人登上一个新的高峰。

这年初秋雨过天晴的一天傍晚，空气清新得像在水中洗涤了一般。李强华领着大孙女去放羊，穿过小径来到南河湾坡坎间，他一手提着草笼，一手薅着青草。突然，羊羔"咩、咩、咩"叫个不停。猛抬头，他被眼前的情景惊呆了：远处终南山层峦叠翠，白云缭绕，夕阳正笑眯眯滑向山背。眼前，奶羊正聚精会神吃着香喷喷的嫩草，穿着粉红衣裳的孙女追逐着一只羊羔嬉闹，另一个小羊羔活蹦乱跳在撒欢，多像一朵白云在浮动。这景象在秋风的鼓动下时隐时现，美得动人心魄。李强华醉了，灵感幻化成不同的诗句向他扑来，他赶忙用树枝在地上书写以追寻那诗句，回到家里，顾不得吃饭，又把那刻在心中的诗句抄写在纸上，体味着，感悟着，拓展着，如同一位母亲欣赏、哺育自己的孩子。

那一夜，灵感激发的火花，在他心底燃烧。想象、联想给这火花插上翅膀，他的思绪在飞翔，穿过自然，飞向社会，各种情节交相辉映，他取舍着，剪辑着，一首诗的雏形诞生了。修改、补充、完善，诗篇透析着他的身心，意境愉悦着他的精神。多少个日日夜夜，他被白云和羊群缠绕着，他在清醒和失眠中孵化着一个精灵，他在晴朗和阴雨中经营着一个最爱。终于，一首如同出浴丽人般的诗篇诞生了，定名为《牧归》。

1985年中秋节的晚上，一轮玉盘般明丽的圆月挂在天际。在户县余下镇街市，空气里被金风交融的花香果香，淡淡地、满满地扑进每一个游人的怀里，那是传递丰收的信息。一辆黑色小轿车，从远处驰来，悠悠地停在惠安化工厂文化宫门前。车门打开了，一个中等身材，留着传统光头，身着白色衬衫的成年人走出来，在随行者的指引下，上了台阶步入文化宫大门。

文化宫中心会场，"欢度中秋节诗歌朗诵会"的条幅那般醒目。主席台上，当惠安化工厂相关领导和嘉宾坐定后，会场已座无虚席。

惠安化工厂宣传部部长卫茂轩宣布朗诵会开始。他首先高兴地介绍：

"今天晚上，我们请来了户县著名农民诗人，他曾两度进京，参加了全国第三次文代会和全国青年业余创作积极分子大会，受到毛主席等党和国家领导人的亲切接见。他就是李强华。"

李强华站起来，向大家深深鞠了一躬。一片掌声，海涛般掀起。

"下面，首先请他朗诵最近创作的一首诗歌《牧归》。"

会场立即安静下来。只见朵朵白云就在头顶缭绕，羊群就在眼前奔跑。那麦克风正传送着一股股轻风，于是，白云化作羊群，羊群追赶白云。观众们屏住呼吸，怕吹走眼前这白纱般的梦境。

突然，一道夕晖涂红了牧羊女的双唇。只见长鞭在空中舞动，只听鞭子梢头带着呼呼的风声，那白云，那羊群，一齐被姑娘鞭头甩出的劲儿吆进了家门。风停了，晚霞铺开满天云锦，山原瞬间静寂，倏尔百鸟齐鸣，风起云涌，山呼海啸。

那是会场经久不息的掌声。

成功了！李强华带着丰收的喜悦，陶醉在这花香、果香涌动的夜晚。

那次惠安化工厂欢度中秋佳节诗歌朗诵会，是惠安宣传部与画乡诗社共同举办的。一夜之间，李强华成了惠安化工厂的新闻人物。几天后，他的《牧归》刊登在《惠安文艺》上。

半山，朵朵白云，

低坡，处处羊群。

一股下山的风啊，

搅乱了阵。

是云，是羊，

怎区分？

是真，是假，

怎辨认？

夕阳笑红了脸，

牧羊女也合不住唇。

摞摞大了，

真喜人。

嗨哟！她挥动手中的长鞭，

鼓圆一身劲。

管它是羊是云，

一齐吆进家门。

工人们争相阅读这一期的《惠安文艺》。李强华的名字，从工厂的大门走进大小车间，走向每一位热爱诗歌的工人师傅的内心深处。

李强华的这首《牧归》，以革命浪漫主义和现实主义相结合的手法，以自由诗的韵律，为我们描画了一幅牧羊晚归图。我们在这幅图中，不仅仅是欣赏牧羊女与白云、羊群组合的美妙自然风景，给人带来的无限陶醉，让人由衷地赞美，更感受到关中农村畜牧业的发展壮大，农民们致富道路的无比宽广。那牧羊女手中的鞭子，让我们见识了农民们发家致富的干劲，也感知到：前进的道路并不都是充满阳光的。那鞭头时刻甩在我们眼前，告诫我们要有一副分辨真善美与假恶丑的眼光。

这首诗思想寓于艺术，情感蕴于景物，藏与露，明与暗，处理得恰到好处，基本达到了内容与形式的高度融合。这是李强华诗笔几十年苦心经营，点滴蓄势，厚积薄发的水到渠成和华丽转身。这首诗让李强华走进"柳暗花明又一村"，这首诗无疑把他的诗歌成就推向一个高峰。

这也是黄土地对李强华的馈赠。是的，他向前走的每一步，他取得的每一点成绩，都是这黄土地赐予的。成立画乡诗社任社长，担任县作协主席，压在肩上的重担；创作出《牧归》等带着泥土芳香的诗篇，赢得的荣耀，怎能不让他深深地感恩这脚下的黄土地呢！1983 年，他创作了一首《黄土》：

我捐起一把黄土，
黄灿灿，湿漉漉。
喷着香味儿，印着丰收图。

黄土呀，
你深深地埋着我的祖父。
几十年呀，
他不愿为他人当牛马。
他把人间苦受尽，
临终不瞑目。

黄土呀，
责任制创开新纪录。
棉桃张口笑，
谷穗低着头。
你跟故乡人情意厚，
尽量满足农民的要求。
咱土生土长的庄稼人呀，
把你当作心头肉。

　　这是诗人对黄土地真诚膜拜的宣言。是黄土地喷着香味儿，让李强华展开诗社创作的丰收图；是在黄土地上，几十年"把人间苦受尽"的祖父的命运，让李强华感恩共产党；是黄土地里的棉桃、谷穗，对李强华和他的父老乡亲张口笑、低着头，让李强华尽情拥抱承包责任制。黄土地里成长的李强华，怎能不把黄土当作心头肉！1984年，李强华创作的《在田野》，又一次真切地表达了对黄土地的一腔深情。

锄头，像一支笔，
塘水，似一砚墨。
大地，如一张稿纸，

任我抒发情意。

我爱写春暖花开，

我爱写棉桃稻穗。

十月金风送爽时，

报着高产带香味。

想到勤劳善良的农民，

又夺取了一个胜利。

眼前闪耀着一面进军旗。

　　诗人要把锄头作笔，塘水作墨，大地作纸，抒发对黄土地的情意；春花、棉桃和稻穗捎去诗人对黄土地的爱；那十月的金风，带着黄土地高产的香味，传送出农民们夺取的又一个胜利，那是飘扬在黄土地上继续进军的旗。

　　这情意，这挚爱，这不懈的进击，就是诗人对黄土地坦露的胸怀，而黄土地又那般钟情地培育出这棵农民诗人的参天大树。这棵大树吮吸着时代的阳光雨露，绽放着赤子的挚爱真情，偎依着高山，陪伴着溪流，深深扎根在生他养他的黄土地上，引领小草野花筑起歌唱蓝天白云的平台，深情歌战马，吆云同牧归，把胸怀冶炼得如此坦荡。

第四节　菜畦收智慧　市场售厚道

　　西郊村地处县城西南，西面、南面的田园风光，常让城里人向往驻足。西郊人从某种角度来看，兼顾市民、农民双重身份。他们一出门就走进街市，像市民一样或上班或打工；家里又经营一份责任田，在汗水中耕耘收获着一家人的温饱。这就是人们经常说的"城中村"。村子实行联产承包责任制后，李强华家里分得3.8亩责任田。如何经营？他提出粮菜各半，既保证一家人的口粮，又要赚取足够的经济效益。

　　经过几年的不断摸索，他成为种菜、卖菜的行家里手。合理轮作，适时倒茬，逐渐让他从单打一的种植模式解放出来。责任田就像一张白纸，他精心描绘着近期规划和较长远规划的蓝图。第一料种什么，菜籽种下去，第二、第三料怎么种已成竹在胸；今年这小块地种什么，明年倒茬后种什么也打算落地。他说，只低头种菜不抬头看市场行情，等于白种。比如一些生长周期较长的蔬菜，秋种时他就收集省内各地种植信息，尽量避开一拥而上的菜类。因效益好，当本地一哄而上种植韭菜和蒜苗时，他却种大青菜。到第二年春季，因韭菜、蒜苗种植面积过大行价跌落时，他的大青苗却卖了个好价钱。随后又种一料晚黄瓜，当别人的黄瓜拔秧时，他的黄瓜刚上市，同时反季节薄膜育出的番茄、菜花、大辣子也都鲜亮登场，赢得顾客的青睐。

李强华常说："如今人的脑子活了，种地都讲究千变万化，若一步跟不上，就要吃大亏。"

这方面，他是有过深刻教训的。刚开始经营责任田时，他想，只要勤快，舍得流汗把菜务好，肯定就能卖个好价钱。顶风冒雨，出力流汗，蔬菜确实回报他，长得茂盛喜人，却没卖上好价。那是1983年，地里种了不少韭菜，清早间割回来，一家人围在一起择的择，捆的捆，把鲜嫩的韭菜收拾得水灵灵、绿汪汪的，招人喜爱。没承想市场疲软，每斤售价五分钱，一车菜一百多斤只卖了五块多钱。

还有一年，家里种了不少青笋，市场青笋也到处堆放。无奈间，他和儿子兴团拉了近千斤青笋，到六十里外的咸阳陈阳寨市场碰运气。路途遥远，颠簸辛劳不说，到了市场一看，一斤一毛钱，顾客还嫌贵。父子俩登时傻了眼，真想把那一车菜倒进垃圾堆。

是市场的行情、需求，擦亮了李强华的眼睛。不研究市场，就如同蒙着眼睛走路，跌跤在所难免。然而，跌跤对聪明的人来说，是启开智慧之门的一把钥匙。

种菜，撒种是基础。菜籽种下去若出苗率不高，会直接影响一料菜的收成。李强华总结出抢墒播种、借墒做活、精耕细作等一套经验。比如芹菜商品性能好，顾客喜欢买，市场需求量大，菜价一般较好，且出手快，菜农都喜欢种。但芹菜喜水喜肥，还要经常防治病虫害，活路多，种起来挺麻烦。特别是生菜芽和撒菜籽是技术活，弄不好会事倍功半。李强华整好地放入合适的水，撒籽巧用指法、步法，角角边边都要抛撒均匀，且及时苫土。几个人通力合作，环环相扣不能乱套。待小苗出齐一个半月后需定苗。一般人就拇指、食指并用在苗床取舍，而李强华拇指、食指和中指配合使用，先薅撮撮，留出空间，再精细间苗，就快了许多。尤其是他双手并用撕苗，一般人是赶不上的。由于他掌握了不同蔬菜的种植技术，责任田的菜总比别人家的长得旺。但他卖菜却比别人的菜发价低，且称高秤，零头不算。别人在价上不依的他都依了，为的是腾出时间回去多做些活，所以不论什么菜上市，他都出手快回家早。他认为卖自己的出产，没必要为蝇头小利斤斤计较。

种菜虽然较种粮有经济效益，但一年四季总有做不尽的活路。就西红柿来说，春天就要揭膜、插杆、上架、捆绑、点花、疏花、掰油条等，还不说施肥浇水和打药。而黄瓜、芹菜、豇豆喜水，三天两头搭泵浇灌、施肥。春天点种育苗，夏秋收获时，红色的西红柿，绿色的豇豆，紫色的茄子，两三天采摘一次，得立即拉到市场出售。蔬菜上市凭个"鲜"，每天天没亮就下地，收拾好装车赶到早市。李强华发现雨天菜比晴天好卖，且价位好，所以，不管刮风下雨，要卖的菜，他都叫上家人披上雨具进菜地收拾整理好，再拉到市场。这样虽然说人是累了些，但看到菜卖了个好价，心里总是乐滋滋的。

一年四季泡蔬菜市场卖菜，强华还发现蔬菜的不少交易规律。比如市场上批发菜，一般是前场菜价高，后场价低。他就紧紧地抓住前场的有利时机出手，避免了有些菜农因扳价过硬拖延时间，致使价钱越来越走低而懊悔。很多人扳着一个高价，看他较低价出手说他"傻"，但往往那些人到后来后悔时才感到了李强华的精明。

强华有时也转乡卖菜。他发现转乡卖菜比蹲守菜市要卖完得快些，所以，县城近郊的村子不时会传送着他的叫卖声："卖菜了，新鲜的芹菜、西红柿……"

随着吆喝声，招来一群买菜的乡亲。

"看娃偷柿子呢！"在村子里往往有熟人提醒李强华。

"叫拿去，碎娃么，乖了就行。自己的出产，看得那么金贵有啥用。"强华总是笑着说。

若遇见熟人买菜，强华就降价。其他人见状也要依此价称菜，熟人赶忙遮掩。

"都是这个价。能买我菜都是有缘分的。"

价一降开，乡党们一拥而上，你几斤他几斤，那热闹的气氛就像菜车的鲜菜般充满生机。有人回去还给他拉买主，大家奔走相告，一车菜很快就出手完了。

经营责任田种蔬菜，显示了李强华的精明，但也有拉出去的菜葬得一塌糊涂的时候。一次，他转乡卖菜来到五竹镇（原苍游乡）牙道村，见到诗友张明驰。知己相见分外高兴，明驰邀强华进屋坐坐，他没客气。两人落座，就诗的话题扯开了，越扯越多，越扯越黏，不觉两三个钟头过去了。张明驰的妻子端来午饭，李强华这才想起卖菜的事，急忙起身要告辞。

"已经错过了时间，吃了饭再说。"张明驰虽有抱憾，还是留老朋友吃饭。

"不行呀，我得把菜卖完。"强华说。

拉着车高声叫卖，李强华在村里转着，却无人问津，不得已，只有降价了。一车菜到中午已无生气，又错过了销售的黄金时间，损失得让两人留下一脸的苦笑。

李强华却没有后悔。他对一直帮忙的张明驰说："少卖些钱，却从你这儿学了不少创作经验，很难得，我没吃亏。"

20世纪80年代中期，李强华创作了一首《卖菜翁》，是那一时期生活的写照。

"鲜韭、嫩芹！"
晨风帮卖菜翁传讯。
穿大街，串小巷，
绿了家家门。
披着第一缕阳光，
颜色鲜，气味新。
称给人们高兴，
卖下多少欢欣。
诚心换笑脸，
菜篮盛满春。
那水灵灵的木耳，
也在听集市新闻。

这是一位传递和谐的卖菜翁。他做卖菜的生意，称出去的是人们的高兴，卖出去的是不尽的欢欣，他用率直公平的诚心，换来购买者的笑脸，让他们感到手中菜篮盛着的是暖暖的、满满的阳春。这是一种有着春天般豪爽、豁达、明媚的境界，这实实在在是冬天里的一把火。

这就是农民诗人李强华。他曾在农村大锅饭的岁月里，把精力、时间付给了生产队几百亩黄土地，他又在农村联产承包责任制的日子里，把精力和时间付给了几亩责任田。参加农村田间劳动，始终是他生活的主旋律。生产队时的记工本，责任田收获的人民币，记录了他洒下的无尽汗水。然而，他更为时代奉献了万余首诗歌。这创作的时间哪里来？

一个人不管有多么凌云的壮志雄心，时间老人不会多给他一分一秒。一天恒定的时间，对每一个人都是公平的。但有的人碌碌无为总嫌时间过得太慢，总觉得时间太宽裕；有的人大有作为，总觉得时间流得太快，总抱怨时间不够用。李强华就是后者。当他把诗歌创作作为人生奋斗的目标后，总是在生活、劳作中为创作争时间。因为他是一个农民，一方面不可能逃离家庭，不可能放下生活的担子；另一方面，他要创作又没有坐在办公室静下心来苦思冥想的环境，他要把家庭生活的担子和诗歌创作的责任同时挑在自己的肩上，怎么办？就只有在生活中拼命地去争去挤。他像一个辛勤的矿工，一年四季，日日月月寻寻觅觅，为努力开采创作时间的矿藏，养成了独特的生活和创作习惯。

一心二用。他习惯了一面引水浇菜，一面组织诗句；一面用手拔菜，一面用心构思作品；一面端碗吃饭，一面推敲字词……一家人吃饭时，坐在一起看电视或叙说见闻趣事，甜甜蜜蜜，嘻嘻哈哈。李强华却总是蹴在一角不声不响，在妻子、儿女高兴得不亦乐乎时，他突然"咚"地放下碗筷，急火火进了房子，随手拿起半截铅笔，在纸上写着什么，半天出来又端起碗，但饭已凉了。鲜嫩的芹菜剜下来，捆成捆正在装三轮车，他把抱起的菜捆"嗵"地一放，赶忙蹲下来，在口袋掏出笔，随便在地上捡起一片废纸，低下头便写了起来，然后把纸片折好装进口袋，又继续装起菜车……诗句被筷子头挑起，诗作被捆菜的草绳编织，那页页诗稿在锅台、田间散发着独有的异香。

心不在焉。那是 20 世纪 80 年代盖新房后的腊月三十。妻子杜亚兰忙不迭地洗菜、切肉、剁馅儿、包包子；李强华给乡党写完春联披着暮色回到家。

"快给咱贴对子，挂灯笼，把爷贴好。"亚兰瞥了丈夫一眼急忙说道。

"知道了，甭操心。"强华应答着。

一切准备停当，天已麻麻黑了，外面响起零星的爆竹声。

亚兰手持香蜡开始敬神，来到财神爷跟前，点燃香烬一看，惊呼起来："哎呀，这财神啥时娶了老婆？"

"噢，贴反了，把财神和灶爷位置贴反了。"强华上前一看慌忙说。

"赶快给爷回个话，叫神甭怪罪。"妻子有些不安起来。

"财神会原谅我们这些无神论者的！"强华一面重贴一面安慰妻子说。

又一次，在回家的路上，李强华低着头只顾走。一个乡党迎面来到跟前他都没有发现。

"三哥，做啥去呢？"强华猛一惊，抬起头，慌忙答道："你忙啥呢？"还没等对方回答，就急匆匆走了。

这位乡党心想，三哥咋怪怪的，后来见到亚兰问起这事："三嫂，三哥闷闷不乐的是有啥心事么？"

"没有啊。"

"哪三哥咋就是那个样子？"

亚兰笑了："在屋里也有时发呆，前言不搭后语，那是在想他的宝贝诗呢！"

妻子亚兰的一句话，揭开了李强华心不在焉的缘由。这是一颗有着火热追求的心，对诗歌他在焉，他如痴如醉，难免就疏远了一些人情世故。

甘当"二把手"。一次，长安老家堂兄李继光远道而来，李强华和兄长坐了一会儿便叫妻子陪着，说自己有事，起身而去。

晚上，妻子问他："三哥平时不来，你咋正说着就走开了，不怕咱哥心里不舒服？"

"我有事，自己人你陪着就行了。"强华说。

"你、你——啥事都靠我。"妻子亚兰指着丈夫说。

李强华嘿嘿一笑："谁叫你是我的老婆呢！"

李强华虽然没有陪堂兄说话，但他再三叮咛妻子，别忘了给兄长捎几斤豆子或其他土产，再给装上零钱，送上汽车，让他满意而去。

这才是做家长的职责。李强华无疑是家庭的顶梁柱，但他除对家里一些大事过问外，其他的诸如柴米油盐酱醋茶，他一概不管，一股脑儿搁在妻子肩上。钱拿回来给妻子一甩，就做起家庭"二把手"。一切家务，听从"一把手"安排，他只是默默执行。这是一个并不轻松的"二把手"，他把家庭担子推给妻子，却在自己肩上压了一副更加沉重的担子，那就是诗歌创作。日复一日，年复一年，他的诗歌创作不仅在数量上不断攀升，而且在质量上日臻上乘；他对生活的认知，对诗歌创作的认识也越来越深刻，终于成为继王老九之后，陕西农民诗坛又一领军人物。

坚持"三不"。李强华在农村生活，却不去看下棋，不去闲聊，不去逛庙会。当别人围在一起下棋娱乐时，他可能正在感知一个眼神，一种心理状态；当别人品茶闲聊时，他可能正在描摹一个劳动场景，正在创作"我的心中满是歌"；当别人结伴逛庙会时，他可能正在观看国内要闻，关注国际动态。棋盘前、茶桌前、庙会上看不到他的身影，他却在思考棋局，感知闲言，体味热闹。他不会放过生活中的这些现象，如同不会放过炊烟、泉水、细雨、小草、荷叶、蜜蜂、镢头，甚或一面筛子，一粒石子一样。他能在别人熟视无睹、见怪不怪的生活现象中，像春蚕一样悠悠地抽出诗意，给人以真善美的滋养。

美好的时代让李强华选择担当了一份使命，黄土地又在他肩上压了一份沉重的担子；使命不断催他放声高唱，重担却让他没有喘息的时间。他像一株在石缝间成长的禾苗，养成了曲迂回环的个性品格，呼啸着迎风击浪。他精心在责任田里种植温饱，又执着在生活的缝隙里酝酿诗韵。那诗韵在责任田里萦绕，也在农村多种经营的致富路上萦绕，萦绕着农家按捺不住的心声。李强华在 1986 年创作了一首《蔬菜专业户》，写道：

> "嗨！小姑娘，
> 称六斤嫩韭。
> 明天我要结婚，
> 将宴请亲朋厚友……"
> "好吧！请看——
> 给你个心欢秤足，
> 也一齐带走……"
> 南来的抢买，北往的争购。
> 买主还一再打问：
> "家里还有没有？"
> 姑娘咯咯笑了：
> "咱是蔬菜专业户，
> 别急，别急，
> 取不完农家的丰收……"

这首诗写了一位青年要结婚向一位蔬菜专业户的姑娘买韭菜的故事。姑娘给这位青年一个心欢秤足，连同良好祝愿，让他也一齐带走。其他人也来争着抢购姑娘的韭菜，有人没买上就问姑娘家里还有没有。姑娘回答："咱是蔬菜专业户""取不完农家的丰收。"

诗人通过一个卖菜的小故事，道出了农村责任制的实行，让农家获得"取不完的丰收"的现实。诗作明显以小见大，妙趣横生，让人震撼。这就是诗人挖掘生活，把握事物本质，赋予笔尖的艺术穿透力。

1985 年，诗人满怀激情，先后创作了多首歌颂农村多种经营的诗篇。如《农民走出小天地》《农家致富心欢畅》《农民企业家》《油漆工的心愿》等等。

　　　　春水出闸不可挡，农家致富心欢畅。
　　　　剪下兔毛销海外，养上肉牛运香港。
　　　　五湖四海都夸奖。

　　这是《农家致富心欢畅》的内容。诗人以春水出闸的势头起兴，引出农家致富的喜悦。然后列举农家养兔、养牛的致富之路。这条富路让农家与海外、香港相通，获得五湖四海的赞誉，充分表达了"农家致富心欢畅"的主题。

　　踏着时代的脚步，付出精力和汗水感受时代的脉搏，放开眼量观瞻时代的春景，以农民独有的情怀，独有的认知进行体味，一首首与时俱进的诗篇便从布衣之口放飞出来，为时代的春天增光添彩，李强华正自觉地背负着新型农民应担负的使命。

第五节　探索常反思　纳新求突破

　　1976—1985 年，改革开放使中国诗歌处于中华文化与欧美文化交流的激荡中，处于传统与现代的冲突中，使中国诗坛空前的丰富多样。在这个多样杂芜的舞台上，大致有三种主要的流向，扮演着三种主要的文化角色：

　　其一，面对世界的向外姿态。这是新中国建立至 20 世纪末以来，发育了四十年的影响深远的现代主义诗歌潮流。

　　新中国诗歌的复苏，缘于 20 世纪 70 年代末的思想解放运动。对外开放让中国年轻一代有机会接收到现代思潮，表现自我成为人性张扬的最有吸引力的口号。在一批著名诗人诸如艾青、牛汉、蔡其矫、穆旦、绿原等重返诗坛写作的同时，一批年轻诗人在新诗潮的影响下，写人性、写自我、写性爱、写意识流等等，给诗坛以冲击力。

　　其二，面对现实的向下姿态。即向下面对脚下土地的写实主义和民间的姿态。这种潮流在近四十年中，经过多次流变而成为新中国诗坛上最主要的新写实主义思潮。

历史发展到新时期，和着改革开放的大潮，中国诗坛迎来了思想解放的春天，文学艺术百花齐放的春天，诗人们大放异彩的春天。其中，一批曾受到打击的老诗人，如艾青、公刘、蔡其矫、白桦、绿原、曾卓、牛汉、邵燕祥、孙敬轩、昌耀等，从底层回到文坛主流。同时，从城市被下放到农村的知识青年和工厂、军队等底层中的诗歌爱好者，也涌现了一批较为优秀的青年诗人。这些来自底层的两部分诗人，在 20 世纪 70 年代和 80 年代发表了大量表现底层大众疾苦，呼唤思想解放和民主科学的诗作，如李发模的《呼声》，公刘的《沉思》，舒婷的《祖国啊，我亲爱的祖国》，雷抒雁的《小草在歌唱》，流沙河的《故园六咏》，傅天琳的《汗水》等，都是表现底层大众心声的作品。这种潮流在读者中产生了广泛而深远的影响，在推进中国思想解放运动中起到了鼓动作用。其文学资源和诗歌元素大多来自生活底层，具有较强的民族性而与现实主义思潮形成并立潮流。

其三，面对传统的坚守姿态。其中新诗作者中，也有坚守"五四"传统，坚守革命文学的现实主义和浪漫主义的。

这三种主要角色出现的三种姿态，形成中国诗坛的三股主流，互相角力，互相影响，互相映衬，完成中国诗坛的生态平衡。

李强华是一个在毛泽东思想哺育下成长起来的新一代农民诗人。面对突然打开国门，潮水般涌来的域外思想观念以及在诗坛出现的各种思潮，在新鲜感、兴奋感之余，也有几多迷茫、困惑、徘徊的情感意绪涌上心头。但他并没有停留下来，而是在坚守传统的基础上求新求变。他用了将近十年的时间，不断调整自己的思想认识和思维方式，不断吸纳新的文学元素，不断拓展诗歌的思想内容和艺术表现手法，使之适应时代的要求。

从 1976 到 1985 年间，他写的诗歌数量时少时多，诗歌的主题和立意更多地停留在新旧时代的情感碰撞与调整之中，诗歌的表现艺术形式有对新民歌的坚守、创新、总结、提高与升华，也有对自由体新诗探索、尝试、拓展、提升与创新。

从 1976 年到 1979 年，他的诗歌由农业学大寨治山治水到粉碎"四人帮"，纠正冤假错案，再到"抓纲治国"进行新的长征中，题材还是以农业生产为主，但政治色彩较浓。比如 1977 年写的《春随领袖到人间》（四首），还是延续那种"颂歌式"的风格，只是内容随时代而变化罢了，好在诗的意象、意境还是形象化、生活化的。下面选其两首以供欣赏：

（一）

塞北麦苗笑呵呵，江南水田歌声多。

春随领袖到人间，处处抓纲又治国。

（二）

大地是纸树是笔，手举诗花香遍地。

公社美景手中绣，眼里都是金穗穗。

从 1978 年写的《新长征路上》（三首）中，我们可以感受到他又重新关注农村底层社会的新变化。以自由诗的形式，分别写了《家里杂活我总揽》《从零做起》《突击队》，从不同侧面，反映广大农民在粉碎"四人帮"之后，掀起农业生产高潮，进行新长征活动的喜人景象，抒发了诗人关注民生，关注国是的爱国情怀。

三秋天，

活路宽。

男劳忙种麦，

女劳抢拾棉。

还得送粪拉土，

农活一大摊。

……

千头万绪一句话，

家里杂活我总揽。

社会主义好光景，

我再忙它十来年。

……

节选的《家里杂活我总揽》，写一位农村老太太，面对一家人参加集体劳动的忙碌景象，愿意主动承担家里杂活，从一个侧面表现了粉碎"四人帮"后，广大农民群众进行新长征的崭新面貌。这首诗的最大看点是，诗人在叙述家里、家外的生活景象中，很自然地把它们与"社会主义好光景"关联起来，一下子升华

了诗歌的思想性。如同一首歌曲，在中低音的绵绵吟唱中，突然高音隆起，振聋
发聩，使人不但不感到突兀，而且是那样的恰如其分，又是那样的慷慨激越，催
人奋进。这种手法在诗人的许多诗篇中得以娴熟运用，成为李强华诗歌一个耀眼
的亮点。同年创作的《突击队》诗：

> 支部开罢动员会，飞出两只突击队。
> 女队去培金银滩，男队去斩旱龙背。
> 五届人大发号召，学习大寨要显力
> 山要修成虎头山，水要引成松溪水。
> 沙滩培成聚宝盆，为队增加百亩地。
> ……

节选诗句不乏标语口号和紧跟形势之嫌，但形象描绘的介入，使字里行间充
满响应五届人大号召，大干快上的火热气氛。这是粉碎"四人帮"之后，广大农
民群众精神获得解放，焕发出同心同德要大干社会主义，进行新长征的雄心壮志
的生动体现。

1980年以后，中国当代诗歌在改革开放的大潮中发生了剧烈变化，各种思潮、
观念、流派纷至沓来，形式五花八门，光怪陆离。李强华在不断理清思路中守正
求变，在诗歌立意上，歌颂改革开放给农村带来的新变化，又关注大众疾苦，呼
唤思想解放和民主科学，更多的是坚持真实、朴素的感情，以出自真心实意，发
自生命本能，来书写对故乡、大地、劳动、田园和对亲人、朋友的爱。即使是赞歌，
也不同于先前那种颂歌式的模式，而是通过零距离的亲身体验，多方面多层次的
感悟，更为生活化、艺术化地表达出来。在诗体和诗艺表达上，他对所追求、所
喜爱、所熟练掌握的新民歌进行一番总结提升，并将1980年至1985年集中创作
的反映农村改革为主题的新民歌300余首亲笔整理成册，似乎要给民歌体诗歌创
作画一个句号。同时对自由体新诗进行新的探索尝试。在语言运用上，除坚守自
己独特的乡土语言风格外，开始一步一步吸收新的语言表达元素，书写更为广阔
的题材内容，表达更为丰富的思想感情。譬如，1980年发表在《延河》杂志上的《人
面桃花》一诗，就是以歌颂新长征为主题的代表作之一。

> 天上燕子笑春风，

地头流水响淙淙。

一片片麦子一串串笑，

一树树桃花一盏盏灯。

作业组里众姐妹，

人面桃花彩画中。

张张银锄绘新画，

飒爽英姿新长征。

　　这首诗具体描摹农村妇女在麦田、桃园春耕的景象。人面与桃花构成了春天最美艳的图画。这幅画是姐妹们用银锄绘制的，她们正以飒爽的英姿进行着新时期的长征。诗作画面感很强烈，透过画面，我们不仅看到新时期农村妇女的精神风貌和半边天的豪情壮志，更感受到诗人对她们的赞美之情。诗中通过天上燕子、地头流水、麦子、桃花、春风等意象，描绘了粉碎"四人帮"后的新长征途中，农村出现的喜人景象，画面明丽、祥和、喜气。"笑"字出现两次，渲染画面中的气氛，衬托了人民群众意气舒畅，欢欣鼓舞的情调。张张银锄和飒爽英姿，突出了人面与桃花相映的和谐景象。在写法上运用多样化的艺术手法，描摹出鲜活、生动的田园风光和积极进取的人物形象。

　　从《时钟歌》《大雁》开始，李强华诗歌的题材由原来以人物为主要抒写对象，扩展到以自然界的动植物等为对象，写法上由原来的直率转入委婉，多用比喻、拟人、通感等手法写景状物抒怀。1981年创作的《赞青蛙》一诗写道：

凭着明亮两眼睛，东盯西盯盯害虫。

田苗有你才旺长，农家赞你一名兵。

等到搭镰收割时，也念有你一份功。

　　这首诗借物写人抒怀，青蛙守护着水田，也像战士一样，以警惕的目光守护着家园。诗人赞美青蛙，更是赞美具有像青蛙一样坚守岗位，保护家国的战士。

　　一首题为《鸟》的诗这样写道：

鸟儿林中穿，

心情多喜欢。
看桃花盛开，
听铁牛耕田。

百灵鸟引人喜爱，
声声唱着人民心愿：
长安长安，长安长安，
莫再动乱，莫再动乱。

这首诗以拟人化的手法写鸟儿的所见所闻所唱。特别是所唱内容，表达人们盼望长治久安，天下太平的心愿。

闻着荷花香，
乘着柳荫凉。
鸳儿在起舞，
鸯儿在歌唱。

见水，一块儿渴，
遇食，互相在尝。
太阳感到格外羡慕，
人们投来嫉妒的目光。

这首题为《鸳鸯》的诗，借鸳鸯鸟之间和睦互处的许多生活细节，表达出新时期人们应持的相互关系和应有的生活态度，含蓄委婉地告诫人们应该彻底抛弃历史留下的恩恩怨怨，一心一意、同心同德地进行改革开放的新长征。请看一首《荷花》诗：

叶子像把伞，
籽儿并着莲。
阳光在叶面上晒，
风儿在叶缝儿钻。

藕在泥里冒长节，
叶儿隔土闻藕甜。
今日农家乐，
深知是高产。

自古以来，写荷花的诗歌数以万计。不同时代的诗人从不同角度，全面地、立体地不知为我们留下了多少脍炙人口的诗篇！现在想写荷花，因穷于突破，许多才情勃发的诗人都不敢轻易动笔。作为一位农民诗人，我们钦佩他的勇气，同时更钦佩他的睿智和才气。因为这首诗与其说是写荷花，不如说是写阳光，写清风。因为是它们在叶面上的"晒"和"钻"，才成就了"隔土闻香的藕"。"今日农家乐"中的今日，正是改革开放的初期，诗人难道不是在向我们表达：是改革开放的阳光和清风改变着我们甜蜜得像肥藕一样的生活，让我们的农作物获得高产，让农家打心眼地乐起来吗？

窗外月色白如霜，泉水更翻梨花浪。
林鸟歌声寄深情，我把深情寄月光。
明月对我亮双眸，我回明月秋波长。
但愿月色常如水，人间四季留芬芳。

这首富于古风韵味的《寄月》诗，写的含蓄隽永，意蕴悠长。诗人要向明月寄托什么情思？其中的诗句"泉水更翻梨花浪"和"林鸟歌声寄深情"颇含深意。责任田里的人欢机鸣，果园里的甜蜜欢歌，生产路上的各种车声……不都像泉水翻起的梨花浪吗？而那林鸟歌声不就是广大农村生产主人公的歌声？广大农村逐渐富裕起来的农民是要把身边这些看得到的变化谱成歌曲，酿成情思寄向月光，并祈愿这月光越来越明媚，让我们如花的生活四季留香，而改革开放不就是那柔情似水的月光吗？1982创作的《土地》一诗：

在杨家岭中央大礼堂一侧，
有一块毛主席种过的土地。
这里的水清凌凌，

这里的土喷喷香。
点瓜种豆格外肥，
种上五谷实在壮。
这是毛主席开垦的土地，
泥土跟金子一样金贵。
今天我来到神圣的土地，
像一颗种子投入这土壤。

　　诗人到延安参观，写了多首诗歌，表达对人民领袖毛主席的热爱和崇敬之情。不同于那首写得慷慨激越的《战马》诗，这首诗写得别有一番情意。诗人选择当年毛主席在延安杨家岭附近种过的一小块土地，创设有我之境，作为抒发对人民领袖似海情深的依托。这首诗起码有两点震撼人们心灵的地方。其一是这块土地的泥土，跟金子一样金贵，因为它是毛主席开垦的。这句诗可以让人产生许多联想：毛主席在工作的百忙中，不忘开地种菜，保持农民的本色；人们领袖在指挥千军万马抗击日寇的艰苦岁月里，自己开地种菜，为我党树立了"自己动手，丰衣足食"的典范……然而，诗人并没有做任何引申，只是点到为止，言有尽而意无穷，让读者产生强烈的共鸣。其二是，"今天我来到神圣的土地，像一颗种子投入这土壤"这句诗太意味深长了！诗人对毛主席无限崇敬、热爱、忠诚，心中有千言万语也难以表达，但那时那刻，一句我"像一颗种子投入这土壤"，已经胜过千言万语，那种深邃的意蕴只可意会，难以言表。这是诗人创设有我之境，用自己对黄土地特有的深情，妙手偶得之。1983年创作的《迎春花》：

开在地畔畔，
光照更鲜艳。
花黄得像金子般透明，
叶绿得像潭水样碧蓝。

每天呀每天，
你总是睁着笑眼，
观捧出朝霞的太阳东升，
看荷着银锄的村姑下田。

你看那满坡羊如云，

你看那满岸柳似烟。

紫燕穿过丝丝细柳，

山泉唱着山山在变。

……

别说你是吉祥的预兆，

听到你的名字人都喜欢。

你还有个优美的姿态，

给灾后人们一个笑脸。

……

节选的这首《迎春花》诗，起首描摹迎春花的优美姿态，然后借迎春花的笑眼，写太阳、村姑、羊群、岸柳、紫燕、山泉，还有蜜蜂、蝴蝶，给我们展现的是无限美好的春之田园风光。这难道不是改革开放的春风带来的美丽和谐景象吗？

其他诸如《山泉》《雨丝》《布谷鸟》《春风》《星星》《白鸽》《夕阳》《月亮》《月》《菊》《弯弯的月亮》等诗都是借物抒情的。在1980—1985年间创作的诗歌中，这类作品的数量还不算多，从某种意义上来讲，带有尝试性的探索，却给人以新的面孔，带来新的气息。他的这些咏物诗，或托物言志，或借物抒情，都能抓住所咏之事物的特点，依据其生活体验和思考，运用其独特的思维方式展开联想和想象，组织意象，营造意境，达到物与情的统一。诗人的思想感情、理想追求、生活情趣、美好愿望都寄托于所咏之事物当中。这对于一个农民诗人来讲，是一种多么难能可贵的尝试啊。

在这5年间，诗人诗歌数量和质量最为可观的还是新民歌。仅收录在《李强华诗歌选集》的就有180多首，可称得上是李强华自1958年写新民歌以来最为集中、最为耀眼、最为精粹的新民歌压卷之作。尽管思想内容、主题立意、谋篇布局带有某种相似性，但语言新颖流畅，关中地方风味和特色更为鲜明，艺术价值更高。这些诗歌的主题基本上都是围绕改革开放后农村实行土地承包，农民勤劳致富，乡村面貌发生翻天覆地的变化来抒写的。从不同角度歌颂党的领导，反映富民政策带来的新观念、新思想，并由此带来的新变化、新气象。下面不妨选出若干首与读者分享。

引出一个花世界

春雨不洒花不开，杨柳不摆燕不来。

春随政策到人间，引出一个花世界。

有党领导春常在。

政策托出新世界

红日谱写满天霞，路旁栽满迎春花。

政策托出新世界，百岁老人笑哈哈。

党把笑声给千家。

给咱尽出好主张

孩子出门想爹娘，渔人出岸想进塘。

农家过上好日子，越富越想共产党。

给咱尽出好主张。

这三首诗有陕北信天游运用景物起兴表达思想意蕴的特色。诗人首先通过对自然界相关物象进行描摹，然后或类比，或顺承，或烘托，或渲染，以表达所咏之词，所表之意，所抒之情。"有党领导春常在""党把笑声给千家""越富越想共产党，给咱尽出好主张"，诗人把这些发自内心的溢美之词，或与相类物象结合，或口语入诗，避免了抽象说教，既有思想性，又形象生动，让人耳目一新。

走遍天下不忘本

满坡青竹根连根，人民跟党心连心。

党引咱上致富路，家家敲开福字门。

走遍天下不忘本。

跷起拇指赞老农

辣椒务得通身红，名声恰似摇了铃。

肉皮厚，个个长，外商抢着订合同。

跷翘起拇指赞老农。

方圆百里摇了铃

冒尖户，真光荣，对联匾牌相映红。

除夕县长来访问，初一大讲致富经。

方圆百里摇了铃。

从此脱掉贫困皮

不谢天，不谢地，光谢党的好主意。

多种经营一齐上，财源茂盛全村喜。

从此脱掉贫困皮。

"家家敲开福字门""跷起拇指赞老农""方圆百里摇了铃""从此脱掉贫困皮"，这些表现农民发家致富，走出贫困的诗句，是诗人从黄土地上生长出来，带着泥土风尘，在农民群众口中浸润后的语言中提炼出来的，是那般地富有亲和力、感染力和诱惑力。这些富有意蕴的诗句，是诗人或通过对几个物象的形象描摹，或巧妙地叙述几个事件，水到渠成的引发出来的警句，非常具有影响力。

政策放光山水明

水肥充足五谷丰，政策放光山水明。

红霞搭上千家门，绿树丛中万户来。

笑语挤破窗缝缝。

全家欢乐全家福

致富靠的一双手，钱满匣匣粮满楼。

更喜锦上又添花，得了孙孙叫富有。

全家欢乐全家福。

炕上笑声阵阵甜

承包村上苹果园，恰似拴住钱串串。

锅里饭菜顿顿香，炕上笑声阵阵甜。

生活赛过老祖先。

背回欢乐一袋袋

大伯赶集步轻快，买回欢乐一袋袋。

皮袜子，窝窝鞋，还有好戏一台台。

电视一开望四海，心花随着戏文开。

天　线

粮囤溢，衣柜满，笑声挤破千家院。

政策带来大变化，同志你朝房上看。

不是蛛网是天线。

"笑语挤破窗缝缝""得了孙孙叫富有""恰似拴住钱串串""生活赛过老祖先""买回欢乐一袋袋""不是蛛网是天线"，上边几首诗歌中的这些鲜活的诗句，表现了农民们美满幸福的生活及新农村的发展变化。对这些诗句，诗人先选择农村中特有的新鲜物象，或作喻体，或作拟体，只通过一个比喻，一个拟人，就把她们引出来，让诗人所要表达的思想活灵活现。如果没有农村生活的切身体验和深层体味，没有深厚的民歌创作积淀，没有对党的富民政策满腔热情的讴歌之心，是决然写不出这样具有生活气息浓厚，时代气息浓郁，群众喜闻乐见，读者雅俗共赏，让人百读不厌的好诗句的。

以上这些诗篇，从土地、农副业、家庭生活、物质、精神等不同层面，不同角度，反映了改革开放和富民政策给农村和农民带来的新生活、新气象、新面貌。在艺术表达上鲜明的特色是语言简洁洗练，形象生动，且韵律和谐，节奏明快。这些鲜活的语言像一筐筐刚出土的脆萝卜，只有像李强华这样在黄土地上经营春秋的农民诗人，才能播种和收获这样的语言艺术。这是坐在办公室里绝对想不出的诗化语言，这也形成了李强华诗歌语言一个突出的特点。

正字歌

乱麻一正体积小，树枝一正主杆茂。

党风一正更纯洁，国家一正大飞跃。

盛世歌

人逢盛世更欢畅，花逢盛世更芬芳。

国逢盛世更繁荣，党逢盛世更兴旺。

盼字歌

竹笋盼春好出土，紫燕盼春早穿柳。

麦苗盼春伸起腰，农家盼春播富有。

包字歌

草原一包草青青，土地一包五谷丰。

牲畜一包长得快，森林一包林木盛。

这四首诗是李强华用农民特有的目光，眺望时代，走进改革，耕耘责任田，用心感悟，潜心创作的一组表达内心情感的诗歌。诗人抓住事物的相似点，用类比的手法，由具体到抽象，由感性到理性，步步深入地把正党风的重要性、国逢盛世的景象、农家盼春的缘由、土地承包的好处等抒写得十分形象生动，没有那种空洞说教之嫌，犹如干涸的土地引来溪流，让人目睹着绿波摇影，感受着黄土地孕育丰收的胸怀；又如初春的枝头引来春风，让人陶醉春花的灿烂，感悟藏在百花丛中那枝叶无穷的勃勃生机。

这一时期，李强华写了相当数量的反腐倡廉诗，用文学艺术的方式向社会敲响警钟，从历史的教训中劝勉人们要清正廉明，不可贪腐，用诗歌特有的讽喻手法告诫人们腐败必然受到惩罚，用真善美的艺术光辉照亮社会生活的天空，照亮人们的心灵。现摘录一组如下：

一

包公世代人赞颂，龙铡面前不留情。

管他皇亲与国舅，谁触法律谁受刑。

二

为民就要作典范，当官就要作清廉。

两袖清风不染尘，千万莫学刘青山。

三

马有鞍子不伤腰，国有法律不乱套。
反腐倡廉伸正义，江山万代红旗飘。

四

梁有蛀虫房会倾，国有贪官坏党风。
撕开面具仔细看，红心变成黑星星。

五

反腐倡廉是民心，贪污腐败是祸根。
警钟长鸣伸正义，江山才能代代春。

六

浇水施肥壮禾根，反腐倡廉顺民心。
我党英明又伟大，决策利国又利民。

七

垃圾杂物要除尽，贪官污吏要挖深。
国有宁日好建设，民有良辰好走运。

　　这七首诗，诗人或让笔触穿越历史时空，以包公为鉴，以刘青山为戒，或借物以类比，或打比喻，或直抒胸臆，极富艺术性地从正反两个方面表达了国有法律的重要性，党内贪官对国对民的危害性，反腐倡廉的必要性和迫切性，真诚地抒发了做好民、当好官、倡清廉的强烈愿望，同时对贪官和腐败行为深恶痛绝，对党坚持进行的反腐倡廉工作尽情赞颂。作为一位多年与锄头打交道的农民，作为一位生活在农村的农民诗人，李强华娴熟地用诗歌表达他对反腐倡廉那深刻的见地，我们感受到了诗人艺术的风采，感受到来自农村新型农民的主人翁意识和忧国忧民的那份情怀。

　　农村男女青年的爱情婚姻，是挂在田园枝头四季鲜亮甜蜜的果子。李强华一直生活在农村，每年每月都会嗅到爱情之花、之果飘来的香气。这些香气绕着他的笔尖，让他蘸着希望的田野上缕缕吹送的香风，写出大量带着泥土香味的爱情诗作。同样摘录几首。

咱不爱钱单爱人

阿哥和我情意真，父母索财另许亲。

门扇大的《婚姻法》，给我撑腰长精神。

咱不爱钱单爱人。

满身泥巴我也爱

相亲不重他穿戴，也不重他美与怪。

只要有双勤劳手，满身泥巴我也爱。

劳动创造新世界。

有情小伙跟着学

姑娘插秧快如梭，脸上浮现酒窝窝。

左手好像采蜂蜜，右手如同织绫罗。

有情小伙跟着学。

这几首诗形象地表达了那一时期，年轻人择偶的条件，一是热爱劳动，二是爱人不爱钱。这是一种多么文明高尚的时代精神。诗人以特有的思想敏锐感抓住人们平时熟视无睹的这些生活变化，以肩上背负的责任感，用诗歌艺术的形式把它们记录下来，成为时代发展留下的印记，也成为诗人留给后世一份宝贵的精神遗产。放眼当前，相当一部分年轻人把有无房子、车子等作为择偶重要条件，前后两相对比让人感到时代在前进，而人的精神品质不一定能与时俱进，这能不引起人们深深地反思吗？

以下几首诗，诗人用美好的韵律，向我们报告那一时期，年轻人的传情方式。

叫我多么难为情

哥哥挑担快如风，妹妹装筐脸儿红。

装得少了怕人笑，装得多了我心疼。

叫我多么难为情。

阿妹只笑不开口

地里电杆手拉手，河里鱼儿双双游。

不知阿妹啥心意，帮我洗衣又补袖。

阿妹只笑不开口。

以上两首诗中，阿妹对阿哥的传情多么含蓄隐秘，让人读后忍俊不禁。这是继承了我国自古以来高台教化中的传情方式，那种含蓄、文明、高雅的举止体现了中华民族的一种传统美德。时代发展了，特别是国门打开，受西方那开放意识的影响，现在年轻人恋爱传情方式发生了很大的变化。敢于正面接纳世界某些文明方式，这也是改革开放启迪人们思想解放的重大成果。

秋后抱个金娃娃

哥哥前边扶犁把，妹妹后边把种下。

二人结成连心锁，秋后抱个金娃娃。

金风乐得笑哈哈。

公也夸来婆也夸

未婚儿媳羞答答，评模会上插朵花。

搂着金色镜框框，活像抱着金娃娃。

公也夸来婆也夸。

这两首诗中，诗人语带双关地表情达意，韵味无穷。前一首以哥妹在田间犁地下种，自然引出"二人结成连心锁，秋后抱个金娃娃"，言在此而意在彼地表达了年轻夫妻要心心相印，和和美美，早日生子传宗的世代愿望。后一首借未婚儿媳模范会上获得一面风镜，引出"活像抱着金娃娃，公也夸来婆也夸"，以表达公公、婆婆期望她与自己儿子尽快结婚生子的美好期盼。

花旁有道竹篱笆

情妹院中有朵花，花旁有道竹篱笆。

蜜蜂来往采花蕊，穿过东家穿西家。

篱笆难挡传情话。

这首诗，借"情妹院中有朵花"起兴，通过对蜜蜂穿越两邻家隔着篱笆，来往采蜜的描摹，含蓄地表达了一对年轻恋人，虽然被两家的院墙隔着，但他们多像隔着篱笆来往采蜜的蜜蜂，那柔柔蜜蜜的传情话是隔不住的。诗中托蜜蜂言人之情，具有我国传统诗词借物抒情的显著特色。

李强华以上这些表现爱情婚姻的诗歌，不是脱离特定社会历史环境的卿卿我我，低级趣味，而是对 20 世纪 80 年代农村男女青年爱情观的真实再现，是当时社会正能量的表现。从这些诗歌中，我们清晰地感到，当时男女青年择偶的条件和标准，那就是热爱劳动。之所以如此，那是因为联产承包责任制在农村刚刚实行，发家致富成为响亮的口号，而勤劳能干是那一时期生产力条件下，发家致富的有效途径，所以他们择偶把吃苦耐劳放在重要位置。

作为经历了"大锅饭"的清苦煎熬，迈开大步走进农村联产承包责任制这一致富大道的李强华，亲身感触到这一时期，农村男女青年爱情观发展的脉络，通过诗歌抒写他们的恋爱生活，不可多得地映现了时代发展对人的精神、意识影响留下的印记。

李强华用手中的一支笔，表现当时农村男女青年在劳动中结下的爱情，在艺术手法上呈现着五彩斑斓的景象。

一是变换角度出新意。如《有情小伙跟着学》一诗的角度是男追女，而《叫我多么难为情》一诗，却是女疼男，《咱不爱钱单爱人》一诗也是从女方的角度抒发对男子的心声。而《公也夸来婆也夸》一诗，又是从公公和婆婆角度对未婚儿媳的夸赞。《秋后抱个金娃娃》一诗又另辟蹊径，着力描写男女双方爱的互动。

二是借助景物抒真情。如《花旁有道竹篱笆》一诗，堪称借景抒情的典范。诗中情妹抒发对情哥的情感，纯粹借助院中之景物。你看，"情妹院中有花朵，花旁有道竹篱笆"，虽遮遮掩掩，却难挡两个意中人的传情话。他俩的传情话，多像蜜蜂穿东家西家地采花蕊。这一新颖恰当的比喻，把青年男女之间情感的交流，表现得多么有滋有味。这样的景语含不尽深情，给人多么美好的情感愉悦。

我们读李强华写的这些爱情婚姻诗，感受着他观察的细微，手法的灵活多样，意境的含蓄俊美。实事求是地讲，这些爱情诗，是李强华从一个侧面对改革开放初期，真实再现农村社会生活的一大贡献，也是他为丰富人类永恒爱情诗所做出的新贡献。

第五章 诗品兴盛期
（1987—1996）

第一节 赛诗上电视 应聘抓文创

春雨唰唰，

像根针在扎花；

扎出了绿柳，

扎出了红花，

扎出了青笋，

扎出了黄瓜。

春雨啊，

你在老农眼前，

映出一幅幅绚丽的图画。

这是 1987 年 5 月 8 日，李强华创作的《春天的雨丝》。诗人侧耳细听，"春雨唰唰"，感知它是扎花的针，它扎出了桃红柳绿，扎出了笋青瓜黄。这带着色彩的花针，这带着色彩的春雨，在老农眼前，正绣着绚丽的图画。我们也似乎看到，这幅图画，铺展在秦岭脚下。在广袤的黄土地上，那些古铜色脸庞的庄稼汉，正用挥汗的双手，在行行花树、垅垅菜架的五线谱上，弹奏着炎夏金秋丰收的序曲，吟唱着丰收的绮梦。

1987 年 9 月 15 日，一场飘荡着异香的"丰收"景象，要在陕西省电视台演播厅"收获"。一条书写着"陕西省农民丰收杯赛诗会"的横幅标语，悬挂在演播厅主席台上方是那样醒目。那以金色麦穗衬托蓝色浪花的图案背景，使会场像泛起麦浪的黄土地。主席台上，一张高高的朗诵台摆放的麦克风，等待着金风传来百鸟争鸣。主席台左侧，几台电视机随时准备向全省现场直播。以马少亭、毛锜、刘宏超、陈忠实、贾平凹、吴保恒等16人组成的评委团一字儿排开，坐在主席台前的评委席上，他们身后，上百名特邀观众也已入席就座。

他们在等待着一个庄严的时刻：晚上8点30分。

这次陕西省农民"丰收杯"赛诗会是由陕西省文化厅、陕西省电视台、陕西农民报、农家信使报等多家部门单位联合发起举办的一次农民诗歌大赛。自《陕西农民报》《农家信使报》等媒体发出大赛征稿通知后，共收到省内1000多名农民作者的3100多首诗作。经过层层筛选，最终选出30首诗歌，要参加现场朗诵直播，进行决赛。户县的李强华、王韶之、肖益人三人入围参加决赛。

这天晚上，户县西郊村的父老乡亲们吃过晚饭，带着凳子陆陆续续汇集到村子办公室大彩电的荧屏前，他们要目睹自己的带头人在电视里朗诵《牧归》的风采。

"看，出来了。"

晚上8点30分大赛直播准时开始。只见一个个作者带着各自的风采，亮相在荧屏上。突然，一个熟悉的身影出现了，大家不约而同地叫出声来。

依旧是光头，穿着蓝色对门襟褂子，李强华站在主席台上，面带着笑容，像是给乡亲们传递一种信心。

半山，朵朵白云，
低坡，处处羊群。
一股下山风啊，
搅乱了阵。
……

那洪亮浑厚的秦声秦韵传递出来，在三秦大地回荡，在西郊村办公室前的广场回荡。那韵律牵着白云，带着羊群，把美好的景象，把致富的信息，从每一位秦人的眼前，带进他们的心里。办公室的广场，几百人没有发出一点声响，他们都在听着牧羊女"挥动手中长鞭""鼓圆一身劲"，把羊群把白云"一齐吆进家门"。

像惊蛰过后滚动的一阵春雷，小小的广场腾地响起一阵掌声，与荧屏里的掌声应合着，肯定也与三秦大地千山万水间的掌声应合着。

同台参赛的诗友肖益人绘声绘色地回忆着陕西电视台演播厅的实况：

"快轮到我上台了。李老师拍拍我的肩膀：'不要怕，要镇定，要记住报题目。'受到李老师的鼓舞，我控制着紧张的心情，走上讲台，朗诵了《加拿大朋友到我家》。最后公布决赛结果，李老师的《牧归》获得二等奖，我朗诵的诗歌获四等奖。后听内部人士说，整个大赛录像带呈送人民日报社，《人民日报》海外版发了消息。"

陕西省作协著名作家和谷代表大赛评委会，评价《牧归》：

"这是一首质朴而拙巧兼有的牧羊曲。羊群与白云相互映衬，描摹出牧羊女的喜悦之情。也可以让人联想到，羊群是实在的，白云是一种幻景，现实和向往同时属于农村新生活的内容。"

1987年9月28日，《牧归》又在《陕西农民报》发表，1989年10月入选陕西人民出版社出版的诗集《乡音》，后被收存于中华当代文学艺术作品展藏馆。2000年，该诗又收入《李氏世界名家诗书画荟萃》一书。

《牧归》的获奖、发表和高规格收存，充分见证了它的思想性和艺术性，被公认为是李强华最具代表性的作品之一，它把诗人的诗歌创作成就又推向一个新的高峰。这一高峰，是他顶风冒雪、披星戴月地攀登了大大小小的诗歌山峰，受尽诗歌创作征途九九八十一难之后取得的"真经"。这一高峰，是他展开双臂，拥抱新生活，拥抱黄土地，尽情倾听乡音，蕴蓄乡情，感悟山水律动获得的馈赠。生活不会辜负那些显赫的奉献者，他们理所当然地还会接受一份使命的馈赠。

1988年4月，李强华被聘任为户县文化馆副馆长，主抓农民诗歌等文创工作。这一年，他53岁。

从他1956年发表成名作《姐姐邀娘家》到1988年，整整过去了32年。他是脚踩了32年尘土、泥泞之后，带着几千首吟咏黄土情怀的诗篇，开始每天走进文化馆，坐在办公桌前，静下心来经营农民诗歌事业。虽然仍是农民身份，这对他来说也算是一次质的飞跃。因为往昔他是靠"锄头底下开诗花"来自食其力的，现在，他可以每月领一份临时工工资，也像文化馆其他干部一样按时上下班，但也有所不同。据农民诗人杨继夫回忆：

有一次，他赶早上八点前来文化馆，想找李老师谈点事，只见李老师一个人已把馆内外卫生打扫完毕，正在倒垃圾呢。我赶快迎上去："李老师早。"

"老杨，你来这么早，饭吃了没？"李老师热情地招呼道。

"你比我更早。"

"早来一会儿，把环境收拾好，大家工作起来，也有一个好的心情。你稍等，马上完咧。"李老师说。

"你每天都早来一会，对吧？"杨继夫问。

只见李老师笑了笑，没有直接回答，只说了一句："在家就养成早起的习惯。"

杨继夫明白了一切。他们一同走进办公室坐下，杨继夫掏出刚创作的一首诗，递了过去。李老师接过来，仔细看着，便和他谈论开了。

更有不同的是，他在每天上班前和下班后，都要到责任田里流汗。因为他已养成了田间劳务的习惯，责任田也需要他这样的好帮手，更为重要的一点，就是芹菜的绿茎、韭菜的叶片、西红柿的支架依恋着他，会不时给他送来创作的灵感。

一位黄土地上走出来的农民诗人，走进了文化单位的大雅之堂，开始把笔下的石板、膝盖换成偌大的桌案，头顶上那低低的天花板也取代了无垠的蓝天。环境变了，但他在蓝天下养成的生活习惯没有变，他的勤劳、质朴、为人着想的根还扎在黄土地上。

一个新的工作环境，正在为他施展才干筑起新的平台。

抓群众的文创工作，他驾轻就熟。

几年来，画乡诗社的平台锻炼了他，一大批年轻有为的诗人活跃在他的周围。现在，他们不时走进文化馆，坐在他的办公室，把新作读给他听，征求他的意见。对这些文朋诗友的新作，他会毫不含糊地发表自己的看法，质量好的予以肯定，留下来在《画乡诗浪》发表；需要修改的，他指出修改方向，力争做到让每一位作者的每一首诗都能达到发表的水平。实际上，他以前在家里也是这样接待诗歌作者，指导他们诗歌创作的。可以说，到文化馆工作，只是"根据地"的一次转移。

下乡了解作者家庭、创作情况，他始终如一。

当他直接或间接听到户县作协会员、诗社社员生活上有什么困难，家庭有什么变故，家乡有什么特色或新闻时，便以文朋诗友的通讯录按图索骥地徒步登门了解情况，能帮助的予以帮助，须采风的实地采风，始终与作者保持一种相牵相扶共同提高的关系。

邀请专家指导工作，他精心安排。

户县作协或画乡诗社要举行重大活动，他都要邀请省市专家前来指导。陕西省作协的毛锜、党永庵、张郁等专家多次来户参加县作协和诗社重大活动，或为学员进行创作指导，或进行专题辅导。原户县造纸厂、六老庵村等工厂、农村，多次见证了李强华和省市专家们付出的心血。

定期出诗刊、诗集，他坚持不懈。

李强华到文化馆工作后，更加精心出版《画乡诗浪》，同时，结合县委、县政府中心工作和重大事件，组织作者进行采访、创作，1 至 2 年出一本诗集。如毛泽东主席诞辰 100 周年的 1993 年之际出诗集《红太阳颂》，根据县上社教工作出诗集《社教诗选》。3 至 5 年再出精品诗集。这种诗集所选会员作品必须是在省市以上报刊发表过的作品，精心收集整理后出版，请求专家写序言，如《乡野集》《春潮集》。

李强华作为新中国培养起来的新型农民，不单是一位痴情的农民诗人，用手中的笔尽情歌颂我们的新时代，更是建设新农村的带头人。他多次担任村子党支部副书记，以忠诚肯干、坚持原则的秉性，牢记乡愁，表现了正直、刚毅的赤子情怀。

那是 1988 年春季。原户县公安局某干警、县农行某干部、甘亭镇某干部，非法在西郊村三组地域内，为他们各自建起三间两层楼房。此事在西郊村引起轩然大波，村子广大党员、群众纷纷议论：咱村的庄基地，咱也不能随便盖房，怎么能让非本村之人任意建房？这明显是一种违法行为，应组织起来，向有关部门反映情况，要求纠正违法建房行为。怎么反映呢？经反复商议，大家认为：李强华是县政协委员、著名农民诗人，在文化界及社会上有广泛的影响，推举他和另一名党员代表民意，一级一级向上反映，必要时通过媒体曝光。

1989 年 4 月某日，《陕西农民报》以西郊村"八党员告御状"为题，头版刊登了西郊村八党员反映的情况，引起社会各界广泛关注。户县一些领导坐不住了，一方面安排人入村协调，另一方面采取各种手段应对媒体。但八党员始终坚持原则，直到问题反映到《新华内参》，惊动中央高层做出批示，事情才有了转机，使违法者得到相应的处理。

谁知后来李强华遭到一系列的打击报复。对此，他也曾苦恼郁闷，但最终还是坚持正义，表现了一位共产党人的本色。

在多年后的一次群众大会上，西郊村老支书雷恒甲说：

"解放 40 年，我当干部 38 年，深知是非曲直总是有标准的。强华等八党员反映违法建房一事，这种做法是正确的。我虽然不在其中，但我支持他们，共产党员都应向他们学习。"

原文化馆干部刘滨海说：

"强华是个直性子，有着倔强的脾气，让他说巴结人的话，比登天还难，他就是这种秉性。"

20世纪90年代初，某年7月1日前夕，西郊村党支部把一名有严重问题的党员，作为先进个人，报到甘亭镇（现甘亭街办）党委准备表彰，群众意见很大。李强华知道后，和多名群众找到镇领导，如实反映相关情况。镇党委很重视群众所反映的问题，经过详细调查，慎重研究，决定取消那名党员的表彰资格。

坚持原则，自觉维护党的威信，这是李强华一贯的作风。

这是一种正气，它像几千年来中华文明百花园里经久绽放的最绚丽的花朵。那一片片花瓣，在一缕缕春风吹拂下，漫天飞舞，滋润着中华民族的根，滋润着炎黄子孙的心田。李强华，就是一片正气的花枝，在党的阳光雨露滋养下，在诗歌雅韵的陶冶中，生长出花蕾，绽放出花香，释放着刚正不阿的正能量。

牢记乡愁，李强华用公正捍卫；聆听乡音，李强华用深情呵护。

西郊村姬家堡乡党李生军，儿时和强华是朋友。生军在解放前夕随国民党军队去台湾后，几十年毫无音信。

1988年，台湾与大陆关系解禁后，允许老兵回乡探亲。

1989年李生军回乡后，李强华前去探望。昔日两头青丝，相见时已两鬓斑白，两乡友不觉感慨万千。李强华热情参与李生军的答谢乡友联谊活动，并赋诗盛赞大陆、台湾人民握手言和的壮举。李生军回台后，两人互通书信。李强华多次向昔日朋友介绍祖国发展的成就和富民政策给家乡带来的变化；后来李强华在台湾《大海洋》《葡萄园》诗刊发表诗作，打开了与台湾媒体沟通的渠道，为祖国的统一尽了一份绵薄之力。

李强华应聘到县文化馆工作，为他牢记乡愁，抒发乡情搭建了一个难得的平台。他有了静下心来整理思绪、构思诗作的时间，更有了近距离获取陕西省和全国举行诗歌大赛信息的渠道。他抓住各类诗歌大赛的机会，锻炼自己，检阅自己，提高自己，展示自己。

1987年下半年，李强华创作了《江南竹》，参加《东方诗坛》杂志社举办的"东方杯"诗歌大赛获取银奖，该诗2000年10月入选《桑榆丛书》诗文卷。

1988年创作的《发结》《木梭》录入《乡音》诗集。这两首诗1991年获中国新诗发展协会颁发的优秀奖，1994年荣获湖南"全国短诗短文优秀作品奖"，2000年收入《李氏世界名家诗书画荟萃》一书。

　　两只鱼儿好灵巧，
　　在农妇织布机上欢跳。
　　昨天，它还那么沉闷，
　　今天，显得格外欢乐。
　　鱼儿呀，你逐波戏浪，
　　方显天高地宽，
　　更觉气候温和。
　　你来来往往不知乏，
　　是找虾姐姐，
　　是寻浮萍草？

　　这是李强华创作的诗歌《木梭》。诗人把织机上来回穿梭的两个梭子比作鱼儿，然后对织布机展开若即若离的想象，让鱼儿在纵向和横向的时空逐波戏浪，给读者拓开一个又一个沉思的境界，巧妙地借鱼儿表达了木梭为农妇织就心中的绮梦。

　　你看，这鱼儿，"昨天，它还那么沉闷，今天显得格外欢乐"。为什么？诗人没有直接给出答案，让读者去思考、去联想、去共鸣。也许昨天池水污浊，今天绿波荡漾；也许昨天难觅温饱，今天腹饱体健……这时，诗人笔锋一转，"鱼儿呀，你逐波戏浪"，不断勇往直前，不断追赶超越，才能感知生活的天高地宽，才能感知环境的气候温和，感受改革使时代变迁，使生活这般美好。你还如此不知乏地来来往往，又要追寻怎样的绮梦？"是找虾姐姐，是寻浮萍草？"诗篇戛然而止，留下空白，又给读者一个思考的空间，让人产生无穷的联想。

　　这首诗用笔巧妙，联想丰富，设疑不答，启迪共鸣，做到了言有尽而意无穷，是一首不可多得的上乘之作。

　　诗人1989年创作的《碾盘》，也是巧用比喻，言在此而意在彼地歌颂了"社会主义好""我们的生活比蜜甜"的主题。

　　一只古老而沉重的唱片，
　　唱完了过去生活的艰难。
　　而今它又焕发青春，

不唱过去，只唱今天。

唱一遍"社会主义好"，

又唱"我们的生活比蜜甜"。

歌声充满新生活的旋律，

歌声展示乡村美丽的容颜。

别说人有多高兴，

狗娃在摇尾，菊花把头点。

古老的山区随着唱片在运动，

楼房正屹立，道路在拓宽。

　　这首诗，诗人把古老而沉重的碾盘比作一个唱片，想象可谓奇特形象。由唱片发端，诗人生发开去：千百年来，碾盘碾压得过去的生活如此的艰难，那"吱吱呀呀"的呻吟，多像唱片录放的声音。如今，它唱完了过去，焕发青春只唱今天。唱什么？诗人巧妙地引出"社会主义好""我们的生活比蜜甜"那两首歌题，表达了心中要表现的主题。然后自然引出这歌声的内涵，它是乡村美丽容颜的展现，它带来了人与自然的和谐相处。写到这里，这首诗似乎结束，然而，诗人异峰突起，独辟蹊径，让唱片继续转动，古老的山区竟转出"楼房正屹立，道路在拓宽"的美景，真是让人叹为观止。

　　李强华的《碾盘》还有《哑巴夫妻》，1992年5月在陕西省首届群众诗歌创作大赛上获优秀奖，2000年收入《李氏世界名家诗书画荟萃》一书。

　　运用比喻、拟人等手法构思诗作，用一个看似平常的物象，化腐朽为神奇，李强华纯熟地运用这些写作手法，创作出大量催人奋进的诗篇。诸如《星》《云》《眼神》《瀑布》《鞭炮》《泉声》《帐篷》《脚印》等等。我们读这些诗作，是在听激越的战鼓，是在望舞动的旗帜，是在嗅生活的奇香，是在感受黄土地上乡村生活独有的魅力。

　　1987年，李强华的事略收录于《户县志》。

　　1988年6月，李强华个人小传录入《中国当代文学家名录》。

第二节　参赛屡获奖　理念愈超前

20 世纪 90 年代初，在画乡诗社一次研讨会上，陕西一位诗人提出："要写传世之作，要为未来写诗。"并在会议上否定民歌。

提起这段经历，户县职工文化艺术研究会主席刘勇还历历在目。他担任画乡诗社副秘书长时，经常和李强华在一起，了解他对那种提法的看法和态度。

一度李老师心里压力很大，有过短暂的迷茫。他很尊重那位诗人，他们之间个人感情也较深。后来，我发现李老师与那位诗人交往少了，便试探着问他。他说："道不同不相与谋。"一次，他对西安晚报记者华实说："改革开放以来，有人片面认为西方一切都好，连文艺创作也得带上洋味道。外国先进的东西是应该学习汲取，但文艺创作不能丢掉民族传统，不能脱离我们民族的实际。"他依旧坚持深入生活，挖掘生活中美好的精神闪光。

个人感情不能代替政治方向。不管是在工作中、创作上，有关原则问题，有关方向问题，李强华看准了要走的路，便旗帜鲜明地迈开步。他不会拿原则做交易，宁愿被冷落、被孤立，宁愿利益上受影响，也不随波逐流。几十年的风雨历程，锻造了他心中不可动摇的信仰。他在诗歌创作上，始终坚持走民族、传统之路，一直把黄土地作为歌颂的对象。

1989 年末至 1990 年春，广西南国诗社举办首届中国刘三姐诗歌大赛。李强华得知信息后决定参与，因为他觉得这一活动，正是对那些否定民歌奇谈怪论的有力回击。但他对刘三姐歌谣知之甚少，便多方搜集，查阅电影《刘三姐》中的对歌和名家评价，越来越深刻地认识到：刘三姐歌谣，表达了人们对现实生活的真切感受，吐露了人们激荡在胸的喜怒哀乐，显示了中华民族、民间传统文化艺术的魅力，具有民族性、社会性方面的美学价值。另一方面，李强华也深知，如今诗坛强者如林，名家辈出，如果拿不出上乘作品，想获奖根本沾不上边。经过深入思考，他决定以自己擅长的民歌体诗参赛。瞄准目标，挑灯苦吟，几宿伏案，反复修改，一首《唱歌要学刘三姐》的民歌跳动在稿纸上：

写诗要学白居易，忧国忧民抒情怀。

唱歌要学刘三姐，聪明伶俐女秀才。

我为中华抒壮志，我为百姓唱喜哀。

拼搏精神诗中出，钢铁粮棉歌中来。

这首带着夜露风寒的诗歌寄出去，李强华的心一直忐忑不安。终于，乘着1990年初春的暖风，一个喜讯从南国边陲飞到北国关中的户县：李强华的《唱歌要学刘三姐》，力盖群雄，一举折桂，拿到大赛民歌类一等奖。一夜之间，"李强华"的名字穿越万水千山，在神州大地传扬。

李强华带着这首民歌又一次走出了三秦大地。这首民歌以独特的视角，独辟蹊径地给刘三姐这一人物赋予了鲜明的时代特征，具有强烈的现实意义。首先，诗题响亮，它像一杆旗帜一样醒目，掷地有声地呼出"唱歌要学刘三姐"，因为她是"聪明伶俐女秀才"。诗作难能可贵之处更在于它把刘三姐与忧国忧民的"诗魔"白居易类比，一下提升了"歌神刘三姐"的高度。诗人这种呼啸而至的纵向联想，使作品海纳千载风云，大气磅礴。诗人又让自己身临其境，使作品成为"有我"之境。"我"也要以诗歌"为中华抒壮志""为百姓唱喜哀"，其心声何等铿锵有力。尾两句升华意境，极写诗歌的时代作用，它可激励人们以拼搏精神，生产出丰富的钢铁粮棉——这就是"唱歌要学刘三姐"的深层缘由，同时又巧妙地点明题旨。此诗在当年《南国诗报》第17期发表。

一石激起千重浪。李强华参加广西南国诗社举办的全国诗歌大赛，在民歌类一举夺魁，吹开了他放飞激情的心扉，他要用淳朴的黄土诗篇在中国农民诗坛映现诗歌春天的桃红柳绿，他要让三秦大地孕育的黄土诗篇不断走向全国。

这一时期，一面迈开大步抓群众的文创工作，一面埋下头去进行诗歌创作，是李强华生活的真实写照。然而，时间对于他来说，是那样的吝啬，他给予个人生活的时间更加斤斤计较。就是在这种争分夺秒的抗争之中，诞生了数量可观、质量上乘的诗作，使他的诗性人生也进入一个五彩斑斓的时期。

1991年12月，李强华的组诗《故乡趣闻》荣获全国"文化城杯"首届袖珍诗歌大奖赛优秀奖。

1992年5月，诗作《碾盘》《哑巴夫妻》在陕西省首届群众诗歌创作大赛中获优秀奖。同月，诗作《写给少教所弟弟的信》，获陕西省群众创作大赛优秀奖。然而，随着县作协、画乡诗社队伍的不断扩大，活动形式的灵活多样，经费不足成了突出的问题。特别是刊物《画乡诗浪》，1991 年由原先的 16 开版面扩大到 8 开版面，发行量又大幅度增加，经费的紧张已捉襟见肘。

画乡诗社副秘书长刘勇先生这样回忆当时的情况：

"当时，我正参加全县社会主义教育运动，利用工作之便，李老师约我多次找相关领导请求资助，得到县委社教办的赞助，保证了那一年每月出一期油印刊物。社教运动进行到当年 10 月份，我又向李老师建议出一本社教诗选。李老师说是好事，但经费咋解决？我说'化缘'吧，他点点头。我俩找到时任县委统战部白耀邦部长，他表示支持。经他介绍，我们连跑了几个单位，最终秦渡镇纸箱厂段福盛厂长答应资助。1992 年 10 月 16 日早上 6 点钟，李老师和我冒着大雨，乘公交车 30 里路，在 8 点钟段厂长上班前赶到他的办公室门前等候。看到我俩满身雨水，又听说我们找他已经几次了，段厂长深受感动，当即答应解决 3000 元印刷费用。除了到处'化缘'，李老师还多次拿出自家卖菜、卖猪的钱垫付，以保证诗社活动的正常开展。"

李强华为户县群众文学事业付出了心血，又一次次收获了耀眼的荣誉和成果。

1990 年 11 月，他被西安市人民政府授予"劳动模范"荣誉称号。

1991 年 9 月，《李强华诗选》由户县县委宣传部编辑出版。

1992 年 8 月，他的个人小传收录于《中国民间名人录》上卷。同年 9 月 27 日，户县作协、画乡诗社和户县造纸厂团委联合举办了"李强华诗歌研讨会"。

那次研讨会，户县总工会、县文化部门、画乡诗社等有关领导、业余作者和县造纸厂文学爱好者 30 余人参加。与会者对李强华坚持"二为"方针，以高度的使命感和责任感，创作了几千首诗歌，已出版了《锄头底下开诗花》等四本诗集的成果予以高度评价，认为他的诗歌饱含浓郁的黄土气息和乡土风情，形成晓畅、简洁、质朴、深情、正气的独特风格，是对王老九诗风的继承和发展，是三秦大地上歌颂真善美，歌颂新时代的一面旗帜，是当代农民诗坛又一位领军人物。与会者从不同角度选取李强华的诗作，以不同的感悟，感知李强华的人品、诗品，剖析形成"李强华现象"的时代原因和个体因素。这次研讨会，为弘扬当代诗歌文化，推动户县诗歌创作，具有积极而深远的推动作用。

几十年坚持不懈地创作诗歌，李强华通过视听嗅味触，观察外部世界的范围越来越大，感知世界的能力不断增强。观察景与物，他能用艺术的手法，或言在此而意在彼地表达一种思想，或抒发一种情感，或表达一种志向、哲理，给人一种鼓舞激励的教育熏陶作用。观察人与事，他不仅仅具有感知人物身上体现的某种正能量, 感知事物体现的某种时代精神的能力, 更磨砺了穿透事物本质的目光, 形成一种前瞻性的见地, 让他开始由一位农民诗人走向一位乡村的思想者。

　　能经商的去经商,
　　能办厂的去办厂。
　　第三产业需要人,
　　各尽其才路宽广。
　　农民进城开超市,
　　土地在向种田能手集中。
　　承包土地建大棚,
　　经济作物效益强。
　　各行各业齐发展,
　　共同富裕奔小康。

　　这是李强华 1990 年创作的题为《土地在向种田能手集中》的诗作节选的下半部分。诗人生活在城乡接合部, 日日月月耳闻目睹, 看到农民们"能经商的去经商, 能办厂的去办厂"和"农民进城开超市"的崭新生活现象, 当然也看到农村劳动力大量涌向城市, 导致农村不少责任田无人耕种的现象, 更看到不少农村能人"承包土地建大棚, 经济作物效益强"的勃勃生机。带着关注民生的自觉, 诗人经过现实的比照和理性的分析思考, 预感到将要到来的社会变革, 便大胆提出"土地在向种田能手集中"的思想。这一思想, 在 20 世纪 90 年代初期, 不啻是一声惊蛰时的春雷。十几年后, 当这种思想正在农村逐步变为现实时, 我们怎能不钦佩诗人思想的睿智和无畏的胆识。

　　流行的裙子, 在街道上飘舞, 在山村飘舞, 已是人们眼中习以为常的景象。然而, 在 20 世纪 90 年代初期, 在开放的大门还半遮半掩的小镇和山村, 一身或红或绿的裙子飘舞起来, 着实会引来沟沟梁梁惊异的目光和议论。这目光和议论之后, 一般热衷的人只会把它作为饭后的谈资或笑料, 而这种景象进入诗人李强华的眼帘, 便会进行思想的研磨, 流淌出震撼的诗歌韵律。

　　1990 年, 李强华看到山区女青年穿上流行裙子, 便创作出《深山兴起流行裙子》。1991 年, 目睹老年人跳起迪斯科舞的新鲜事, 又创作出《我老汉跳起迪斯科》。

　　宽阔大道山坡坡盘,
　　高楼大厦路边边站。
　　妈妈呀,深山兴起流行裙子,
　　你老眼光总是看不惯。
　　祖祖辈辈文化落后,
　　难道你还想再留恋。
　　你听村里红男绿女,
　　都唱那新生活比蜜甜。

　　这一节诗选自《深山兴起流行裙子》。诗人看到山坡坡盘着宽阔大道,路边边站着高楼大厦,大城市流行的裙子进了山,感受到改革开放带给人们物质、精神生活的变化。如果诗歌停留在这样一个水平,未免有些浮浅、苍白。如何在这个层面,挖掘出具有深度的思想内涵?诗人别出心裁地引出还是老眼光的"妈妈",通过女儿对母亲的倾吐,把诗境纵向引入"祖祖辈辈文化落后"的往昔,通过今昔对比,启迪母亲不要留恋过去,要面向今天,面向未来,开怀地听红男绿女唱着比蜜甜的新生活。作者这样横向引入人物,纵向联想往昔,开拓了诗歌的境界,形象而深刻地表达了改革开放使生活比蜜甜的主题,真是别具匠心。

　　改革使人们的生活水平提高了,改革使千家万户从曾经的清苦走向温饱,李强华又感受着自身生活的沧桑变化,热情地拥护改革开放。歌颂改革开放的成就,可以选择的生活现象太多了,能否选择具有典型性的生活现象,是检验一个文艺工作者是否具有睿智目光的标志之一。许多文艺作品其所以能够表现出某一时期社会生活的本质而成为不朽之作,其中一个原因就是作者具有选择典型生活现象的能力。可以说,李强华已经具备这种能力。

　　1990年,他创作了一首《存款》诗,虽然只有6句话,但歌颂改革开放的成就具有一花知春的表现力。

　　嗨,过去你家门楼高,
　　咱很少跟你打交道。
　　如今腰包硬邦邦,
　　手头活了,

给，存上吧！

存上全家人的愿望。

　　诗人选择庄稼人去银行存款这一生活现象，看似平常，却是体现他们生活水平提高的一个聚焦点。因为拥有金钱的多与少，是人们物质生活水平高与低的最有说服力的见证。过去庄稼人因缺少金钱，自我感觉低人三分。银行的高门楼，是他们心中一道难以逾越的坎，所以，很少与它打交道。如今，改革了，开放了，庄稼人广开财路，勤劳致富，"腰包硬邦邦""手头活了"，自我感觉身高了，体壮了，能够跨进银行的高门楼，也同有钱人一样，理直气壮地把多余的钱存入银行。

　　这首诗除了具有无可非议的典型性和思想性外，扑面而来的艺术气息，着实让人能触摸到庄稼人那种有钱后的自信，豪爽中的豪气。诗人采用拟人的手法与银行对话。开头一二句庄稼人就以有钱后居高临下的口吻向银行诉说自己的过去。首句一个"嗨"字称呼银行，似乎略显不敬，但庄稼人有钱后的那种气度却表现得入木三分。二句中一个"咱"字的自我称谓，也充满了今天历诉那不与银行打交道的时代已经过去了的趾高气扬，因为现在有钱了。"给，存上吧！"语气似乎生硬，却把那种扬眉吐气的心态和盘托出，特别是尾句"存上全家人的愿望"，直抒胸臆，把庄稼人生活巨变后的心愿表现得淋漓尽致。

　　20 世纪 90 年代前后，李强华的诗歌创作，无论在思想性和艺术性方面，都上升了一个高度。除了上文中涉及的诗作外，诸如《野花》《早晨》《路》《村姑》《务花》《编席》《日子过得火辣辣》《小草》《野菊花》等作品，都以火辣辣的激情燃烧着读者的心扉，让人爱不释手，流连忘返。

　　这其中的一个重要原因，是他从王老九那里汲取了丰富的营养。他在 1991年写的《王老九和他的快板诗》一文中，对王老九和他的诗歌的感知，充分证明了这一点。他说：

　　"王老九的快板诗不同于他人，既是快板，又是诗。他在诗中善于用比喻，使他的诗更加形象、逼真。"

　　在分析产生王老九及其诗歌的原因时写道：

　　"王老九的快板诗朗朗上口，易记，入情入理。广大群众易于接受，因而被流传，这也和他的生活境况有关。放在旧社会，他只能沉默寡言，只有在新中国，他满肚子花蝴蝶才能飞出来。我们今天学习王老九，研究王老九，对我们文学后来者，有很大好处。"

这些字里行间流露着的，是李强华对恩师的敬佩，更是学习、借鉴和理性的思考。

李强华发表于1994年《黄土地》诗刊的《新诗应催人奋进》的文章，对这一时期他的创作情况做了深刻地总结：

新诗是作者对现实生活的反映。对光明要满腔热情地歌颂，对黑暗要毫不留情地暴露，这是作者义不容辞的责任。弘扬真善美，鞭挞假恶丑，推动历史前进，这是文学的主旋律。新诗要贴近生活，贴近现实，只有这样，才能受到广大读者的欢迎。

担当责任，高唱主旋律，贴近生活，贴近现实，这就是李强华诗歌意境和韵律越来越醇美的内在原因。

我们生活在洒满阳光的时代，我们有着悠久的文化传统。东南亚地区有许多专家都在研究中国汉唐文化，学习中国诗歌的优点，我们国家一些人却背道而驰，真使人难以理解。我们要热爱故土、热爱党、热爱祖国，要繁荣自己民族的文化。歌颂新生活，倡导新风尚，用诗歌作品促进人类的发展，给人以美的享受，给人以健康的精神食粮，保持民族性和地方特色，这就是新诗的出路。

牢记优秀文化传统，传承优秀诗歌特点，这就是诗人站在洒满阳光的时代的立足点。

不与背道而驰者同流合污，背负繁荣民族文化的使命，把诗歌作为促进人类发展的助推器，让诗歌为人们带来美的享受，带来健康的精神食粮和鲜明的地域特色。这就是李强华正在拓开的新诗之路。

第三节　十载拼搏路　一片风范心

1993年4月，西安电视台专题部主任宋陟刚专程来户县，为李强华做了一期电视节目，时任西安市广播电视局副局长的张郁多次前来指导。

"李老师，您是庄稼汉出身，是全国著名的农民诗人，创作了大量诗歌作品并一次次获奖，这犹如秋天的硕果沉甸甸的。面对这些殊荣，您有何感受？"宋主任一直跟踪着李强华在田间地头劳作的身影问道。

这个问题突如其来，李强华来不及思考，但他敏锐地抓住宋主任问题中秋天硕果的物象，稍作沉思，以诗人惯有的思维，形象作比，信手拈来一段诗语，含蓄幽默地道出了自己的心声。

"秋天的谷穗虽然丰盈饱满，但头却垂得很低；只有懂得它的人，才知道它的内在美。它坚守属于自己的秉性，朴实而不哗众取宠，谦虚而不炫耀，更不盛气凌人，因为再大的荣誉，都属于阳光、土地、雨露和为它付出的人们。"

诗人以谷穗自喻，它外表丰盈饱满，头垂得很低，如此朴实、谦虚，是因为它清醒地知道是谁让它如此丰盈，这正是谷穗的内在美，这也正是诗人的内在美。

在近半个月的跟踪采访中，李强华一直忙碌在麦田、菜畦间，三个记者的话筒和摄像头一直紧随其左右。李强华挚爱田园多彩风光的一言一行，诠释着农民诗人的日常生活，诠释着诗人捕捉生活、酿造诗情诗韵付出的汗水。这期节目后来在西安电视台、陕西省电视台、中央电视台连续播放，那是在播放黄土地如何炽热孕育一个诗魂的情怀。

李强华与黄土地结缘的一举一动，不就是日日月月以黄土地为舞台，风雨无阻演绎的生活剧吗？而那重大节日开展的活动，总是把这长剧推向高潮。

1993年5月23日，是画乡诗社成立10周年纪念日。这个红五月，诗社社长李强华和班子成员多次召开会议，研究庆典方案。

一天，李强华找来诗社副秘书长刘勇："咱诗社想给参会社员每人发一个纪念品，这个任务就交给你办。"

刘勇回忆当时的情况，他说真有些难为情，因为一分钱的经费也没有，但他还是答应了。

"随后，李老师多次找我过问进展情况。几经周折，基本没花钱，我于庆祝会前一天，把60件精美纪念品（贝壳工艺品）当面交给了李老师。他详细清点着，笑着夸我会办事。5月23日，纪念大会在喜庆气氛中进行了两个多小时。会议结束前，李老师让我把那些纪念品发给每个社员，他动情地讲述了筹备纪念品的过程，说礼物虽轻意义重大。会场立刻响起一阵热烈的掌声。"

随之而来的是户县作协10周年庆祝会。同年8月14日，户县作协召开第二届大会，作为户县第一届作协主席的李强华，在会议上做了《振奋精神，提高素养，为繁荣户县文学事业而努力奋斗》的报告。这个报告总结了过去10年的工作，提出了户县文学发展的新设想。

报告首先对户县作协10年来，在文学创作方面取得的成绩做了回顾。

一是文学社团活动积极。如"画乡诗社"在没有经费的情况下自己筹资出刊物，办诗会，在街头召开诗歌朗诵会。1987年8月，诗社在钟楼举办"荷花诗会"，观者如云，盛况空前。《西安晚报》记者专门为"荷花诗会"撰写文章予以报道。《画乡诗浪》社刊同样在没有经费的情况下，找企业赞助，与许多单位、企业联合办刊，保证了诗刊正常出版。

10年间，画乡诗社召开诗会10次，出刊63期，刊登县内外作者作品800多首。以杨涛、赵丰、段景礼、仝德普等一批颇有成就的省市作协会员为骨干，组成的户县"终南"文学社，团结县内小说、散文、报告文学等作者，经常研讨创作方面有关问题。1988年，户县"终南"文学社精心组织，由户县文学作者雷世华出资，举办了"华美杯"文学评奖活动，评出10多篇在省、市以上报刊发表过的优秀作品。该文学社还自筹资金，同县文化馆联合出了一期刊物，受到户县文学爱好者的好评。

10年间，户县先后成立了10多个校园文学社和工厂文学社。校园诗人初红组织的户县一中"荷尖"文学社，先后在省内外文学刊物频发学生会员作品，有不少作品获各类奖项，成为全省校园文学社的一株独秀之花。户县造纸厂的"眺望"文学社定期组织活动，有自己的刊物，发表了一批具有一定水平的作品。

二是创作成绩显著。据不完全统计，10年间，户县作协会员在市级以上报刊发表各类文学作品700多篇（首），先后有50多件作品获奖。画乡诗社先后编辑诗集《乡野集》《户县社教诗选》《红太阳颂》《甘亭诗选》《春潮集》等。

个人创作方面，李强华30余年坚持不断创作，先后发表诗歌800多首，《唱歌要学刘三姐》获南国诗社诗歌大赛民歌类一等奖，《牧归》在陕西省"丰收杯"农民诗歌大赛中获二等奖，1992年编印了《李强华诗选》。他的小传编入《中国当代艺术界名人录》。

《画乡诗浪》主编初红，在教学的同时，发表诗歌500多首，多次获奖。歌词《老师，睡吧》入选《中国当代歌词选》。他的小传和两首诗歌选入《中国当代诗人大辞典》。

杨涛以恒毅为笔名发表小说、散文、儿童剧、诗歌、报告文学等作品50余篇（首）。他的童话剧《奇特的节目》，在《中国少年报》发表后被中央电台改编为广播剧播放，荣获陕西省群众艺术二等奖。儿童独幕剧《一株小花苗》获陕西省校园剧一等奖。儿童剧《小天使》获陕西省首届"火炬杯"儿童文学三等奖。故事《大林和德西》获陕西省第六届故事会创作奖。小说《还债》获陕西省建党

70 周年征文奖。散文集《戏鬼》和报告文学集《射域的桑民》先后出版。

段景礼出版了中篇小说集《风雪娘子关》。

赵丰在《延河》《百花园》等省内外刊物发表小说 20 余篇，他同杨涛被省作协推荐编入《中国当代青年作家名典》一书。

仝德普的散文淳朴、清新，生活气息浓郁，先后在省内外报刊多次发表。近两年他还写了 10 多万字的长篇纪实文学。

章立的《老婆骑车》在《民间文学》发表，被 10 多家报刊转载，并选入陕西师大中文系教材。

刘勇在《陕西日报》发表的哲理诗，语言凝练，立意深刻，深受读者喜爱。张碧涛身残志坚，立志文学创作，散文小说连连发表。

曹碧峰的报告文学获西安市首届"冲浪杯"文学奖，

万生文的散文获《陕西教育》征文奖。

任照华的杂文在《山西青年》获奖。

石侃之的作品相继获奖。

《户县人》一书是户县作协会员作品的集大成，80% 都是新人新作。

10 年间，户县作者队伍不断壮大。画乡诗社由刚成立时的 30 多人，发展壮大到 100 多人，户县作协会员发展到 108 人。8 人被吸收为西安市作协会员，4 人被吸收为陕西省作协会员。

户县作协第二届换届选举，李强华再次被推选连任作协主席。

一位农民诗人，始终不渝地以诗歌唱响自己的人生，以诗歌吟咏千秋万代哺育农家的黄土地。黄土地广袤的胸怀，收获了诗人数以千计汗染情牵的诗篇，也赋予了诗人机巧的智慧和干练的能力，一次次把他送上为乡愁领衔主演的舞台。他钟情回报黄土地，自我加鞭，更磨砺笔尖，参加全国各类诗歌大赛，展现领头雁的风采。

1993 年 2 月，李强华的诗歌《向日葵》荣获"朱载杯"全国诗歌大赛优秀奖。同年，该诗获西北五省区农民诗歌大赛一等奖。5 月，诗歌《掠影》获首届全国"江花杯"精短文学作品大赛优秀奖。8 月，诗歌《咏梅》获"冰心杯"新文学作品大赛优秀奖。同月，《花鸭》《布谷鸟》获西北五省区农民诗歌大赛一等奖。9 月，诗歌《雾》获第一届中国现代诗歌发展奖二等奖。12 月，诗歌《毛泽东，你是……》获湖南省"毛泽东百岁诞辰诗文大赛"一等奖，收入《心中的太阳》诗集，1994 年收入获奖诗集《不落的太阳》。

1994 年，《故乡诗话》组诗，获陕西省群众艺术馆、西安市文化局等联合举办的西北五省区"505 杯"农民诗歌大赛一等奖。《有了领袖毛泽东》获"纪念毛泽东诞辰 100 周年"全国诗歌大赛三等奖。

你是六月风，
农民对你最知情。
有你死水泛浪花，
有你麦子扬得净。
有你送粪不怕热，
有你白杨呱呱鼓掌颂太平。

你是三月雨，
万物对你最欢迎。
有你柳树好抽芽，
有你油菜好返青。
有你荷花好孕苞，
有你春牛摇尾要播种。

1993 年，湖南省关心下一代工作委员会举办"纪念毛泽东百岁诞辰全国诗文大赛"。李强华激动不已，夜不能寐。他 1960 年参加全国第三届文代会见到毛主席，到 1993 年，已经整整过去了 33 年。30 多年来，毛主席接见他的情景仍然历历在目，清晰如昨。是毛主席的恩情，让他这位泥腿子走进首都北京，走进中南海，参加全国文化盛会，是毛泽东思想的培育，使他这位普普通通的农民，成长为著名的农民诗人，获得"劳动模范"的殊荣。对人民领袖的崇敬、信仰之情，促使他要去参赛。但怎么表现毛主席的伟大和人民对他的爱戴呢？李强华想，要写自己熟悉的事。咱是农民，俗话说得好：民以食为天。有了吃的，其他问题就迎刃而解了。农民最爱三月雨，有了春雨麦子好返青，油菜好开花，毛泽东思想不就像这三月雨吗？好，就这么写，他用自己惯常的比喻手法，带着对六月风、三月雨的深切感受，形象地表达对毛主席的深情厚谊，很快地完成了这首《毛泽东，你是……》的参赛作品。

这首诗歌没有空洞的说教，更不是干巴巴的标语口号。诗人的高明之处，在于选择与农民生活息息相关的六月风和三月雨作为物象，通过顺理成章的联想，有情有感地历诉它们对麦子、树木、油菜、荷花以及农事活动的作用，让人感受其无可替代的影响力和无怨无悔的奉献精神，这就像毛主席的胸襟和抱负。诗作没有一句直接赞颂毛主席的词语，但毛主席的伟大之处已经鲜明形象地屹立在天地之间。这首诗获大赛一等奖实至名归。

除了参加大赛获奖作品外，这一时期，诗人先后创作了不少有分量的作品在省市报刊发表。

1993 年 5 月，《田野抒情》中的《月夜遐思》《白杨》在《延河》月刊发表，收入 1997 年《中国作家艺术家大辞典》。11 月 19 日，《反腐倡廉新民歌》在《农家信使报》发表。12 月 8 日，《轩辕柏》在《户县报》发表后，1994 年收入《历代祭黄帝陵诗词选》，同年 9 月在《延河》杂志发表，1995 年 5 月 29 日《陕西日报》转发，1999 年收入《中国新时期 20 年诗选》，2002 年台湾《葡萄园》杂志 155 期转发。

1994 年 2 月 14 日，《我呼唤春风》在《陕西日报》发表。3 月 1 日，《春耕短歌》《燕子》《蚯蚓》在《陕西农民报》发表。8 月，《白鸽》在西安《群众艺术》发表，1995 年 9 月《延河》杂志转发。12 月，《野菊花》收入《中国新诗人成名作品选》。

一把绿色大伞，
高高地撑在陕北黄土高原。
遮着六月的烈日，
挡着湿衣的雨点。
每当不测的恶劣气候来袭，
它就把中华民族牢牢地搂在身边。

承受着大自然的折磨，
企盼着四季祥和平安。
性格是那样的温柔，
心情是那样的慈善。
它是五千年历史的见证，
日月与他同存，
山河跟它相伴。

这是诗人 1993 年 12 月创作的《轩辕柏》，这是抒写屹立在陕北桥山之上的黄帝手植柏不可多得的一首力作。这首诗作，运用比喻、拟人化手法，一面对轩辕柏进行描摹，一面进行议论，虚实结合地映现出轩辕柏的胆略和气概，也就是中华民族先祖的胆略和气概。

上片，诗人一入题，就把轩辕柏喻为一把大伞，形象生动。然后详述这把伞撑在陕北黄土高原，对抵御自然风雨的作用。诗人笔锋一转，由自然到社会进行议论，指出这轩辕柏不就是一位伟大的父亲，他抵御外来不测，始终护佑着中华民族把它牢牢地搂在身边。这种气吞山河的无畏精神，真是撼天地、泣鬼神。

下片以议论为主，高度概括轩辕柏的历史价值和时代价值。它虽承受巨大折磨，却心存美好的企盼；它对中华儿女呈现温柔的性格，慈善的心情，它"见证着五千年历史"的风雨，与日月同辉，与山河同存。

这首诗 2002 年秋在台湾《葡萄园》诗刊发表，既体现了诗人对祖国大好河山的热爱，也表达了诗人对实现祖国和平统一的企盼。

李强华不就是护佑"画乡诗社"年轻的文朋诗友的一把伞吗？他以挺拔的人品和质朴的诗品站立在黄土地上，又时时不忘为诗友们遮风挡雨。

1993 年秋，第二届西北五省区"505 杯"农民诗歌大赛征稿，李强华鼓励年轻的诗友李养民参加，因为一直没有参加过诗歌大赛的李养民信心不足。

"别怕。得奖是小事，这是让省上专家、权威把咱的诗作鉴定一下的机会，就大胆地参与吧！"

李强华笑容可掬地鼓励着。李养民受此鼓励，勇气倍增，积极参加比赛，拿到等次奖。他知道后，高兴地说："参赛作品，只要真正做到思想性、艺术性的有机结合，得奖的机会就多。"

这也是李强华参加各类诗歌大赛屡屡获奖的原因所在。

李强华在回忆自己创作历程，写的一篇刊登在《西安晚报》的《我的文学道路》的文章中，深情地感慨：

"我虽是个农民，但深知历史赋予文学作者的使命。我会用自己的诗歌去讴歌真善美，鞭挞假恶丑，用健康有益的作品引导人民去推动时代的前进。"

这段话道出了他这位土生土长的农民，与诗歌结下不解之缘，在劳作之隙，以诗歌反映生活，抒发心中情怀的内在原因。

李强华，不只关心着户县农民诗歌队伍的壮大，也十分关注陕西农民诗歌事业的发展。他经常与临潼"王老九"诗社、汉中"农二哥"诗社、耀县"华原"

诗社、礼泉"民风"诗社等省内几家有影响的农民诗社密切联系，商谈筹备陕西农民诗歌学会的有关事宜。经过精心筹备，1994 年 12 月 25 日，五大农民诗歌社团相关负责人，齐聚陕西日报社会议室，就成立陕西农民诗歌学会相关问题展开热烈讨论。

当提到由谁掌舵担任陕西农民诗歌学会会长时，有人当即提出由李强华出任会长最合适。这一提议得到大多数人的认可。

可是李强华却站起来连连摆手：

"谢谢大家的好意。我看由户县的章立同志挑头合适，他年轻有为，有热情，有闯劲。需要我出力，我义不容辞，咱就是爱农民诗歌。"

李强华的谦让令出席大会的领导们感到十分敬佩。最后会议决定由章立同志出任陕西农民诗歌学会第一任会长，李强华担任副会长之一，初红担任秘书长。陕西农民诗歌学会的成立，把陕西农民诗歌推向一个新的高峰，也把全省农民诗歌的重心转移到户县，大大提升了户县的知名度，同时促进了户县群众文化活动的大力发展。

第四节　夫念妻情深　父爱子相报

爱情是家庭关系牢不可破的黏合剂，爱情让夫妻一方为另一方攀登事业的高峰甘愿撑起一架云梯。在李强华的家庭，爱妻杜亚兰就是一架云梯。李强华深知，自他们 1955 年结婚到进入老境，40 多年里，他依着这架云梯，在向农民诗人的峰峦攀登中，每上升一步，这架云梯背负了多大的重量！是爱妻日日月月用柴米油盐艰辛地烹调着这个家，是爱妻用乳汁和深深的爱，总是在替他把几个儿女哺育成人，给了他们各自的家。感激，在强华心底翻滚，情不自禁地涌上来，从他的笔尖流出一首首诗篇，钟情地献给他最爱的人。仅 1996 年，他就为爱妻写了《赠你》《爱情》《我心中的你》《给妻》《想你》《多亏了内阁总理》等多首诗篇。

牡丹虽艳没有你高贵，芍药虽倩没有你妩媚。
你的深情感动了我，与病魔斗争才有信心。

你是我的救命稻草啊，吃药不灵，见你胜名医。

如过冬羔羊需要老羊皮，似返青麦苗需要春雨。

这是诗人创作的《给妻》诗篇中的诗句。诗人把爱妻与牡丹、芍药相比，深情地慨叹：它们没有妻子的高贵和妩媚，因为是爱妻内在的深情增强了"我"每次与病魔斗争的信心。这病魔既指肉体的疾病，也泛指像病魔一样的种种生活的坎坷。诗的第二节，诗人又把爱妻比作救命稻草，这根稻草胜过救命的名医，又如羔羊过冬需要的老羊皮，麦苗返青需要的春雨一样。

这是诗人与爱妻风雨同舟四十多载独有的深切感受。他是绝对不会伤害这根比命还金贵的稻草，他总是用诗歌在夫妻之间搭建起一座座心灵沟通的桥梁，让两颗心从彼岸相会在鹊桥上，欣赏、交融，化解了偶尔飞过的微风细雨。

夫妻双双扛着工具回到家，孩子们也快放午学了。妻子亚兰赶忙系上围裙洗菜、和面，强华坐下来拉动风箱生火烧水。妻子把面擀好下在锅里，丈夫心中酝酿的几句诗也在风箱"呼、呼、呼"吹火的节奏中完成了。按捺不住，他随口念着，妻子按着锅盖的手像接到命令似的停了下来，盯着丈夫静静地听着。"呼"的一声，像一股熏风掀开掩着的柴扉，炉膛里的火苗像动了情，把锅里的汤面撩拨得溢满锅头。

"呀，你个死鬼，甭念咧！"

妻子手忙脚乱，把责任推给丈夫。他抹着溅在脸上的滚汤"噢、噢"地跳起来取湿毛巾去擦。孩子们回来了，看着父母的样子，笑出了声。

夜晚，灯光下，一边是强华读书赋诗，一边是亚兰梭穿机响的缝织，夫妻俩用心灵的默契，艰辛地走进各自经营的世界。

这是大锅饭时，经常因诗歌发生在夫妻间的一幕幕活剧。

村子实行联产承包责任制后，强华把家庭生活的担子搁在了爱妻的肩上。责任田、菜市场、猪圈和鸡棚那处理不完的难缠事，让亚兰心烦，她免不了把怨气撒在丈夫身上。他理解妻子，他感到对不住妻子，便搭手和她共同处理着冗杂的琐事。看着妻子心情平静了，他的心却不平静。

媳妇媳妇你别哭，

给你承认个错误。

苦你累你我不对，

谁家碟碗没个碰磕处？

你把我拧，我把你逗，

晚上睡觉还得枕一个枕头。

你知道，农家有句口头禅：

夫妻不记隔夜仇。

李强华适时送给妻子的一段诗歌，像一缕阳光，给她心坎的一段阴凉处，送去一片温暖。

独特的生活环境，把妻子亚兰推进一般妇女难以企及的境地，给她带来棘手的压力和责任，却也成就了一个女强人的性格。特别会持家，特别能吃苦，遇事有主见，不等不靠，独立前行，这些品质，从某种角度来看，是强华培育出来的。家里盖房前的借款、寻找匠人、安排活路；儿女婚姻等大事的料理，强华不在家时，她完全能做主。许多时候，她就是家里的"掌柜"，强华反倒按她的安排去执行。

当家者的本末倒置，妻子亚兰并不认为丈夫的无能和窝囊，相反，她认为自己的丈夫最不平凡，是她值得信赖的人。

雨天里，晚饭后，亚兰难得地听丈夫说诗社的事儿。强华创作的某首诗获什么奖，她总是放下手头的活儿用心听，不时插嘴问几句，强华总是给她满意地回答，让她有一种依赖感和自豪感。

亚兰有空便和姐妹们、乡党们坐在一起闲聊。若提到她的丈夫强华，有人问起他在北京见毛主席的事儿，背诵着他写的某一首诗时，亚兰感到心里特别暖和，她给乡党们叙说着，脸上总是挂着笑容。乡党们说她有福，跟了个农民诗人。她感到因为丈夫，人们才对她羡慕、敬重，她心里很满足，虽然苦点累点，觉得值，有一种成就感。

丈夫不时上西安开会，或被借调到县文化馆、乡政府工作，她觉得自己已是干部家属。西安的专家、记者，县内外的文朋诗友来家里采访、拜访强华，她赶忙起身招待，总有一种荣誉感。

亚兰知道自己应该怎样帮助丈夫。改革开放初期，一家小企业生产塑料编织袋，需要缝合边子。每缝合一个塑料袋边子，能挣 0.017 元。亚兰就让孩子们把大捆大捆的塑料袋拉回家。那台老式缝纫机，为一家人的生活重新苏醒；大小不同的脚板，白天黑夜连轴转地轮番踏着机子，拼命转着一家人的温饱。

强华晚年染病在身。庭院里，亚兰种上菜，菜垄边种上各种花草。春天，红绿相间的玫瑰花搭起彩门。妻子扶着丈夫坐在花架下，追忆往事，叙说着未来发家的念想。

亚兰整天为家里的零碎事操着心，到晚间腰酸背疼，却像不是酸痛在自己身上；实在撑不住揉一揉了事，却总是操心丈夫按时服降压药；看到药快完了，便唤儿子们去买。

深情、明理，替丈夫分担责任，替丈夫担起家庭生活的重担，为丈夫的健康操碎了心，这是一个多么让人尊敬的贤内助。丈夫诗歌成就的"军功章"，确实有妻子的一半。

人世间，爱是一种伟大的力量。夫妻间的情爱可融化任何生活的坚冰，度过凛凛寒冬，共同走进温暖富足的春天。父母与子女间的情爱，是子女健康成长的阳光雨露，也是父母安度晚年的清风明月。李强华和杜亚兰，拥有这两种爱，他们相依相扶着走过生活的风雨，他们又把心思几十年如一日地放在子女身上，不求任何回报。

因生活所迫，1999 年儿子兴团在县东周南村承包了 38 亩地，作为父亲，强华为儿子掏了 5000 元的土地承包费。秋季，苞谷成熟了。兴团回忆道：

"父亲带病骑上三轮车同乡党到周南村，帮我扳苞谷。苞谷运回来，倒在门前像小山似的。他又喜又急，催母亲快给娃帮忙去。父母和乡党们一块剥苞谷，一干就是半宿。我劝父亲早些歇息，他说'甭管我'。我那时怎么就没劝住父亲呢，因为他身上的病越来越多，每日是用药物调理维持着。"

兴团说着他因为生活实在清苦，一直在穷坑挣扎，供给两个孩子上大学，债务压得他抬不起头；说着父亲在他最困难时，带病帮他时，泪水已在脸上横飞。他多次建议让父母搬到他家里一起生活，都被母亲婉言谢绝了。

小儿子新胜回忆父母对自己的关爱，同样地激动不已。

"我在家里最小，常常受到父亲的疼爱。记得我小时候，一次父亲在县政协开会，早餐安排在东街五七市场口的早晚食堂。父亲打好饭，带我到县政府门口人行道边，蹲下身一面给我喂着，一面说'慢慢吃，嚼烂'。现在想来，我嚼着的是一份父爱，是天底下最幸福的人。

"2000 年的某天下午，我无意中说想吃麻麻菜疙瘩。晚间的饭桌上，竟然摆了一大盘清香野菜疙瘩和红艳艳的油泼辣子水水。后来才知道，是父亲那天下午在地里转了很多地方，挑回半笼野菜，择呀淘呀，直至进锅蒸熟，才忙他的事去了。我没想到无意间的一句话，竟让年迈患病的父亲忙了一下午。宁可亏自己，也不能亏儿女，这就是我的父亲。

"我从小口细，吃饭很挑剔，给母亲添了很多麻烦，可母亲尽量满足我。记得儿时，母亲晚间扫炕，我会任性地用双臂搂着她的脖子或骑在她背上撒娇。母亲在炕头一面扫炕，一面爬着转圈儿，给我的童年带来无尽的乐趣。父母亲的怀抱，永远是儿女们幸福的港湾。"

1965 年，因当时环境所迫，强华夫妇无奈将出生才八个多月的三儿兴娃送到亚兰娘家兄长抚养。1990 年三儿上县城居住兼做点小生意，恰逢西郊村处理集体公房，儿子兴娃想买。强华便出面协调手续，亚兰包揽筹钱，先拿出家里仅有的 4000 元存款添给兴娃，又借了两万多。强华夫妇终于补回了对三儿缺失的父母情。

强华夫妇对孙子、孙女的爱也堪称典范。

兴团把两个女儿都供给成大学生。尽管每年要借一大笔款子作为女儿的学费，但他从未向父母伸手。而父母总会提前为孙女付给一部分学费，最大一笔是 4000 元。

兴团清楚地记得：1999 年腊月的一天，天已麻黑，他正在喂猪，只见父亲急匆匆走进门，脚没站稳就说："后晌文化馆发了三百元奖金，我先拿来给娃上学用。——啥都好着么？"

"好着呢。爸，到屋里坐会儿，饭好了，吃了再走。"

"不咧，我还有事呢！"说完，父亲转身操手走了。兴团手攥着还带余温的钱，站在门前白杨树下，目送父亲远去的背影，伫立了很久，两行热泪潜然流下。

兴团回忆着父亲的往事，依旧是热泪两行。他说他的父亲拖着病身，和他母亲曾到杨凌看望在省水利学校读书的二孙女，叮嘱了许久才离开；他说他父母也牵挂着在外省读大学的大孙女，只因心力不足而难以前往。

儿子新胜有了孩子后，作为爷爷的强华每天从文化馆下班后，顺路在西街小学接孙子回家。他一边领一个，孙子们蹦蹦跳跳地喊着："爷爷，我要吃方便面。"

"家里有，甭乱花钱。"强华笑着说。

回到家，强华取出零食和算盘，笑道："来，爷给你俩教打算盘。"

儿子新胜下班回来了，把手中的一个包交给父亲："爸，这是刚从上海出差捎回来的几样食品，你和我妈尝个鲜。"

"啥都有呢，花那钱做啥？挣钱多不容易。"强华说着，打开包，把儿子给他买的高级食品先分给孙子吃。

父母日常节俭生活的美德，父母的耳濡目染，父母那无私的爱，教育、感染着儿女。听从父母的教诲，主动替他们分担生活的重负，尊老爱幼，兄弟姊妹间相互扶持帮助，儿女们一直用实际行动回报着父母。

1977年，兴团高中毕业，本可重新复习参加高考，但看到父母整日艰辛劳作，仍欠生产队的超支款，新胜年幼又要上学，为了减轻父母的压力，他便主动放弃重读复考，回到农村，帮父母一起挑起家庭生活的担子。

父亲病逝后，因弟弟新胜办企业太忙，照顾老人难免有疏漏，兴团夫妻俩在和母亲分房另住22年后的2005年，重新把母亲从弟弟处接了过来。为了照顾多病的母亲，兴团放弃了一次次外出打工挣钱的机会，责任田的农活细耕改粗耘，把菜地变粮田，为的是全身心守护多病的母亲。

在精心陪护母亲的整整七年间，儿媳王小利平日里为婆母做饭、洗衣、梳头、洗脚。夏天，为婆母早铺凉席高挂蚊帐，冬天，为婆母早缝厚被烧好热炕。婆母有病住医院，她每日在家庭和医院间穿梭，在为婆母检查、取药、打点滴的忙碌中煎熬。

同室病友夸赞说："老嫂子，你真有福，看你的女儿多么孝顺。"

"那是我的儿媳妇。"婆母满足地说。

2011年，在婆母病重昏迷到病逝的28天里，王小利更是精心伺候。每天把婆母弄脏的衣服洗净晾干叠好，随时给婆母换上，把婆母住的房间打扫得干干净净；每天从医院取回的针剂，请护士挂好吊瓶，她一直守候观察，催促按时换药。亲戚和街坊邻居前来看望，一致夸赞小利。

女儿小英、新胜夫妻俩，也总是前来伺候。兄妹们从来没有因母亲的患病治疗和陪护而计较。

2011年5月，杜亚兰寿终正寝。村委会、老年协会、村妇联组织赠匾，授予兴团之妻王小利"好媳妇"光荣称号。荆润生代表西郊村老年协会在授匾会上说："这个家庭的儿女、儿媳们是一个敬老孝老的群体，为我们每个家庭树立了榜样。"

是的，这也是父亲李强华言传身教留给家庭最宝贵的一笔财富。

满足父母的心愿，让他们心想事成，安度晚年，新胜身体力行。

"你哥的娃上大学，经济正紧张，节省一点，帮帮你哥。"

"爸，知道了。"

新胜很懂事，他听父亲的话，不时帮衬着哥哥李兴团。

1995年冬的一天中午，天上飘着雪花。强华来到黑牛机械厂找新胜，对他说："陕西省旅游出版社准备出一套系列丛书，邀我参加。我和你妈商量，准备花些钱，再出本诗集，但印书得6000元钱呢。"

这6000多元，相当于强华被聘任文化馆工作两年的工资。他曾征求诗友初红的意见。初红觉得经济压力太大，因为这诗集出版后，将全部向诗歌爱好者赠送，没有一分钱的回报，所以委婉劝他放弃。强华想了很久，还是坚持要出。他向初红说："就全当扩大我们诗社的影响吧！"

新胜听出了父亲的意思。作为家长，父亲平时省吃俭用舍不得花钱，需要花钱时还征求儿子的意见，让新胜很感动。他尊重老父亲的意见，满足他的心愿，立即拿出3000元，让父亲的诗集《牧归》得以面世。

李强华还有一个最大的心愿，那就是再去一趟北京。尽管1960年、1965年两度进京，还受到毛主席的接见，但他想再目睹一眼心中的救星，因为他对毛主席的感情太深了。儿子儿媳满足他的心愿，2002年11月，在新胜媳妇绒霞的陪伴下，强华夫妇俩坐上了通往首都北京的列车。

"到北京先到毛主席纪念堂。"强华很激动，他在列车上再三对老伴说。

一夜的列车颠簸，他们都未睡好。第二天一下火车，他觉得自己的精神非常好，乘车来到天安门前，顾不得浏览故宫，先在毛主席纪念堂前排队。随着长长的队伍缓缓地前行，他感到时间太长了。终于走进瞻仰大厅，看到毛主席的塑像，他禁不住落泪了。献上一束鲜花，他的思绪回到1960年7月23日的怀仁堂，眼前浮现着毛主席的高大形象，耳畔回荡着雷鸣般的掌声。他的思绪又回到1977年，毛主席纪念堂落成，带着极其沉痛和万分不安的心情，他多想亲自去瞻仰毛主席的遗容，心里的千言万语汇成道道热泪在脸上流淌。那天晚上，他情不自抑，伏案创作了《瞻仰毛主席的遗容》诗，现在他还能背诵出诗作的有关片断：

　　爷叮咛，奶叮咛，
　　爸叮咛，妈叮咛。
　　进京后第一件大事，
　　就是瞻仰毛主席遗容。

　　爷爷对我多次说，

翻身忘不了救星毛泽东。
奶奶对我有指教,
可别忘共产党带来好光景。

火车呀,快些开,
我心早已进了北京城。
这是我一家的吩咐呀,
要多向毛主席行礼鞠躬。

啊,那是毛主席纪念堂,
五个大字放光明。
毛主席安息在那里,
和蔼可亲面从容。
……

瞻仰的人儿不断线,
此时无声胜有声。
跟咱毛主席见一面啊,
力量无穷智无穷。

现在,他又来到北京,站在毛主席的遗体前。李强华多想唤醒他老人家,但那庄严肃穆的环境告诉他,别惊扰老人家的梦。他的热爱、他的信仰、他的忠诚全在那恭恭敬敬的三鞠躬中。

走出毛主席纪念堂,看到天安门广场一片祥和的景象,看到笑容挂在每一位游览者的脸上,他也会心地笑了。

开怀地游览,走过人民英雄纪念碑、故宫博物院、王府井大街、天坛、颐和园,整整五天时间,强华感受到首都北京的巨大的变化,他在心中祝福着人民共和国铿锵前进的步伐。

李强华,毕竟是68岁的老人了,又疾病缠身,心有余而力不足,走走停停,停停走走,他是用尽全身的力量在完成生命中最后一段长征路。这段路上的无限风光,给他的生命注进了再度拼搏的一份动力。

爱情像一把连心锁，

锁着你也锁着我。

只因心心相印，

彼此流淌着一条爱河。

这是李强华 1995 年创作的《爱情》诗的一节。这一节，诗人从自己与爱妻走过的漫漫人生路抒发对爱情的感受：它像一把连心锁锁着真心相爱的你与我，因为彼此心心相印，才"流淌着一条爱河"。父母与子女之间的爱，又何尝不是一把连心锁？只因血脉相承，彼此也在动情地"流淌着一条爱河"。李强华与人民共和国的爱，与人们领袖的爱，更何尝不是一把连心锁？只因情深似海，彼此也在动情地"流淌着一条爱河"。

第五节　春蕴祥和境　笔染缤纷色

1986—1995 年，这十年是李强华诗歌创作实力的鼎盛期，也是他创作的"黄金期"。这一时期，他创作了大量有质量有水平的诗歌，仅在《李强华诗歌选集》收录的诗作就有 418 首。诗作无论在题材、主题、艺术形式上，都有新突破。题材范围更为广阔，主题意境更为深远，诗体形式以自由体新诗为主，兼有诗意浓郁的歌词和新民歌体。语言表达以口语化、大众化、通俗化，乡土气息浓郁为主要特点，同时也创作了相当数量的较为含蓄、隽永的诗作。这些诗作显然成为他诗歌艺术的新突破，也是他诗歌艺术风格的蝉变与拓展。形成他诗歌风格由清新明快、淳朴刚健迈向含蓄、隽永的标志性转变，更是他诗歌艺术风格多样化的表现。

这一时期，李强华许多诗歌采用第二人称视角，让物象产生人格化的效果，这种叙述好像作者对我们娓娓面谈一样，无形中拉进了读者与物象的距离，便于对话交流，便于议论抒情，有呼告手法之效果，不但能增强感染力，同时能够使读者迅速融入角色，调动其或褒或贬的情感共鸣。我们先来欣赏一下他在 1990 年创作的第一首《小草》诗：

你生长在岩石上，
生命啊，不知多长？
经历多次风雨，
迎过多回太阳。
历史已经证明，
小也有小的志向。

你挺着坚强的身躯，
努力贡献自己的力量。
输送新鲜的空气，
衬托青松的形象。
时代多次宣告，
无名者风格高尚。

这首诗，诗人以第二人称叙写，赞扬小草生命力顽强，小而有志向的品质，那就是为人们"输送新鲜的空气，衬托青松的形象"。所以它虽无名却精神品格高尚。这也是言普通劳动者之志。

1992 年，他又写了一首为题《小草》的诗，发表在当年《延河》第三期上。

你有个性，
从不在人前卖弄。
没有鲜艳的色彩奉献，
却有旺盛的生命。
一出世就朝气蓬勃，
去招阳光，去挽春风。

春天没你就少了一角，
红花没你就显得孤零。
你故意站在不显眼处，
跟大自然遥相呼应。
你为羊儿捧上一顿佳肴，

你为春天奉献一个幼小心灵。

这首诗，赞颂小草朝气蓬勃，生命力旺盛，具有奉献精神，却又低调不愿显露自己。然而它那装点大自然的积极作用是谁也不能取代的。

还有一首以《草》为题的抒情诗，从另一个角度赞美了小草的精神品格。

你朴实无华，
任人踩在脚下。
群羊来啃，
车轮也压。

有的用叶沤青肥，
有的用根锁住大坝。
无论寄托什么希望，
你都用旺盛的生命报答。

显而易见，这首诗赞美小草，也是赞美像小草一样的普通劳动者，有时虽受到不公正待遇，却总是用奉献报答社会，这是怎样的虚怀若谷。这正是普通劳动者生命意义平凡而崇高的体现。

这几首诗，诗人从不同侧面赞美小草，也就是赞美普通劳动者的精神境界，都是从第二人称的视角，直接与之对话，这就拉近了作者与小草这一物象的距离，有助于深情的与之倾吐衷肠，不仅营造了有我之境，而且让读者有一种亲临现场，如雷贯耳的痛快淋漓之感。

一匹脱缰的骏马，
奋力向前飞跨。
你被整整围困了一个严冬，
喜今日获解放，豪情大发。

风儿为你助阵，
燕子为你搭话。

夜晚，顶满天星斗，
早晨，披一身朝霞。

跨千川，吼声震山谷，
越万壑，四蹄冒火花。
在东方地平线上，
浮现出一幅最美的图画。

这是诗人 1990 年创作的诗歌《山溪》。除了采用第二人称，所不同的是把山溪比拟为骏马。这样，我们眼前就浮现出一个奋力飞跨的脚力。它挣脱了在圈中一个严冬的围困，冲出栅栏，"顶满天星斗""披一身朝霞"，跨川越壑，吼声震山，四蹄冒火的形象。这何尝不是山溪从深壑冲出，日夜奔流，声震群山，浪花飞溅得像马蹄冒火般的形象？诗人把山溪拟为骏马，又以第二人称的视角，尽情描摹，不仅写出了山溪的形，更把山溪奋力飞跨的势和神写得淋漓尽致，以抒发心中锐意进取的豪迈之情。

似云，似手，
性刚，性柔？
分不清山坳移动的是雾是羊，
看不准村头隐现的是猫是虎。
忽儿在招燕子，
忽儿在迎风舞。

牵一缕彩云，
抹一道绿沟。
托起红日冉冉上升，
将那风沙节节拦堵。
站在高高地拦河坝上，
把送粮的人马数了又数。

这首 1990 年创作的《塞北柳》，通过第二人称与设问、对偶、拟人等表现手法的综合运用，不仅给我们描绘了塞北特有的自然风光，更给我们展现出生长在塞北高原艰苦环境下，那成排无畏之柳树所特有的抗击风沙、绿化山岭、守护拦河坝、迎接送粮人马的伟岸形象。其中蕴含的是一种高尚的敬业精神和责任担当行为，这是一曲践行社会主义核心价值观的颂歌，也是人性化了的自然之灵性。

这一时期，诗人以第二人称的视角，创作的诸如《紫燕》《带露的花朵》《熨斗》《泉声》《仙人掌》《老榆树》《蜜蜂》《露》《绿叶》《常青藤》等几十首诗歌，为我们塑造了许许多多具有时代精神、充满正能量、激人奋进的形象。阅读这些诗作，我们不仅受到思想启迪，艺术感染，更感受着这位农民诗人艺术世界的繁花似锦。

我们知道，在艺术的天地，娴熟地运用比喻，让李强华攀上一个又一个诗歌的高峰。当我们打开 2018 年出版的《李强华诗歌选集》，阅读那些用不同艺术手法创作的上乘诗歌，不由得惊叹诗人多重驾驭诗歌艺术的功力。

比喻是诗人翱翔诗歌蓝天的翅膀。1998 年创作的《梧桐花》，运用的比喻手法，让构思独特新颖，把人带入美的境地，感受着美的陶冶。

> 那盛开的梧桐花，
> 活像一个大喇叭。
> 你是赞扬勤劳的人们，
> 还是赞扬茁壮的庄稼？
>
> 你是赞扬致富奔小康，
> 还是赞扬高楼和大厦？
> 梧桐花默默一笑，
> 低着头羞答答。
>
> 智慧的人们猜得准，
> 逢盛世花儿越开越大。
> 轻风带去了它的笑声，
> 彩云乐得千变万化。

诗歌中并没有正面直接描摹梧桐花美的外形，而是抓住它的形象特征喻为一个大喇叭，猜想它要赞扬些什么。进而运用拟人手法，描摹梧桐花一笑的举动和羞答答的情态。梧桐花为什么有如此举动和情态？因为逢盛世它的花才越开越大，轻风又把他赞扬的笑声传扬开去，反让它有些羞答答，这不正是梧桐花谦虚的表现吗？这首诗借梧桐花的形象，含蓄地揭示出家乡的新变化，读后不仅引发人的思乡之情，而且使人感到趣味横生。

> 似润油，
> 光滑护肤。
> 熨平了往日的皱纹，
> 弥合住从前的裂缝。
> 竹笋高兴地跳出地面，
> 白杨急忙伸出大手。
> 羊羔喜悦地睁大了眼睛，
> 望着大地返绿。

这是诗人1987年创作的《细雨》诗。诗人把细雨比作润油，皱纹和裂缝两词由润油引出，却又暗指人们因干旱心灵的皱纹和土地的裂缝，一语双关，非常巧妙。末尾两句，把羊羔拟人化，从它的眼中"望着大地返绿"，角度出新，这又是细雨对大地的影响，紧紧扣题。这首诗首先是对往日岁月的回顾与反思，然后以竹笋、白杨、羊羔的欢快举动，形象地描摹出细雨对当前的影响，这就是细雨般的政策给人民群众带来心灵的抚慰，这就是人们对希望出现的繁荣景象的期盼与展望。这首诗是诗人对改革开放之后出现的喜人景象的诗意解读。1991年创作的《桥》：

> 像老人弯着腰，
> 经历了多年风雨折磨。
> 驮完了苦难的日子，
> 迎来了一串串欢乐。
>
> 春天的粪，秋天的禾，
> 显绿的菜，放香的果。

如诗如画的生活，

他要好好享受着。

　　这首诗，诗人把桥比作老人弯着的腰，赋予桥以丰富的人生阅历，及历经苦
难之后迎来的欢乐。"春天的粪、秋天的禾、显绿的菜、放香的果"，这些物象
让人回味起来岂不是人生如诗如画的生活吗？人生到了老年真应该好好去享受。
这首诗名为写桥，实际是写像桥一样承载着繁重生活的老人。这种人的外在和内
在品格用桥的相关特征表达出来，是多么的生动形象啊！这种借物写人的手法，
收到言在此而意在彼的感人艺术效果。

岸畔柳，

柔如手。

指点行人观，

拉着外宾走。

把湖上的涟漪看了看，

将天空的鸿雁数了又数。

西湖柳，

在欢舞。

杭州景色宜人，

岸外香稻丰收。

外宾咯咯地笑了，

笑他在这里饱了眼福。

　　这首《西湖柳》，是诗人1991年创作的。诗作比喻、拟人手法并驾齐驱，
让西湖柳像柔柔的手一样拉着观者的手做向导，把湖上、天空、杭州、岸外的美
丽风光一一地向行人、外宾介绍，让世人见证人间天堂般的美景，让世人分享中
华大地美如画的江山，以饱眼福。这是多少美妙、惬意的事啊！在艺术手法上又
是让人与物的错位，诗人为西湖柳赋予人的举动、情感，让它带观者面对西湖的
美景去看，去数，去舞，把应是人的主观感情移入客观事物，让无知无情的西湖
柳变得举止、情感飞动，使作品的意境更深一层。

正如常智奇先生所说："李强华长于以拟人化的手法赋予自然以人情、人性、人格，在'人化的自然'中抒情言志。《小草》《山溪》《塞北柳》《向日葵》等，都是这方面的代表作。他的拟人是拟农人、穷人、小人、下人、贱人，即社会最底层的普通劳动者。"1987年创作的《房檐水》：

父亲的眼泪，
含着多少心思，多少情意。
他一滴一滴地，
落在檐下，溅满大地。

他常想被撞的伤疤，
他常念海外的弟弟。
只有风儿最了解他的心情，
扫去乌云，安慰他受伤的心灵。

这首诗把房檐水比拟为"父亲的眼泪"。这是父亲，这位房屋的主人，心思、情意的外在表现。他为何如此情深呢？因为他"常想被撞的伤疤，常念海外的弟弟"，也就是心灵曾经的创伤。末尾的三句，那风儿不就是改革开放的春风吗？它扫去乌云，重现红日白云，才会收住这位父亲房檐水般的眼泪。这首诗，让人产生不尽的联想，含蓄隽永，耐人寻味。

父亲的手，
茧疤更比铜钱厚。
年年磨短了许多，
然而依旧在奋斗。
理顺了苗，
疏松了土。
渠水跟着手儿来，
五谷跟着手儿走。
严冬给大地留下的残貌，
被你一一搂走。

　　这是 1988 年诗人创作的《耙》。诗作把耙比拟为"父亲的手"。诗中写父亲的手与耙的关系若即若离，时近时远，时明时暗，错落有致。可贵的是，诗人发现二者有一种共同的宝贵精神，那就是"依旧在奋斗"残貌"被你一一搂走"。这不正是人民群众改造山河、治穷致富的变革精神吗？这首诗以小见大，窥一斑而见全豹，其艺术感染力令人叹服。1990 年创作的《喇叭花》：

> 家院竹篱笆，
> 爬满喇叭花。
> 五颜六色大放异彩，
> 可总有些羞羞答答。
> 也许，它自知那些年有愧，
> 老爱在人前说大话。
> 而今，它看见发财的人眼红，
> 总爱把致富人儿夸。

　　这首诗里既带有伤疤，带有愧疚，也带着自省和自豪。喇叭花羞羞答答，这是拟人的情态。如此表情，所以然者何？因为它曾经"老爱在人前说大话"。这难道不是对曾经流行的"浮夸风"的抨击？而今，"总爱把致富人儿夸"，这又是对改革开放以及惠民致富政策的热情赞颂。诗人面对我们平时熟视无睹的喇叭花，以特有的政治敏锐，窥视到共和国天空涌动过和正在涌动的政治风云，表达自己的爱憎情感，让我们读到了一个农民诗人可贵的良知和责任感。

> 衔着第一场细雨的春泥，
> 披着第一缕阳光的晨曦。
> 我高兴地打开大门，
> 欢迎这春天的使者。
> 你就给屋梁垒新窝吧，
> 预兆今年的吉祥如意。
> 你那扑闪扑闪的翅膀，
> 驱走多少尘土和穷气。

你那嘀咕嘀咕的叫声，
是对新政策的热情赞美。
你剪过的天空啊，
空气更清新，
朝霞更绚丽。

1986 年创作的《紫燕》，诗人把它比拟为春天的使者，寄托着不尽的愿望和期盼。这位使者"扑闪扑闪的翅膀"，能"驱散多少尘土和穷气"；它的叫声"是对新政策的热情赞美"；它"剪过的天空啊，空气更新鲜，朝霞更绚丽"。诗人总是能从普通物象的形态、声音、动作中，挖掘出富有时代气息的元素，把它们组合起来，形成一首首美妙的艺术品，鼓舞人，激励人。这不就是用诗歌的光亮，照亮人们心灵天空的一缕"晨曦"吗！ 1989 年创作的《仙人掌》：

又绿又翠，
泥土中立。
静静的仙人掌啊！
万花丛中，
你别有一番风韵。
不和芍药比艳，
不跟芭蕉斗美。
也许，你带个"仙"字，
跟凡人保持一定距离。
雨打腰不弯，
风吹色不褪。
你的光荣传统，
传了一辈又一辈。
当顽童侵犯时，
你坚决予以自卫。
啊！你满手小刺，
原是一种武器。

　　这首诗，诗人抓住抒写对象的"仙"和"人掌"破题，挖掘出独到的诗意。由它满手小刺，诗人发现，对侵犯的顽童，是一种自卫的武器；由它带个"仙"字，诗人想到"跟凡人保持一定距离"。"不和芍药比艳，不跟芭蕉斗美"，这又是和芍药、芭蕉对比，表现出仙人掌别样的风韵。这何尝不是中华民族淳朴、勇敢、智慧的象征！ 1986 年创作的《游子》：

断了线的风筝，
飘落在万里高空。
暴雨在打，
狂风在冲。
终有落地一日，
需要风平浪静。
那时，你摸它的骨架，
有股热血在涌。

　　游子离开娘怀，流落异乡，经历过怎样的心酸，有着怎样的思乡之情和拳拳赤子之心？若用诗歌直接抒发这种情感，很难收到感染人的艺术效果。诗人巧妙地把游子拟物为"断了线的风筝"，然后借物以抒心中之情，其艺术感染力是显而易见的。特别是尾句，"它的骨架，有股热血在涌"，含蓄地绽开游子的内心世界，给人一种心灵的震撼。

嗡嗡嗡，嗡嗡嗡，
飞遍千山万岭。
你恨不得采遍天下花蕊，
用甜甜味道换来人间高兴。
凡吃过黄连的人们，
都赞美你的辛勤劳动。
没有你酿造出的生活，
怎有人们欢乐的笑声。

　　这是 1991 年创作的《蜜蜂》诗。诗人除了运用拟人和对比的手法，揭示蜜蜂的内心世界外，还通过与黄连对比及从正反两个角度来拓宽诗意，突出了蜜蜂的高尚品质，赞美其辛勤酿蜜，奉献人类的精神情操。这正是普通劳动者勤劳善良品质的真实反映。

对比的手法，是通过正反和优劣的比照，使作品主题更突出，形象更鲜明，思想感情更深刻，收到以少胜多的艺术效果。而通过移用、移觉把原来属于甲事物性状或感觉的词语，转移到乙事物上的移就、通感等修辞手法，不仅能收到以少胜多的作用，而且还会产生含蓄深远的表达效果。例如1990年诗人创作的短诗《编席》：

> 篾刀将苇划成线，
> 篾条巧在手中挽。
> 给结婚席中编个双喜，
> 为百岁老人编织美满。
> 心情藏在篾里，
> 祝愿嵌在席面。

编席，是曾经的岁月，以苇篾、竹篾编成平面的东西，用来铺炕、搭棚子等的一种劳动。这首编席诗的巧妙之处，不但在于运用同音词，把编炕席与婚庆编席联在一起，又与百岁老人联在一起，拓宽了创作思路，更在于运用移就的艺术手法，把人的情绪、思想鲜明地表达出来。如"为百岁老人编织美满"一句中，编织的对象应是具体的事物，美满却是表达一种抽象的事物，诗人有意识地错位移用，这属于移物于物的移就方式。这样不但使语言出奇制胜，妙不可言，更在于使意境得到升华。其次，"心情藏在篾里"一句，心情只能藏在胸怀，而胸怀属于描写人的词语，竹篾却是描写事物的词语，这属移人于物的移就方式。这种超乎常规的语言现象，不需耗费过多的笔墨，就能简洁地把人或事物的性状、本质凸显出来，而且使语言富于变化，饶有情趣。

> 她那两腮酒窝，
> 堆满了笑。
> 多少过路人，
> 在这儿停住了脚。

"尝几颗吧!"
这就是新生活的味道。
别说这草莓,
少女的热情谁能走脱。

1994 年创作的这首《卖草莓的少女》诗,诗人抓住卖草莓少女和颜悦色的表情和亲切可人的话语,在一瞬间的闪光中,展现了生活的变迁。尤其是少女甜甜的酒窝、甜甜的笑、甜甜的期许、甜甜的情,都让人回味无穷。其中的"这就是新生活的味道"一句,新生活是抽象的事物,而味道指的是某种食物的滋味,属于味觉范畴,这里移用来表现生活的变化,这是把抽象转化为形象,即通感修辞的以实写虚,化虚为实的写法。运用这种手法,为诗作的情趣、意境的升华,起到了锦上添花的作用。1995 年创作的《新嫂》:

新嫂竹笼装满歌谣,
她匆匆从路边走过。
小伙子偷偷看了她一眼,
好漂亮啊,邀她唱一首歌。
她从笼子抓一把歌谣甩过去,
穿过柳又穿过河。
小伙子喜得滑到水里,
心里都装满了欢乐。

这首抒情诗其所以富有浪漫主义色彩,通感的修辞手法起了推波助澜的作用。短短的一首诗,其中的"新嫂竹笼装满歌谣""她从笼子抓一把歌谣甩过去",前一句,竹笼诉诸视觉,歌谣诉诸听觉,这是把视觉转化为听觉。后一句,连用了视觉转听觉、听觉转视觉两次通感手法,创造出一种特殊的情调,把新嫂美的形象、美的心灵,烘托得淋漓尽致,产生了无穷的艺术魅力。

象征是一种以物征事的艺术手法,又是一种更为复杂的修辞手法。一般只出现征体,本体只能通过暗示和联想,或征体对本体形成固定的替代而完成。李强华钟情家乡的一草一木、一花一石,他将自己的世界观、价值观、人生观以及精神世界的万千情思，都附着在自然界富有灵性的物象之中，赋予其人的情感、性格和追求，往往具有象征意味。

李强华爱美。因为花是美的，所以他爱花。他追求美，所以捕捉花的美。他写了大量以花为题的诗篇，以象征美好的东西。

1994年以梅为题，先后写了《红梅》《赞梅》《冷梅》等几首诗。他笔下的红梅是"不怕地冻天寒，一身正气又那么乐观。不怕雪压风摇，第一个站出来迎接春天"的形象，而在《赞梅》一诗中又写道："铁骨傲冰雪，冷眼看世界。""不肯向暴力屈服，倔强的性格始终不改。不求荣华富贵，敢顶邪恶鬼怪。"写冷梅则是："在你那片洁净的花瓣上，饱含着人们企盼春的情意，在你每根翠绿的枝干上，蕴藏着顶天立地的毅力。"这难道不是用梅花象征倔强不屈、傲然独立的风骨以及顶天立地的斗争精神和眷恋春色的浓浓深情吗？1992年创作的《黄菊花》又是怎样一种形象呢？

> 黎明，早霜来临，
> 你始终没有退阵。
> 黄昏，秋风猛吹，
> 你的根依然那样地稳。
> 即使生命危在旦夕，
> 大难当头仍不回心。
> 宁愿站着死，
> 也不跪着生，
> 粉身碎骨更显出顽强精神。

这不正是那种坚强勇敢，永葆节操的战士形象，体现着一种清傲高洁、坚强乐观的民族精神。读这首诗，让人自然会想到黄巢《咏菊诗》中所描绘的形象："待到秋来九月八，我花开后百花杀。冲天香阵透长安，满城尽带黄金甲。"又会使人想到"堕地良不思，抱枝宁自枯"的高贵节操和品格。1994年写的《野菊花》，更多的是象征下层劳动人民的精神品质。

> 地畔的野菊花，
> 何必羞羞答答？

姓"野"，你生活在郊外，
怕啥？这儿就是你的家。

枝上的银丝放着幽香，
头上的绿叶呈现奇葩。
你乐意跟万物结伴，
像善良的闺女初露才华。

我点种你看我点种，
我摘瓜你看我摘瓜。
你伫立在那从不絮语，
瞅着顽童不准踩庄稼。
……

我爱你这样诚实憨厚，
你深知我终日劳动的晌乏。
中午，我在地头小憩，
梦里，花夫人为我将蚊蝇拍打。

这里的菊花，因为生长在地畔，生活在郊外，自知姓"野"，不免有些羞羞答答。而诗人奉劝它不要自卑，"怕啥？这儿就是你的家"。诗人描摹野菊花美好的形象、举动，说它"像善良的闺女初露才华"；它陪我劳动，帮我"瞅着顽童不准踩庄稼"；爱妻为我送午饭忘了泡壶茶，我痛饮野菊花茶，降火清心；当霜风而至，百花凋谢时，"你依然枝杆挺拔"，有"傲雪盛开的本领，顶风拼搏的骨架"。最后诗人直抒胸臆："我爱你这样诚实憨厚"陪伴我生活的优良品德。诗人为野菊花所赋予的丰富思想品格，正是中华民族所具有的勤劳、善良、勇敢、智慧的优良传统的艺术体现。野菊花所具有的人格、品性，也是诗人的人生追求。

桃花的象征意义是丰富多彩的。桃花是美好生活的象征。桃花的花语也就是爱情的俘虏。在中国，桃花一直以来都离不开"爱情"两字。人们常说桃花运，就是因为桃花能给人带来爱情的机遇。有了桃花的祝福，相信你会很快拥有自己的爱情。由桃花和李花构成的春光，充满了无限的生命力，所以自古以来，又被

203

喻为弟子、学生。"桃李满天下""桃李不言，下自成蹊"，用以歌颂老师的业绩。桃李不就象征学生或弟子吗？

桃花在古代有"除病，好颜"之说。桃实更被视为延年益寿之物，由此也就引发出许多如王母蟠桃会等的故事。所以，桃花结出的桃子也就被视为"寿桃"。

在现代社会，年轻人买桃花是希望新年行桃花运。大多数人买桃花是取个好兆头，因为盛开的桃花除寓意"花开富贵"外，"红桃"又与"宏图"谐音，还有大展宏图之意。其实，在中国人的文化观念中，桃子蕴含着图腾崇拜、生殖崇拜的原始信仰，有着生育、吉祥、长寿那民俗学的象征意义。这些象征意义以各种不同形式潜存于民族心理之中，并通过民俗活动得以引申、发展、整合、变异。

总之，桃花象征着爱情、春天、美颜、吉祥与理想世界等多种含意。桃花在李强华笔下有表达爱情主题的，更有表达理想生活主题的。如1990年创作的《桃花吟》：

三月桃花最多情，
人面桃花相映红。
琴琴在村边小河洗衣裳，
洗着洗着又停停。
是想她的男朋友，
是看流水照倩容？

三月桃花向阳开，
琴琴抬头脸儿红。
牛牛在河岸吹口哨啊，
惹得琴琴动了情。
心想一步跨上岸，
又怕河水笑出声。

这首诗歌意境优美，清新活泼，情趣盎然。阳春三月，桃花盛开在桃园附近的小河边，有一个叫"琴琴"的美丽姑娘，在小河边洗衣服。河水清澈，像一面镜子映照出姑娘美丽的容颜。她一会儿洗着衣裳，一会儿停下来，左看看，右望望，是在思念她心上的人儿。忽然，耳旁传来清脆的口哨声，原来是"牛牛"在叫她。"琴琴"心想上岸与"牛牛"会面，又怕河水传出她们的说笑声。这阳春三月盛开的桃花，即是两人活动的自然环境，又象征着"琴琴"和"牛牛"之间的爱情和美好的生活。

　　三月桃花开，
　　蜜蜂把花采。
　　看那朵朵桃花，
　　乐悠悠，笑满腮。
　　桃花映红渠两岸，
　　花的世界花的海。
　　花长精神水照相，
　　唱着歌儿乐开怀。

　　三月桃花开，
　　清风徐徐来。
　　看那朵朵桃花，
　　乐悠悠，笑满腮。
　　桃花就像人的心，
　　挽住青春春常在。
　　绿叶红花驱倦意，
　　环境优美人喜爱。

　　1990年创作的《三月桃花开》，诗人尽情描摹阳春三月，桃花盛开的美景，不仅展现了春暖花开的景象，而且象征着我们的生活就像这春天般美好，人们的心境就像这桃花般惬意地盛开。诗人写三月的桃花，从眼前的景象起兴，用拟人的手法对其形象进行描摹、渲染，意在写人之乐，境之美，抒发对环境变化带来生活变化的赞美之情
　　这一时期，诗人运用象征手法还先后创作了两首《向日葵》诗。

　　家院的向日葵，
　　你见太阳就笑微微。

　　因为你热爱太阳，
　　你把太阳比作母亲。

　　太阳向东你向东，
　　太阳向西你向西。
　　你羡慕太阳放射光芒，
　　你赞美太阳扩散热力。

　　榆钱儿引诱你不倒向，
　　茶花女招手你不跟随。
　　你总是亮着金子般的心，
　　坚定如磐石，风格赛金贵。

　　这是 1992 年创作的《向日葵》。诗中的向日葵象征着一位忠诚的儿子，太阳就是他的母亲，也就是祖国母亲。他热爱母亲，他知道母亲的伟大之处，朝着母亲指引的方向前进。他不为金钱美女所动心，因为他在母亲的影响下，有一颗金子般的心。这也表达了诗人心中所崇尚的信仰与忠诚。

　　诗歌离不开想象和联想，它们是诗歌自由飞翔的翅膀。李强华的诗歌之所以气象万千，景象宏伟，其中的一个原因是，海阔天空、风云激荡的想象和联想，成就了他终生不倦构筑的诗歌大厦。翻开《李强华诗歌选集》，我们的眼光，立即会被想象和联想的风筝牵引着，飞向诗天歌海。

　　满天银钉，
　　钉住了一个迷人的梦境；
　　嫦娥奔月的神话，
　　吴刚伐桂的身影。
　　白天，太阳放射出光华，
　　遮掩了这般奇特的美景。
　　黄昏，晚风把太阳叫走，
　　银钉才大放光明。

这是 1987 年创作的《星星》。这是一首想象和联想强强组合，构筑的美妙诗篇。想象把现实与梦境打成一片，相似联想、相关联想、因果联想等联手，又为我们描绘了一个浩瀚星空的图画。对银钉、晚风等的拟人化描写，使这幅图画锦上添花。我们走进这富有神秘色彩的意境，会产生多少期盼与梦想啊！下面是 1988 年创作的《河水》一诗：

那条绿色丝带，
日夜不停地欢舞。
是赞美责任制的庄稼，
是颂扬优越的社会主义制度？
啊，多年光棍娶老婆，
新楼房代替了长工屋。
这些，都鼓舞着你的斗志，
新事物，使你不断地在欢呼。

相互联系，是事物走向发展的前提和纽带。但有些事物之间，我们普通人的眼光，很难找到联系的契合点。然而，农民诗人李强华，以独有的慧眼，总能在别人于无声处响起惊雷。河水与多年的光棍、新楼、长工屋到底有什么关系？我们的眼光是茫然的。然而，当我们读了这首诗，便有碧水洗盲目之感。我们看到了河水变清，环境变美，"多年的光棍娶老婆"，同时"优越的社会主义制度"，使"新楼房代替了长工屋"。这些新事物，又使丝带般的河水"不断地在欢呼"。这些因果联想，像一条彩线，把看似无关的物象珍珠般地贯穿起来，缀成了一首诗歌的项链，璀璨夺目。

抒情，是诗歌的使命和生命。中华优秀传统诗歌，为我们吟诗抒情，开了历史性的先河。那些美妙的抒情方法，把人世间各种人际关系中的情感，抒发得淋漓尽致，为我们以诗抒情提供了取之不尽的资源。学习、借鉴、继承、发展，李强华同样走着一条弘扬优秀传统文化的道路。1987 年创作的《熨斗》：

不那么太烫，
不那么太凉。
迎合着大多数人的心意，

寄托着多少热切的希望。

如习习和风，似缕缕阳光。

熨平了昨天的坎坷皱纹，

快乐地进行曲伴随你，

行驶在幸福的海洋。

这是一首托物抒情诗。借熨斗"不那么太烫、不那么太凉"的独有特点，抒发对党的政策的歌颂之情，因为它"迎合着大多数人的心意，寄托着多少热切的希望"。诗人又以和风、阳光作比，以有形写无形，含蓄委婉地讴歌了党的政策顺应民心。

乡长呀，你别走，

乡亲都把你挽留。

看！自来水也掉泪，

听！小风匣也在哭。

你叫咱开山咱开山，

你叫咱致富咱致富。

常言道，饿了给一口，

强过饱时给一斗。

那年谣传割尾巴，

多亏你领咱把歪风顶住。

愿金秋十月你再来，

先唱丰收曲，再喝庆功酒。

1986年创作的这首《别走》诗，抒发了乡亲对一位乡长挽留的依恋之情。但诗人没有直抒胸臆，而是借"自来水也掉泪，小风匣也在哭"，间接抒情，非常有诗意。乡亲们为什么对乡长如此情深呢？诗人除了在此节末尾两句指出原因外，又在第二节揭示了深层的历史原因："那年谣传割尾巴，多亏你领咱把歪风顶住。"诗人从历史、现实的不同角度刻画人物，塑造了一位人民的好公仆，再以间接抒情，升华了诗歌的意境。

翻开《李强华诗歌选集》，借景抒情，托物言志的诗篇俯拾即是。诸如《赞青蛙》《发结》《帐篷》《脚印》《黄牛》《五色雨》《琴》《塘》《鹅》《炊烟》《桥》《白杨》《马》《燕子》《野玫瑰》《江南竹》《土地》等诗篇，或借景或托物，诗人总是抒发心中对祖国、对党、对人民、对黄土地、对乡愁等等的浓浓深情，表现一位从黄土地走出来的诗人的赤子情怀。

摄取生活中有意义的人事物景，通过叙事来抒发人物的思想感情、精神品质，是李强华诗歌的另一个突出特点。但这里的叙事多数在人物对话中进行，唯留事件的精魂，形成一种极简约、极写意、极传神的叙事模式；叙事又融入抒情的诗境之中，让它成为抒情的核心元素。这是李强华对中国新诗的又一重大贡献。如《蔬菜专业户》《瓜市》《打枣》《摘枣》《夜话》《赶集》《电话又响了》《务花人》《耙耙和匣匣》《老光棍》等是这方面的代表作。1987 年创作的《起名》：

昨夜儿媳生个娃，
一盏明灯亮窗前。
老两口乐得睡不着，
叽咕叽咕在说话：
"他爷呀，
给娃起名该叫啥？
是叫山旦，
还是叫沙坝？"
"他婆呀，
你还是老脑瓜。
咱大儿福蛋能享几天福？
咱二女绣花出嫁哪戴花？"
"他爷呀，
你说的道理提醒了咱，
而今世事嫽的太，
干脆起名叫发家。"
"对，对，对，
好政策带来大变化，
发家名正又合茬。

咱要让富字把根扎。"
雄鸡叫，刷罢牙，
一人喝杯顺心茶。
一对老夫妻笑哈哈，
喜望窗外，
春雨乐得把油洒。

　　支撑这首诗歌的，是中间老两口晚上围绕给孙子起名，你一言我一语的对话。开头四句只引出昨晚儿媳生娃的中心事件，结尾几句借景抒发老两口心中喜悦之情。而俩老人在对话中又引出过去他们生儿育女的故事，及现在给孙子"干脆起名叫发家"的事儿，并陈述原因："好政策带来大变化，发家名正又合茬。咱要让富字把根扎。"而对过去他们生儿育女起名之事，只是点到为止，并不展开，让读者产生无尽的想象，收到言有尽而意无穷的效果。这首诗，在对话中叙事，叙事中抒情，以小见大地反映出随着物质文明的发展，人们的精神文明也在不断提升，同时表达了农民勤劳致富之后的喜悦心情。

"阿妹子，朝上攀，
树梢梢上枣儿繁。
一枝枝，摘一把，
一会会，满竹篮。"
"阿哥呀，小心点，
攀高叫我把心担。
枣肉厚，枣味鲜。"
"妹你今年已十八，
落冬接你到门前。
平日只想心头事，
心急只觉日子慢。"
"阿哥你呀心太急，
早摘的枣酸味不甜。"
妹子话儿刚脱口，
说得哥哥红了脸。

　　1989 年创作的《摘枣》，诗中除了最后两句，妹妹的话让哥哥脸红外，全是哥妹之间的对话。对话就像一个向导，把两人摘枣的事儿引出来，又由摘枣之事引出两个年轻人之间的爱情故事。这就像一个大盒子套了一个小盒子。而且，两人往昔爱情的发生发展，只字不提，留下悬念。只写现在哥哥的心思，妹妹的反应。纵观全诗，对话就像一个舞台，诗人让人物和故事在这个舞台上恰到好处地表现出来，为读者奉献出一台声情并茂的二人对口爱情喜剧。1989 年诗人创作的《耙耙和匣匣》：

　　　　我的爸爸，
　　　　手像个耙耙。
　　　　他在外面搞运输，
　　　　把钱挣了一把把。
　　　　兴致勃勃献爱心，
　　　　按月把钱寄回家。

　　　　我的妈妈，
　　　　手像个匣匣。
　　　　她总是精打细算，
　　　　攒钱盖起了高楼大厦。
　　　　平时紧细不花钱，
　　　　办大事出手眼不眨。

　　　　我的爸爸和妈妈，
　　　　就像耙耙和匣匣。
　　　　默契配合过日子，
　　　　优良家风人人夸。

　　这首诗好像"我"在舞台上说关于爸爸和妈妈的快板。虽然没有人物对话，但"我"独角的说辞也是琅琅在耳，或者"我"是在和舞台下的观众对话，只不过把观众的话语省略了。然而读者对爸爸像耙耙一样挣钱，妈妈像匣匣一样存钱过日子的优良家风怎能不开口夸赞呢？这种对着观众说心里话的艺术更是一种表达技巧。

　　花掩门，
　　吉祥何处寻？
　　花翁笑指柳帘下：
　　"青石桌旁先痛饮……"
　　"嗨！卖花翁，
　　明天我俩结婚。
　　要摆设摆设——
　　你看哪花称心？"
　　"好！看吧！
　　园里满是春，
　　有的笑呵呵，
　　有的香喷喷。"
　　风吹花雨唰唰响，
　　日洒金光尽欢欣。
　　离城二三里，
　　泥路垒满富字印。

　　这是1991年创作的《务花人》。用鲜花装点婚礼，装点生活，这是人们生活富裕的标志之一。这首诗，诗人从生活出发，从追求生活美的情感出发，撷取生活中的闪光点，抓住卖花翁与买花人富有生活情趣的对话语言，展现了现代人新的生活方式，反映了人们崭新的精神面貌，又通过诗人的诗性表达，揭示了时代发展中所呈现的新风尚。

　　是否能对不同的人事物景，根据情感的需要进行绘声绘色地描摹，是检验一位诗人能否凌驾自然、社会纷纭题材的一个试金石。李强华终生通过万余首诗歌的创作实践，已成为描摹万象的高手。总而言之，他描写人物求其动，描写景物富含情，描写细节求其真。关于描写人物的特点，在前面的叙事与人物对话相融合中选择的诗篇足以为证。

　　关于描写景物富含深情，常智奇先生认为：李强华的诗歌往往是以静物素描，来呈现生活图景的。客观对象是凝定在某一时空中，相对静止不变的。而抒情主人公让自己心中已有的情志图像、观念意绪外射在客观对象上去，在物象与观念的叠加中抒发自己的情感。

这一段话正好形象地说明了李强华描摹景物的特点。如他在 1989 年创作的《荷叶》：

一把把绿伞，

撑在水田上面。

为黄鳝遮着阳光，

给青蛙挡着雨点⋯⋯

不！它吸收阳光和养料，

输送给地下的白莲。

当它完成自己使命的时候，

就悄悄离开人间。

这首诗就是一幅静物素描画。画面是撑在水田上像一把把绿伞的荷叶。诗人描摹它，除用了形象的比喻外，还通过相关联想，写出它对黄鳝、青蛙的态度，揭示出它具有爱的情怀。"它吸收阳光和养料"，是为了将心中的情怀，"输送给地下的白莲"，因为那是它要担当的使命。当"它完成自己的使命时，就悄悄离开人间"。画面上，那荷叶以外的内容，全凭诗人为了情感的需要，进行有关联的添加补充，组成美妙的画面，形象地歌颂"荷叶"的无私奉献精神。

虽无骨骼，

却有情意可歌。

吃进片片桑叶，

倾吐青丝织绫罗。

把绵绵敬意，

送到缫丝姑娘的心窝。

你甘于自缚，

为了千家满意，

为了万户欢乐。

即使入沸锅下汤海，

也无一句怨言对人说。

这首歌颂《蚕》的诗歌，是诗人 1993 年写的。面对一只只无骨骼，整日附着在片片桑叶上咀嚼的蚕儿，诗人顿生赞美之情。因为它把"倾吐青丝织绫罗"的绵绵之意"送到缫丝姑娘的心窝"，因为它为了千家万户的满意和欢乐，才甘于自缚，更为可贵的是"即使入沸锅下汤海，也无一句怨言对人说。"这是怎样一种感人至深的精神？然而，我们平时有所闻却无所感。诗人却能把他的感受附着在对蚕的描摹中，抒发其敬慕之情。没有对自然万象敏锐的观察力和感受力，是决然做不到的。

李强华对生活现象的观察，不仅细致入微，而且能用充满乡土气息的特有语言，进行准确的描摹，让人有一种身临其境之感。如写阳雀："扑棱棱的翅膀，扇得树梢轻轻摇晃，那朗朗的歌声，在辽阔的田野上回荡。"诗人描摹这阳雀的形象，似乎就在我们眼前浮现。诗人在诗歌中展示生活细节，既有部分的，也有整体的。如《编席》《存款》等诗则是从整体出发，重在揭示这一生活细节给人带来的启示。其他诸如《仙人掌》《蜜蜂》《西湖柳》《无花果》等，都是这方面的代表作。

祭拜先祖，这是中华民族传统信仰的重要内容，在中华文化中有着特别重要的地位。荀子在《礼论》中说，礼有三个根本，即"事天地，尊先祖，隆君师"。其中要"尊先祖"，因为先祖是繁衍子孙的根。

祭拜先祖，缅怀先祖，是一项庄严而肃穆的追远活动。通过这项活动，可以表达我们对先祖的思念和敬意。这神圣的生命交流仪式，一年年轮回，一代代传承，构成了人类顽强生存和追求幸福的重要动力，是中华文明生生不息，继往开来的有机构成。

黄帝是中华民族的先祖，是华夏文明的传播者。拜祭黄帝陵，可以激发我们热爱祖国，热爱民族，热爱科学，努力进取，做新时代有为青年的壮志豪情，同时，可以增进文化认同，民族认同，国家认同。它对于我们当下的生活至少具有两个方面的重要意义。

一是追思生命的源头。我们每个人的生命都是源自祖先无穷无尽的生命链条上的一个环节，这就是生命的长度。从另一个角度讲，我们自己的生命只是一个人，但我们的生命源头却来自于成千上万的先祖，所以说，每个人的生命都与不计其数的先祖血脉相连——这就是生命的广度。当我们这样理解生命所承载的内容和分量时，就远远不是一个人几十年所能够描述的，我们又怎能够妄自菲薄呢？

二是担当生命责任。缅怀先祖，就是将先祖的生命意义在新时代存续。我们应担当什么样的生命责任？这就是中华文化"孝"的精神。一个人追求事业，追求成就，都是为了让自己这一生过得有价值。从缅怀先祖的角度看，就会明白我们说什么话，做什么事，给别人，给社会带来了什么，不仅关系到你自己这一生的生命价值，还关系到历代先祖。

《孝经》里讲："立身行道，扬名于后世，以显父母。"这"立身行道"，就是做好自己，为社会做出贡献。"扬名于后世，以显父母"，就是要让世人知道因为我们的付出和取得的成就，而感恩父母乃至历代先祖——这才是真正的大孝。

李强华生在战乱中，长在饥饿里，经历了新旧社会两重天的不同际遇。吮吸过旧社会的苦难，所以对新中国的幸福生活无比珍惜，对中国共产党，对社会主义无比热爱，对人民领袖无比崇拜，对中华传统文化深沉挚爱。经历了"文革"的风风雨雨，又对改革开放以来祖国的繁荣和发展怀着无比的欣喜之情。他知道，追念先祖，传承中华文明，是弘扬民族精神，振兴中华大业，期盼祖国统一，实现民族伟大复兴的一项重要内容。在这一时期，他先后多次拜祭黄陵，写下了多首纪念轩辕黄帝的诗篇。如《清明祭祖》《唱给轩辕柏的歌》《桥山之歌》《轩辕柏》《黄帝陵》《黄陵祭祖》《寻根》《舞龙》《龙的身影》等，其中比较有影响的是《轩辕柏》《黄帝陵》两首诗。

一座巍巍尖山，
屹立在黄土高原。
雨洒头没低，
风吹腰没弯。
五千年沧桑巨变，
火来它不惧，
地震它不陷。
大海做证，
他没有屈膝架势。
小草歌唱，

它贵在常青不变。
和风打扫着万里晴空，
阳光给它充分温暖。
四季稳坐松柏翠绿之中，
身旁龙飞凤舞，
足下流水潺潺。

这是 1995 年创作的《黄帝陵》。这首诗，诗人从大处着眼，以黄帝陵象征具有五千年文明历史的中华民族，在风风雨雨中，顶天立地的崇高形象。中华民族前赴后继，之所以能屹立于世界民族之林，是因为"和风打扫着万里晴空，阳光给它充分温暖"。这和风，这阳光不就是如夜空中群星般璀璨的仁人志士？他们是中华民族的脊梁，才让祖国"四季稳坐松柏翠绿之中"，才使民族的形象龙飞凤舞，民族的声音流水潺潺。而黄帝，就是中华民族的始祖，他始终护佑着自己的子孙。我们钦佩这位农民诗人的眼光，我们钦佩这位农民诗人的气度，他用诗歌驾驭人事物景，创设的种种意境，给人的思想、精神注入的正能量，是那样的催人奋进。

歌词是诗歌的一种，入乐的叫歌，不入乐的叫诗或词，诗与歌像是近亲。李强华也像一只梭子，穿行在这诗与歌交错的经纬线之间，他的歌词创作相对集中于 20 世纪 80 年代中期至 90 年代末。

在 1980 年，结合全国开展"五讲四美三热爱"活动，创作了《护士之歌》《我的心中满是歌》《礼貌歌》《我是一个清洁工》《好阿姨》等歌词作品，为社会的文明进步发挥了一定的作用。

抒写改革开放给农村带来新气象的歌词有《农家院》《山里人》《政策托出好前程》《我爱大西北》《前人栽树后人乘凉》《农民企业家》《采茶歌》等。

抒写爱祖国、爱家乡的如《陕西美》《家乡，我的摇篮》《背篓歌》《扁担曲》《我爱祖国》《油菜花儿香》《人欢马叫庆国庆》《把国旗插上月球》《黎明，我为城里送菜》《会计之歌》《妈妈》《耙耙和匣匣》《农家十月好热闹》等。

他还创作了一组反映校园生活的歌词。如《我的母校》《校园之歌》《在那学校的操场》《老师的眼睛》《唱给学校老师的歌》等。

这些歌词总的特点是主题集中，能高度概括生活；形象鲜明，语言简洁生动；结构严谨，形式短小精悍；有节有韵，好唱易记。

李强华在 20 世纪 80 年代中期到 90 年代末创作了相当数量的歌词作品，被有的作曲者谱曲歌唱，如 1983 年创作的《请到画乡走一趟》：

（一）

哎，旅游的人们你别忙，

请到画乡走一趟。

户县多少土画家，

画出山水好风光。

户县多少土画家呀，

改天换地有力量。

路网田成方，

鱼鸭满池塘。

生活源水流不断，

彩笔一染五谷香唉。

（二）

哎，旅游的客人你别忙，

请你下榻新城乡。

请看多少新画家，

笔下商海翻金浪。

再看多少新画家，

彩笔划过大西洋。

外宾最欣赏，

齐声来赞扬。

中国农民了不起呀，

真会描龙绣凤凰。

（三）

哎，旅游的客人你别忙，

请你拍下好时光。

当年一代老画家，

汗水池畔写华章。
今日一片小画家，
雨露湖里挥臂膀。
脚踩小康路，
眼望五大洋。
丹青流淌真善美，
华夏文明千古长。

这首以户县农民画为题材创作的歌词，经过相关曲作者谱曲后，在鄠邑区及校园广泛传唱，对户县农民画起到很好的宣传作用。

第六章　诗心深沉期
（1997—2004）

第一节　诗赋回归情　文忆创作路

担任户县作协主席，李强华不仅领导成年文学作者开展文学创作活动，而且非常关心全县中小学和县办企业的文学创作活动。1997 年，他在南关中学为"初萌"文学社做了《如何运用革命现实主义和浪漫主义手法进行创作》的报告。1960 至 2000 年，先后到户县一中、户县三中、光明中学、牛东职中、北关中学、县城四小及县造纸厂、玻璃厂、制药厂等进行授课，为培养青少年学生诗歌教育和发展企业文化做了大量工作。

当年在户县三中就读高中的赵武荣深情地回忆道："1974 年 10 月，一个星期三的下午，学校广播通知，全校师生两点在广场集合听报告。今天又听谁的报告呢？我坐在高一四班第三排的一个座位上，心里揣摩着。一忽儿，吴心果校长陪着一个农民打扮的中年人走上主席台，顿时台下一片掌声。当吴校长介绍今天由著名农民诗人李强华为我们做诗歌创作报告时，台下又是一片雷鸣般的掌声。那时农村学校还没有普及普通话，李强华用地道的户县话讲述他是怎样走上文学创作道路的，讲述他是如何创作《姐姐邀娘家》《麦收时节》《剥削者的铁证》《"东方红"你来得早》《扁担曲》《迎春曲》《春耕曲》《送粮曲》《采桑曲》《稻香熏得人心甜》《山歌向着北京唱》《生产线上学雷锋》《天上人家》等诗歌的。一个下午三个多小时，他讲得津津有味，台下的师生听的兴趣盎然。这场报告在全校引起了极大的反响，后来学校广播播出的文章

219

中常有诗歌出现。也就是从那时起，我对诗歌产生了浓厚的兴趣。1975 年春，我转学到户县一中就读，又受到初红、朱志明、姜定勇、余念等老师的影响，对文学创作更加执着。"

20 世纪 70 年代末，一次李强华在光明中学讲课后，西羊村一高姓亲戚娃，回家对她母亲说："妈，人家说县上姑父名气大，我一直没见过他，以为他是个'洋气人'，没想到他裤子挽得老高，原来是个农民。他人很随和，讲诗讲得太有趣了，听他的诗歌报告，同学们对诗歌都产生了浓厚的兴趣。"

1986 年，户县秦玻艺术团准备将越剧《挑女婿》移植成秦腔演出。但越剧戏词每句字数 4—6 字，唱腔短，而秦腔每句 7—10 字，唱腔长。要移植，首先要将短句变长句，还不能改变剧意，这是一项非常复杂、艰辛的工作。这一工作谁能挑起来呢？有人提到李强华。秦玻艺术团的崔展志在县文化馆后排那栋老房子找到了李强华："强华叔，有个事来找你！"

"啥事？先坐下说。"李强华起身倒水。崔展志说明来意，强华接过剧本细看了一遍。

"我试试，就怕弄不好。"没推辞，李强华便开始理解唱词，按秦腔板路要求推敲唱词，一边改一边和崔展志讨论，谈自己的思路。

"好，就这样改。"崔展志高兴地说。

经过一段时间的琢磨，发挥自己写快板的优势，李强华把剧中唱段全部按秦腔要求改编完毕，交给展志。

崔展志看后觉得很理想："太感谢了，强华叔，你不愧是诗人。"

"感谢啥呢，你能用叔，还得感谢你呢！"

李强华在户县人民剧团蹲过一年点，与剧团领导、演员经常接触，耳濡目染，对秦腔唱腔特点还是熟悉的。为秦玻艺术团移植越剧《挑女婿》改编唱腔，是他留心学习掌握秦腔唱腔特点的一次有益尝试，得到秦玻厂领导和艺术团演职人员的赞许。

李强华用执着和真情点燃了农民诗歌的星星之火，然后从学校和县办企业起步，年复一年让它在画乡燃成燎原之势。一支永不停歇的黄土诗笔和一颗老骥伏枥的雄心结出了骄人的硕果。

1997 年 5 月 12 日，李强华加入了中国作家协会，成为新中国成立后，户县第一位登上国家最高文学圣殿的农民作家。同年夏季的一天，年已花甲的李强华被西安市人事局派员叫去谈话，通知他，组织要录用他为国家干部。

"咱老了。文化馆有的娃们干了几年临时工了，就把名额给年轻人吧。"

"不行，你写了几十年诗，哺育了几代人，把你转正，体现党对农民诗人的关怀，也算你人生应得的收获。"

李强华从 1956 年发表处女作、成名作《姐姐邀娘家》开始，走过了 40 多年后，终于用骄人的诗歌成就，走进国家干部的行列。这是他无怨无悔坚守农民诗坛，在黄土地上矢志不移抒写灿若星辰的农民诗歌应该收获的果实。

1997 年 7 月，李强华传略入选《世界华人文学艺术家名人录》。同年 7 月 1 日，对于中华民族来说，是一个永远值得铭记的日子，因为历经百年沧桑的香港，回到祖国的怀抱。中国人民终于洗雪了香港被列强侵占的百年国耻。两年之后，澳门的回归，更标志着在中国的土地上彻底结束了外国列强的占领。通过"一国两制"的方式解决香港、澳门问题，不仅使祖国统一大业迈出重要一步，而且也为国际社会以和平方式解决国家间的历史遗留问题，提供了新的范例，具有深远的国际意义。

站在黄土地上，俯视脚下的野花、小草、春华、秋实，吟咏出一首首带着晨露和霜花的诗篇，李强华更昂首时代风云，抒写四海翻腾的云水，五洲震荡的风雷。在广播、电视里耳闻目睹香港、澳门回归，他以赤子未敢忘忧国的情怀，先后写出《香江之歌》《紫荆花》《回归情》《祝福香港人》《澳门踏上回归路》等多首诗篇。

香江，香江，
你像殷殷的血液在流淌。
母亲日夜思念着你，
忧愁像当年那样围在身旁。
而今乌云已去，风平浪静，
你是否望见那不落的太阳。

香江，香江，
你像细细的线儿情意长。
这条线穿过东方之珠，
日日夜夜在闪烁发光。
而今这颗少有的明珠，

辉映着中华繁荣的景象。

这首《香江之歌》是李强华 1997 年创作的表达庆祝香港、澳门回国之情诗作中的一首。上片，诗人把香江之水比作流淌的殷殷血液，那是作为儿子的香港思念祖国母亲的殷殷之情。母亲也日夜思念自己这个儿子，那百年忧愁一直围在身边。而今，儿子回到母亲怀抱，那笼罩在香江的乌云已去，江面风平浪静，儿子呀，你看前面那不落的太阳，就是伟大祖国母亲的面容。

下片，诗人把回到祖国怀抱的香江比作细细线儿。它情意绵长地穿过香港这颗"东方明珠"，使之日日夜夜更加闪烁发光，因为它"辉映着中华繁荣的景象。"

这首诗作一如既往地用娴熟的比喻、拟人艺术手法，把香江比作血液和线儿，把香港与祖国的关系拟为儿子与母亲，纵向抒发百年母子思念之情，横向吟咏香港这块东方明珠更加光彩夺目及其原因。诗作叙述、描写、抒情、议论结合，弹奏出一曲悲喜交加的《香江之歌》。

李强华的诗歌，之所以如此明白晓畅、生动形象，与他受王老九这位师傅的影响是分不开的。

"写诗，重在技巧，不能干巴巴的，一用比喻就有了形象。"

这是李强华曾向师傅请教写诗如何能够生动形象，师傅给这位徒弟道出的"真经"。几十年来，李强华对这一"真经"反复揣摩、实践，在失败与成功的反复交替中，终于掌握了其中的精髓，学法又不泥法地创作了数以千计脍炙人口的诗篇，创出了一条"李强华式"的农民诗歌新路子。

1998 年创作参赛的《周恩来，你赛……》一诗，更是按着这条路子创作的典型代表作之一。此年，陕西省毛泽东诗词研究会等单位发起举办"纪念周恩来百岁诞辰全国诗歌散文大赛"，强华激励不已。1965 年，在国务院招待全国崭露头角的青年作家盛大宴会上，他与周总理碰杯写的那首即兴诗仍记忆犹新。33 年过去了，周总理百年诞辰，他怎能不赋诗寄怀？

怎么写呢？他知道，周总理功高盖世，要写的方面太多，反倒太难，若人云亦云难免落入俗套。但他深知，周总理几十年如一日料理国家大事，经历世界风云，智慧超群，英名空前。突然，他想到三国时的诸葛亮能掐会算，才高过人，何不把周总理比作诸葛亮？灵感的火花在脑海碰撞，立即迸出"周恩来，你像……"的诗题。他感到得心应手，几经搜集素材，选择提炼，斟词酌句，一首诗歌终于写成寄了出去。

中午回来端起碗，心满意足地吃着，他竟"咚"地放下了碗。

"不行。说周总理像诸葛亮，那就是说周总理没有超过诸葛亮。当年诸葛亮给刘备出谋划策做高参，打了不少胜仗，赢得三军将士赞誉，从古到今，人们把他当神看。但周总理是当代人，他的能力，他为中国人民的解放事业做出的贡献不知比诸葛亮高多少倍，他在国内、国际的声望更是如雷贯耳，所以把'周恩来，你像……'改成'周恩来，你赛……'才更能表现周恩来总理的伟大功勋。"

李强华的思考让他坐不住了，赶快起身跑向邮局，请求打开邮筒，取出未送走的稿件，把那个"像"字改为"赛"字，又坐下来做了必要修改，才坦然离去。

你赛诸葛亮，
测民心，知民想。
张杨扣留蒋介石，
邀请我党共协商。
还数你的主意高啊，
停止内战打东洋。

你赛诸葛亮，
观风云，识风向。
十月一日晴了天，
五星红旗高高扬。
千里万里紫气来，
头上出现双太阳。

这是《周恩来，你赛……》诗歌的节选。这两节分别从"测民心，知民想""观风云，识风向"两个方面，着重列举周恩来总理在毛主席的领导下，在民主革命和新中国成立后的壮举和祖国蒸蒸日上的景象，表现周总理远远胜过为帝王家室鞠躬尽瘁的诸葛亮。此诗一经参评，便获大赛优秀奖。

纵观漫漫人生，大凡取得非凡成就者，多因在某方面有着超常天赋，又具有矢志不移的奋斗精神。李强华的人生，就是诗性天赋与奋斗精神兼备的非凡人生。青少年时代，顺口溜出口成章，处女作一鸣惊人，把他推上农民诗坛。从此，四十多年笔耕不辍，风雨无阻，让他成为民歌和自由体新诗的显赫圣手，成为既会种田又会吟诗的中国新型农民的杰出代表。

带着累累的诗歌硕果，已经走进暮年的李强华，开始回首往昔，整理思绪，总结人生。他写了多篇诗论文章，作为在秋实收获时节，对洒下汗水一路播种春华那苦辣酸甜的感知。

发表在1998年陕西《东方红诗刊》第3期的诗论文章《坚持毛泽东指出的新诗发展方向》，以其切身感受，总结出发展新诗有四点好处的心得：一是弘扬了中国文化，二是照顾了多数主张，三是发扬了汉语特征，四是迎合了读者口味。这是很有见地的看法。

另一篇同样发表在陕西《东方红诗刊》的诗论文章《形象逼真情景交融》，着重谈了学习毛泽东诗词中比拟手法的体会。文中，诗人以毛主席的词《蝶恋花·答李淑一》为例，谈了自己学习的感受。摘录如下：

1957年，毛泽东同志的词《蝶恋花·答李淑一》：

我失骄杨君失柳，
杨柳轻扬直上重霄九。
借问吴刚何所有，
吴刚捧出桂花酒。
……

"全诗八句，形象逼真，情景交融，达到内容和形式的高度统一，我非常喜欢这首词。这首词毛主席采用以物喻人的比拟手法，深入浅出，令人赞不绝口。革命烈士杨开慧，既是毛主席的伴侣，又是他的战友。词中没有绵绵私情，哀哀之音。毛主席是站在革命家的高度看待战友，把杨开慧比作骄杨，这种骄杨有威武不屈的性格，不避风雨的骨气，能顶霜斗雪，也有柔美刚健之态，婉约宜人之心，纯青玉洁之色，把她比拟为骄杨是再美不过了。……同时毛主席也对柳烈士做了相应的比拟和评价。"杨柳轻扬直上重霄九"，是说二位忠魂直上九霄云端，形象逼真，让人仰首敬观。这一句毛主席在比拟的基础上，再用革命浪漫主义和现实主义相结合的方法，使作品意境进一步升华。农民诗人王老九学习毛主席这种比拟的创作手法写出不少佳作。近年来，我在学习毛主席诗词时，也非常重视采用这种方法尝试写诗，取得了一次又一次的成功。"

作为一位农民，李强华从小学文化程度起步，一支诗笔数十年在农民诗坛摸爬滚打，不仅成长为一位著名的农民诗人，而且怀揣颇具见地的诗论，这是演绎在画乡大地的一个传奇。他是把人生给予诗歌，他是把一腔热血化作诗篇，才让心中的梦想开出绮丽的诗花。

1999 年 5 月，李强华还写了一篇诗论《写诗学步四十年》，对自己的诗歌人生做了较全面的回顾和总结。下面引用几段文字：

"屈指一算，我在业余创作这条路上，已整整走过四十年了。经验证明：镰刀要在磨石上磨，人要在事情中学。只有通过一定的实践，对某一行业的认识，才能从感性上升到理性，绝没有先天带来的本事。学习社会，学习群众，从生活中汲取营养，进行创作，在这方面我有很多感触。

"实践是检验真理的唯一标准，实践也是文艺创作的磨刀石。文艺创作是学习、实践的结晶。

"作品源于生活，就要求在生活中注意留神观察，从中搜集素材，以便在创作中使用。我家门口有一条河，我每天多次见一群鸭子在戏水、啄食。由于经常地见它，引起了我的兴趣，再联系早晚的自然景物，我就写出《花鸭》一诗：

河面浮动着只只花鸭，
天空飘移着朵朵晚霞。
花鸭跟晚霞天天约会，
一会儿戏水，一会儿叙话。
它俩悄悄嘀咕又拥抱，
分不清是鸭是霞，
看不准是真是假？

晚霞有意要为鸭子涂彩，
花鸭多情爱跟晚霞拉呱。
晚霞跟花鸭总是交织在一起，
是商量旅游结婚，
是制订生育计划？
黄昏，主人兴奋得敞开栅栏，

门口浮进朵朵欢乐的浪花。

"见景生情，咏物抒情，借题发挥，表我心愿，这是我多年来的成功经验，写起来得心应手，顺理成章。"如《野菊花》：

地畔的野菊花，
何必还羞羞答答。
你在郊外生活，姓"野"，
怕啥，这儿就是你的家。
……

留神对象，注意观察，产生兴趣，联系景物，运用比拟，注入情感，李强华不就是一本无私的诗歌创作教科书？

庄稼活很粗，有时随割草随想，即兴时就把好句子记在本本上，晚上在灯下整理。休息时坐在锹把上写，磨面时坐在石头上写，半夜想起一句就赶紧拉灯写，拉三轮车有想头就写。经验证明，写作不能坐在房子里硬写，即便凑合几句也无味。

诗句是在劳作时，受环境感发流淌出来的，不是坐在房子硬想出来的。苦思冥想不是写作的源泉。

从诗歌之路走过来的李强华，是一步步从黄土地的昨天走到今天，一路路俯身采摘黄土诗花，一步步登上诗歌和英模的殿堂，这是只有在中华人民共和国才能实现的梦想。

1998年10月，他的个人传略被收入《中华人民共和国英模大典》《中华人物辞海》两部辞书。他的成就，在中央广播电视台以《活着的农民诗人王老九》为题予以宣传报道。他本人对文学的题言"用优秀作品鼓舞人"镶嵌在北京现代文学馆大青花瓷瓶上。

一位普通农民，四十多载挥笔作诗，成为三秦大地乃至中国农民诗坛一位大手笔，这就是李强华诗歌人生辉煌之处。这位大手笔，以中国古典四大名著及作者为题，又抒写了曹雪芹、罗贯中、施耐庵、吴承恩四大手笔，以交相辉映。

取经路上坎坷不平，
处世定要把人妖分清。

孙悟空抡开那金箍棒，

专打兴妖作怪的白骨精。

也多亏齐天大圣保驾，

才保住唐僧一条性命。

人们估计你职称一定很高，

实际不必再看你的毕业证。

　　这是李强华1998年创作的《中国四大手笔》(四首)中的吴承恩及其《西游记》。中国古典四大名著，是汉语文学史中不可多得的经典作品，是中国乃至全人类悠久历史中留下的宝贵文化遗产，在整个华人世界中有着深远的影响，在中国文学史上是一大创举。作品中的故事、场景、人物已经深深地影响了和正在影响着中国人的思想观念、价值取向，是中国文学史上四座伟大丰碑。

　　吴承恩的《西游记》，自拍成电视连续剧后，已走进中华大地的千家万户。要用几行诗抒发对这部名著的感受，引起读者共鸣，其难度可想而知。李强华当然深知这创作之路也坎坷不平，但他"明知山有虎，偏向虎山行"。我们首先应对这种知难而进的精神点赞有嘉，再细品诗作，虽然上片意境有些欠新，难以震撼心灵，但下片末两句确有敲山震虎之力。它的威震之处在于联系当今，极具现实性，从而使作品走出俗套。孙大圣保驾唐僧西天取经，经过九九八十一难而大功告成，这是怎样的能力，这是怎样的贡献！这种能力绝不是一个职称和一张毕业证所能反映出来的。然而，现实生活中，有些单位，有些领导，看人用人，不是重能力看贡献，而是重职称看毕业证。这两句诗，对于那些只重外表，不重实际能力的领导来说，不就是一支锋利的投枪？

　　忠于原著体现真实性，联系生活凸显现实性，两者既对立又统一，就是李强华这首诗作的魅力所在。

　　走进暮年，诗人的健康状况每况愈下；走进暮年，诗人的艺术境界与日俱增。诗人奉献给社会的作品，诠释着"大手笔"的内涵。

第二节　情寄大开发　歌赞新世纪

　　1999 年秋，李强华正式退休了。这位 65 岁的老人，离开那朝九晚五的机关生活，本应颐养天年歇一歇了，可他那忙碌惯了的身子，停下来反觉得不舒服，他比以往更加忙碌了。

　　"现在好了，时间全由自己安排。"

　　他一面和妻子一起操持家务，一面继续创作，还要参加各种社会活动。他要到西安参加省作协会议；六老庵村文艺组创办的《涝河》刊物的主编老柳不时向他约稿，创作出来他得及时送去。

　　静下心来，他不时想到恩师王老九。

　　如果师傅还在，我还要去拜访他，坐在他的身边对他说："我现在退休了，咱师徒好好聊聊诗。"但师傅再也不会回来。他好想念啊，一种伤感不时涌上心头。

　　他的思绪回到 1983 年的清明节。那是师傅的继承者在为恩师举办诗会，他被应邀参加。看着桌上摆放的遗像，好像在向他微笑，他不由上前几步，想听师傅叫他的名字，然而耳旁没有师傅那熟悉的声音。李强华还清晰地记得，师傅年近八旬的诗友祈守业，满面堆笑，第一个迎上前来和他握手；诗社社长、师傅的另一个徒弟贺丙丁，一面跟他打招呼，一面安排他的休息之所。他在心里说，我们也算师兄弟呢！

　　李强华钦佩王老九诗社"馍布袋出差，墨疙瘩写诗"的精神。1980 年诗社成立时，要办《庄稼汉》诗刊，是他们几个各捐了 20 元。但是，就是这个诗社，后来社员遍及全国 10 多个省市。

　　那天清明诗会，也是诗社社员们为王老九这位农民诗歌先驱立碑之日。上午 10 时，墓碑揭开时，唢呐齐奏。石碑正中刻着：

　　"农民诗人王老九。下款是王老九诗社全体成员，一九八三年四月五日。"

　　李强华也清晰记得，著名诗人柯仲平站在墓碑前，赞扬王老九："好个诗人王老九，劳动写诗一把手。"并朗诵了王老九的长诗《进西安》。

　　骊山脚下，华清池畔，清明诗会开始了。一个个诗作者满怀激情的朗诵之声，划过长空，合奏春天的歌声。

以忆王老九为题的晚会，以演唱为主。诗社顾问祁守业，在乐器伴奏下，如泣如诉的唱词，让李强华含泪写下了：

> 每逢佳节思亲人，提起诗友更伤心。
> 恶风残雪已卷去，百鸟欢唱度阳春。

李强华为师傅王老九在新社会重获新生，以忠诚和智慧在陕西农民诗坛竖起的丰碑而倾慕，以自己能成为王老九的徒弟而骄傲，也为他1969年含冤离世而悲伤。他现在虽然退休了，但他感到，用手中的笔歌颂我们的新生活，是他和王老九诗社的同仁们对王老九最好的纪念。

感恩王老九，与王老九诗社的同仁以王老九对黄土地的赤诚歌颂新生活，李强华从师傅那里获得了做人应追求的境界，也获得了作诗应发展的方向，他又为自己竖起了新的目标。

2000年初，他参加了户县政协会议。一生扎根农村，他要为"三农"的发展鼓与呼。他在群众中调查研究，把群众心声变成提案，履行参政议政，建言献策的职责。

这年底，李强华的个人传略入选《政协委员风采录·陕西卷》。

退休不退职。他知道自己肩上仍然担着的担子，他要尽职尽责搞好工作，乐意为户县农民诗歌的发展贡献自己的光和热。

2000年春季的一天，66岁的李强华骑三轮车赶30多里路到渭丰乡辅导一位农民诗歌作者，没承想受了风寒，回到家感冒发烧，卧床不起。

"我才60多岁，身体咋就这么经不得摔打？"

进入晚年，李强华分明感到体力不济，记忆力尤其衰退。原本想加班赶一下的事，已力不从心。他平时又不检查身体，不知自己血压的高低，凭直觉判断身体的好坏。早晨起来，头不昏体不乏，就以为好着呢，该干什么事依旧去干；又从来不想着吃些营养的东西，补充体力。别人说他明显老了，他说，当年在膝前玩耍的孙儿，都上高中、上大学了，自己咋能不老呢！

但他还要去辅导群众诗歌创作。经常不顾天气炎热，蹬上三轮车，捎带一点蔬菜，找北乡的杨继夫、姚华萍、宫桂芳和石井的耿朝晖、肖益人他们交谈学习和诗歌创作的体会。他的脚印遍及户县的山山水水、村村寨寨，他像一头老黄牛，哪管自己的老和瘦，哪管风霜雨雪，只知默默地耕耘、播种和收获。他自己也从来不罢笔，创作投稿参赛，站在台前朗诵诗作，仍是他晚年生活的主旋律。创作诗歌如同他一日三餐不可或缺的食盐，不动笔写几句，就感到一天的生活缺点味道。

觉得能动弹，不要紧，小车不倒只管推，多年潜伏的疾病便乘虚而入，在风寒的助推下，而今把他撂倒了。

全县 120 多名农民作者从四面八方赶来看望他。李强华非常激动，想挣扎着坐起身子，但没有成功。他半卧着指着墙上挂着的与毛主席和其他党和国家领导人的合影说："感谢大家，太感谢了！——我想交班。"

画乡诗社不舍，诗社社员们不舍，但只有无奈。

2000 年 3 月，李强华辞去画乡诗社社长职务，被聘为名誉社长。

从 1983 年 5 月 23 日画乡诗社成立到 2000 年，李强华担任了 18 年社长的职务。这是新中国成立后，作为引领者之一，催发户县民间社团蓬勃发展的 18 年，这是画乡诗社从小到大，生根、拔节、孕穗、成熟的 18 年。18 年间，画乡诗社共发展社员 120 多人，社刊《画乡诗浪》出刊 130 多期，刊登作品 3000 多首，被各类报刊转载 800 多首，获奖 200 多人次。一个旗手，带出一支有较高思想和艺术素养的生力军。章立、刘勇、张垦、石侃之、耿朝晖、王连生、李养民、肖益人、苦果、杨宏涛、杨继夫、王生哲等，成为画乡诗社的中坚力量。

"春来芳菲满园，甘做诗坛绿叶。"正如诗人杨继夫在《画乡诗魂》中写的那样：

因为有了你，
我们的诗歌，
有了新的天地。
因为有了你，
我们丰富了社会，
又完善了自己。
你不为名，不为利，
不为名而久远，
不为利而竖起一杆大旗。

这杆旗总是飘在各级领导和户县农民诗人的心中。然而这杆旗不张扬，不独尊，总是那样的谦虚，那样的低调，那样地在春风吹拂中与鲜花、小草合唱着黄土的旋律。

户县广电局干部赵美莹深情回忆：

"最后一次见李老师是 2000 年。那天省作协主席陈忠实到我县作文学创作报告。我到时偌大的会场座无虚席，正不知该坐在哪里，就看见有人向我招手。定睛一看，是李老师，我惊喜地走过去，两年没见了，他看上去还算精神。一见我就问：'怎么样，现在还坚持写作吗？''有您不断地鼓励，我能不写吗！'会议开始了，陈忠实主席走进会场，他环顾四周，发现坐在后排的李老师，就走下台，亲自请他到前排就座。会间，陈忠实主席还特别强调李老师在诗歌创作上的成就，并谈到他自己年轻时读李老师诗的深刻感受。这位颇具影响力的文学大家，对李老师的尊敬及对他诗歌的肯定，进一步证明了李老师的诗歌艺术已经达到多么高的水准，他的艺术之路正越走越宽广。"

陕西著名诗人、词家党永庵在 2000 年写的《王老九传人李强华》一文中这样评价李强华：

"李强华没有虚度年华，从未停止歌唱。在人们可以想见的艰苦条件下，用长满厚茧的手，在自己生命的年轮里，用诗镌刻下时代前进的履痕。他有幸站在王老九的肩头不断攀登，永远不脱离劳动，不脱离乡亲。冬去春来数十载'锄头底下开诗花'，在民歌和快板诗的基础上，适应时代变化，创作了大量鲜活生动、朗朗上口、无曲可吟的新诗佳作，为新诗的繁荣和发展做出了可喜的贡献。"

2000 年 8 月，李强华小传收入《世界艺术家名人录大典》。

李强华的诗歌创作成就与影响，与毛锜、党永庵、张郁等诗人的赏识与推介是分不开的，他们之间建立的长久友谊也是脍炙人口的。

党永庵是李强华的知音。他与李强华是在 20 世纪 60 年代在省作协开会时相识。1978 年，党永庵调回西安，友情随着两人见面次数的增多而加深。这种友谊的纽带就是李强华带去的诗稿。20 世纪 80 年代中后期，一次两人同游涝陂湖，那湖光水色中荡漾着两颗痴情的诗心。回来后，在李强华家里，一顿含情的搅团把两人开怀的笑声团聚得像碗中搅在一起的生姜、蒜苗、芫荽和油烫辣子。李强华上西安开会，经常带诗稿到党永庵在文艺路的家里，带去一片诗心和乡间菜园几颗蔬菜的葱茏。

在省作协的会议上，党永庵安排李强华发言。他觉得发言位置靠后，便找党永庵："老党，你把我的发言给提前一下，我还有事呢！"

党永庵理解他："强华有事，让他先讲。"

李强华便登上台，或朗诵自己的作品，或交流创作体会。

党永庵深情地回忆道：

强华不管是上西安、在户县，总是匆匆忙忙的。他只要接到上西安开会的通知，不管自己的事情再忙，农活干得多累，总要搭车挤车，风尘仆仆八十多里路，最后按时参会。到了会场，他就坐在后排一个不起眼的位置。他是一位名人呀，大家都认识，主持会的同志就说，李老师，你坐到前排来。大家总想把他拉上去，被他谢绝了。会议发言，一般发言者总是要站在主席台上，而强华就站在原地，拿出准备好的稿子，只短短两页，言简意赅，从不拖泥带水，不浪费时间。这些都是强华在艰苦环境中形成的办事特点。强华取得的成就不容易，他的一生是那么热爱生活，那么勤奋上进，那么追求光明。

李强华逝世后，党永庵于百忙中在报刊上发表追忆文章，缅怀强华的人格。他在黄土石碑——《李强华诗歌选集》序一文中写道：

"……如果让我来撰写陕西当代诗歌史，我会为李强华单列章节。这是因为，李强华，这位户县农民，从 20 世纪 50 年代到 21 世纪之初，曾勤奋笔耕四十余年，继王老九之后，为新中国和中国新时期的农民诗歌创作做出了卓越贡献——历史不会忘记为它增光添彩的人。

"这本《李强华诗歌选集》，收录了作者四十多年间有代表性的作品，是从他生前创作的万余首作品中精选出来的。

"多年前，我在《农民诗人李强华》序中曾说过，应该在户县钟楼东南角那棵百年槐树的近旁，给强华竖一尊雕像。

"今天，我想，这本书的隆重面世，何尝不可以视作是强华的乡党、朋友和读者，为他建立的一座无形的黄土诗碑，也算圆了我的一桩心愿！

"农民诗人李强华，像一座会歌唱的诗碑，永远远矗立在我们面前。我想，实在应该在户县钟楼东南角那棵百年老槐树旁边，为强华塑一尊雕像……"

这是党永庵发自肺腑的心声，这也是广大文艺工作者的心声。这种心声不但是对他们心中偶像最好的纪念，也是对诗画之乡最好的宣传，更是对诗画之乡和着共和国前进的步伐，铿锵奋进树立起了一个榜样。

2000 年 3 月，西部大开发正式拉开序幕。党中央决定西部大开发的战略部署，旨在把东部沿海地区剩余经济发展能力，用于提高西部地区经济和社会发展水平，巩固国防力量。

西部大开发分奠定基础阶段、加速发展阶段和现代化阶段。在奠定基础阶段，重点是调整结构，打好基础设施、生态环境、科技教育等基础建设，建立和完善市场体制，培育特色产业增长点，使西部地区投资环境初步改善，生态和环境恶化得到初步遏制，经济运行步入良性循环，增长速度达到全国平均增长水平。

处在农村最基层的李强华，又以一个崭新的榜样，首先俯视家乡人民在党和政府的领导下，因地制宜调整农村产业发展结构，筑巢引凤、招商引资搞好基础设施建设，树立绿色生态理念，改善发展环境；一批批生态农业、观光农业发展项目拔地而起，成为特色产业增长点；市场体制改革，引导农民流入城镇做生意，既繁荣了市场，又为广大农民拓开了一条致富之路。其次，仰观西部各省市区县，依据地域特点，分别走出的调结构、夯基础、优环境、强科技等创新路子。他便以满腔的热忱投入到家乡大开发的热潮中，并饱蘸激情，挥笔写下多首诗篇，歌颂这场西部大开发。

2000 年，李强华先后创作了《西部宏运》《西部抒情》《西部春潮》《西部风情录》《涝河喊冤》《还我一片蔚蓝的天空》《保卫母亲河——涝河》等诗篇。

石头要说话，
沙子要开花。
万物听了笑呵呵，
参与西部大开发。
森林伸出开发的手，
昆仑支起建设的架。
沙子变成顶天的柱，
黄土化成遮雨的瓦。
石油要助上天的机，
石子要砌拦洪的坝。
江南递过建设的灰，
塞北奔来拖车的马。
开发西部顺民意，
遍地都是金疙瘩。
政策给咱长智慧，

人人怀抱金娃娃。

这是李强华创作的《西部宏运》诗。诗作起首直呼："石头要说话，沙子要开花。"石头要说什么话？沙子要开怎样的花？诗人只字未讲，以引发读者去思考。于是，各种可能的想象会接踵而来：我们石头多年沉沉欲睡，今天终于被隆隆的机器声惊醒；我们要和沙子、钢筋，制成混凝土，筑起座座冲天的高楼；我们沙子被挖掘机抓起落下，多像那天女撒花……这就是万物耳闻后，为什么要"参与西部大开发"的原因及产生笑哈哈的情感。

那么，万物怎样"参与西部大开发呢"？我们看到，森林、沙子、黄土、石油、石子们发挥各自功能，联合起来，为开发西部贡献力量的壮举，那不就是西部人的壮举！我们也看到，边陲建设的忙碌景象，那不就是西部开发的缩影；我们还看到，江南、塞北同心协力为大开发不惜付出的动人之举，那不就是全国一盘棋，开发西部的象征！

开发西部到底有着怎样的前景呢？对西部来说，诗人以诗化之语回答："遍地都是金疙瘩。"对西部人来说，诗人回答："人人怀抱金娃娃。"为何会产生如此壮美的结果呢？因为"开发西部顺民意"，因为各项优惠政策，让开发者生长出无穷的智慧。

总的来说，这首诗没有直接从人的视角开掘西部宏运，而是从物的视角具体描摹万物"参与西部大开发"的情景，但物是由人主宰的，透过万物的身影，我们能不看到千军万马开发西部的壮阔景象吗？能不看到西部迎来的宏运吗？借物写人，借景抒情，尽写西部人的开发精神，抒发对西部开发的赞美之情，就是这首诗艺术魅力之所在。诗人在《还我一片蔚蓝的天空》一诗中这样写道：

校园上飞过一条乌龙，
那是工厂上空的烟雾黑影。
笼罩着校园内外的天地，
遮去了太阳放射的光明。
眼睛看不清课本上的文字，
嘴巴唱不出饱满的心情。
这烟雾笼罩的学校，
老呛着无辜的学生。

清风清风快快地吹吧，
还我一片蔚蓝的天空。

　　这首诗歌，诗人从治理环境的一个侧面，说明西部大开发的重要性，又从未治理之前，校园周边不良环境对学生读书的影响，表现西部大开发的必要性。

　　你看，如乌龙般工厂的烟雾，"笼罩着校园内外天地"，严重得竟然遮住了太阳的光明，致使学生"眼睛看不清课本上的文字"，他们怎能唱出饱满的心情？他们是那样的无辜！至此，诗人大声疾呼："清风清风快快吹吧，还我一片蔚蓝的天空。"这清风，不就是西部大开发的号令？只有这号令，才能"还我一片蔚蓝的天空"。你听，号角声声，那些污染工厂纷纷被拆除，蔚蓝的天空正在还给学校、农村和城镇。

　　这首诗歌一个显著特点就是它的典型性。要表现污染工厂对人们工作生活的影响，可选择的场景太多了。诗人以敏锐的目光，把污染工厂与学校关联起来，竭力写那烟雾对无辜学生学习生活的影响。因为学生是祖国的未来，家庭的希望，他们受到不良影响，便会引发全社会的关注，产生强烈的情感共鸣。

　　这一首首诗歌，是诗人带病忍痛秉笔直抒。那是赤子未感忘忧国的情怀，那是接近生命尽头开怀呐喊的绝唱。李强华正在谱写着生命不息、奋斗不止的乐章。

　　步入晚年的李强华，虽然参加田间劳动的时间少了，但静下来思考的时间多了。他思考自己走过的人生路，思考户县乃至全省农民诗歌的发展前景，思考生他养他的这片黄土地和那深情的乡音、乡愁。每有发现，便挥笔入诗。

　　这一时期，他的诗歌，已经脱去浮华，更多的是理性、深沉和淳朴。1999 年，他写了多首抒发乡情、乡愁的诗歌，感人至深。如《农家情深》《故乡情》《大红灯笼高高挂》《爬满茅房的喇叭花》《乡思》《正月十五雪打灯》《竹篱笆》等。

院里的竹篱笆，
久经风吹和雨打。
东家的瓜吊在西家院，
西家的蔓朝着东家爬。
和风从篱笆缝中穿，
阳光在篱笆墙上挂。
竹篱笆呀竹篱笆，

竹篱笆爱上庄稼娃。

院里的竹篱笆，
乐在这儿把根扎。
隔住了两家的鸡和鸭，
隔不住那对情人的悄悄话。
递过去一条花手帕，
接过来一朵山茶花。
月下老呀月下老，
月下老就是那竹篱笆。

　　这是1999年李强华创作的《竹篱笆》中跳动的诗行。诗人不就是这"院里的竹篱笆"。他一生经过了多少风吹和雨打？他登上大中小学校的无数讲台，给莘莘学子授过课，18年间为画乡诗社的生存和发展，不知流了多少汗水和心血。为挣钱养家糊口他务过菜，当过会计，看过大门，跑过采购，上街推销油漆，被借调当过包村驻队干部，以农代干在机关上过班，直至最后转为国家行政干部。他的角色不断转换，农民的本色始终没有丢掉，热爱诗歌创作的执着精神始终没有改变。

　　晚年的李强华，更像吊在西家院的吊瓜，爬在东家院的藤蔓。在改革开放的经济大潮中，人们的文化欣赏情调出现多元化，尤其是电子产品铺天盖地扑面而来，农民诗歌发展空间受到挤压，另一方面，政府支持的力度有限，诗社经费短缺，农民诗歌步履维艰。他这个吊瓜和藤蔓，为农民诗歌的前途担忧，奔走在相关会议上，呼吁政府应重视农民诗歌的发展，思考着农民诗歌怎样才能吊在西家院，爬在东家墙而走出低谷。他苦苦期盼着农民诗歌发展春天的到来。好在铜川的郭建民、汉中的李雪茹等一班人，和风和阳光般地从篱笆穿过，继承他的夙愿，撑起了陕西农民诗歌这面大旗，户县政府此时也下拨资金，扶持鼓励民间社团组织的振兴和发展，让他的希望逐步变为现实。"院里的竹篱笆，乐在这儿把根扎。"这不正是李强华扎根黄土地的真实写照。他一生从未离开过生他养他的这片黄土地。即使在他诗歌创作如日中天的20世纪60年代初，1974年被借调担任《陕西文艺》杂志社编辑时，抑或在他被抽调担任包村驻队干部和后来以农代干在文化单位上班期间，他从没有向上级领导提过改变自己的农民身份要求，他也从未为儿女谋得一个美好的前途东奔西走。派到哪里，就在哪里踏踏实实埋头工作，这才是他人生的追求。后因组织上对有突出贡献者落实有关政策，1997 年他才被转为国家机关干部，其时他已是 60 多岁的老人了。他遇上月下老的时间何其滞后。

正因为如此，县委原农工部部长刘志明先生这样评价李强华：

"你问户县哪年县长是谁？没几人知道，你问李强华，没有不知道的。"

一个土生土长的农民诗人，能取得如此成就，是户县人民的骄傲，是三秦大地的荣光。

第三节　寻根长安路　存诗档案馆

2001 年 2 月，户县文化馆、画乡诗社、六老庵村三方共同举办"迎春诗歌座谈会"。当时负责六老庵村文化艺术活动的柳绪绪先生这样介绍：

那次座谈会有 40 多人参加，邀请了西安的党永庵、张郁、飞林、初红等专家、诗人，户县文化馆的老馆长谢志安以及贺金禄、耿朝晖、王占奇，画乡诗社的刘勇、王连生、肖益人等；六老庵村双委会干部和创作组成员也参加了会议。

老柳翻开一个相册指点着。虽然是一张张静止的画面，但文艺演唱会舞台前，那拥挤的观众，秦腔演唱那多姿多彩的倩影，让人感受着场面的热烈。有一张表现当年文学作者慷慨激昂朗诵自己诗歌情景的照片，特别醒目，只见李强华坐在主席台上认真地听着，那专注的神态给人以鼓舞和启迪。

老柳动情地说："李强华老师，那时已年近七旬，有多种疾病困扰，但他为户县文化事业顽强地奔波着。"

老柳还说，李强华老师是推动户县农民诗歌发展的领军人物。初红老师也功不可没，他和李老师是莫逆之交，机缘巧合使他们走在一起，相互学习，相互推动户县的农民诗歌创作事业。

著名的校园诗人初红，1962 年从陕西师范大学毕业后分配到户县一中任教。读大学期间，在学校阅览室的报刊中，这位 20 岁出头，比强华小 5 岁的年轻人读到李强华的名字和他的诗歌后，便与《户县报》结下不解之缘，因为那是李强华发表诗歌的最初阵地。刚到户县一中，他就驱步西郊村，迫不及待地拜访心中的偶像。而李强华，也早在 1959 年就从报刊上关注着赵昌济（笔名初红）发表的小诗，而且了解到他也是户县人。时空的阻隔，让户县两位心仪诗歌的年轻人遥遥倾慕。

在西郊村李强华那间小屋，当志同道合的两双手握在一起时，那倾慕之情便热烈对接，风风雨雨传递了四十多年，传递着一对诗友扯不断的诗歌情谊。于是，在那间小屋的土炕上，在那田埂的西红柿架旁，在户县一中那间十几平方米的陋室里，交流诗稿，漫谈创作，拜读臧克家、贺敬之，谈论毛锜、党永庵，邮寄诗稿，拆封同阅，留下了数不尽的低声高语。

当诗坛偶尔吹来迷雾让李强华困惑时，赵昌济用乡音、乡愁的深情为他拨霾；当赵昌济生活的天空偶遇冷风时，李强华用黄土般质朴的心态为他释怀。

1983 年，李强华成立画乡诗社，赵昌济第一个支持，并担任《画乡诗浪》刊物主编。他和诗友们以极大的努力，摆脱资金、稿件出现的困境，坚持定期出刊，为画乡诗社，也是为挚友李强华不知担负了多少风霜雨雪。

1994 年 12 月，他又与李强华并肩，为成立陕西农民诗歌学会付出了大量的心血，担任学会秘书长十余年，为陕西农民诗歌的发展倾注了心血。

作为科班出身，诗才横溢的赵昌济，在职期间，几乎把业余时间全部奉献给了户县农民诗坛。他说："我是农民的儿子，对乡村有着天然而割不断的情感。退休后，虽然在西安住了 18 年，还是不太习惯。我对户县感情太深了，我一直欣赏李强华接地气的诗歌作品，在他身上也学到了很多东西，那是许多专业诗人所没有的。李强华深沉的家国情怀，饱满的政治热情，淡泊明志的处世态度，多情善感的诗性天赋，执着勤奋的创作态度，诗意散发的泥土芳香，深深地打动着我，编织着我们牢不可破的黄土情缘。"

原户县关工委书记马维岳在《诗乡纪事》中是这样评价李强华和初红为户县农民诗歌发展所做的贡献："四十多年里，户县农民诗歌创作历尽艰辛，得到长足发展。数以百计的诗人，活跃在户县城乡的各行各业中，其中最为出名的当数农民诗人李强华和校园诗人初红。在这两面旗帜的带动影响下，户县的诗歌创作队伍不断壮大，艺术水平显著提高。由他俩创建的画乡诗社及主编的《画乡诗浪》刊物，培养了一批又一批诗歌新秀。可以说，他俩是户县诗坛的翘楚，是培养诗歌新秀的园丁，是推动户县诗歌创作的元勋。"

还有一位李强华的至交，同时影响着李强华的诗歌辅导工作和户县农民诗歌发展的人物，他就是原户县文化馆干部刘滨海。

刘滨海生于 1939 年。在户县几所农村小学从教期间，就开始在《户县报》发表诗歌，编写演唱材料，且有娴熟的板胡技艺；1960 年调到户县文化馆，成为李强华的诗友。20 世纪 80 年代末，李强华应聘进入户县文化馆主抓农民诗歌创作等工作，就是在刘滨海的领导下进行的。在他们相处的几十年里，相互信任，相互支持，相互配合，为户县农村基层文艺创作工作做出了应有的贡献。

共同的追求和精心指导，李强华与刘滨海建立了深厚的友谊。刘滨海家住文化馆，李强华常去请教，一颗白菜、几根黄瓜算作学费。刘滨海也是李强华家的常客，进屋就坐在烧炕上，一碟搅团，一碗软面，在嬉笑中咽下一片真诚，传递着一片友情。有时李强华没在家，刘滨海就去菜地找。两人蹴在菜畦间，在品西红柿、莴笋、豇豆的清香中，交流着诗韵和诗意。

长期的交往，李强华的人格印在滨海的心中。李强华的"说话快、走路快、吃饭快"的三快就是刘滨海总结出来的。他毫不掩饰地告诉笔者：

"李强华是一个顶天立地的人。他的最大特点就是一辈子不说假话，也不会说假话，教都教不会，这是金子般的品质。他是真心热爱社会主义，热爱集体的，但他做不了生意，因为他跑外交出门带干粮，说不了假话，难以在商海迂回立足。"

李强华从事文学创作近半个世纪，成为户县第一位加入中国作家协会的著名诗人。他的万余首诗作让他结识了文学界大量的知名人士和诗友。

他的启蒙恩师有王老九、谢志安、马宏智等。

他在西安及周边地区经常往来、拜访、交流的文学名流有，李若冰、胡采、柳青、杜鹏程、王愚、王汶石、李尤白、毛锜、党永庵、常智奇、赵熙、张郁、田奇、韩慧君、姜鸿章、姜德华、雷乐长、王宜振、刘虎澄、陈忠实、肖重声、王德芳、峭石、商子秦、马林帆、郭建民、王世民等。

户县的诗友文朋有，初红、刘滨海、马维岳、蔡智武、韩云志、郑茂武、陈俊岳、曹希斌、章立、肖益人、卫茂轩、古泉、宫桂芳、刘勇、杨继夫、任照华、李景宁、王连生、焦万利、石侃之、张垦、耿朝晖、王生哲、李养民、柳绪绪、杨宏涛、石勇、单春荣、郭忠民、姬仁斌、赵武荣、王亚涛等。

这是以三秦大地为纸，以乡愁、乡音为题吟咏的一首长篇友谊诗。这是晴朗的夜空，群星闪烁，远远近近环拱明月的一首抒情诗。作为新中国培养、成长起来的农民诗人李强华，其诗歌创作成就犹如一轮明月。它把清辉撒向黄土地，飞溅起传唱的清音像鸟鸣般的响亮。

2001 年 2 月 19 日，李强华又被西安市文化局评为"先进工作者"。9 月 15

日，陕西省第二届农民诗歌大奖赛在户县举办，李强华获"伯乐奖"。10 月 15 日，他的小传收入《中国作家大辞典》。11 月 29 日，他创作的《朱毛会师井冈山》，获陕西日报、陕西电视台、陕西省文联、陕西省毛泽东诗词研究会等联合举办的"纪念开国总司令朱德诞辰 115 周年全国诗歌散文大赛"优秀奖。

创作成就突出，社团活动活跃，参赛屡屡获奖，编织成一个又一个耀眼的花环，簇拥着这位垂暮老人。他迈开双脚，还在继续前进。但老境、疾病、不幸，横亘在脚下，踏过去，他不能停下追求的脚步，他要在夕阳西下前，燃尽最后一丝光亮，不给人生留下一点遗憾。

2001 年冬，一个不幸的消息传来，远在长安的老姐去世了。1956 年，李强华的一首《姐姐邀娘家》，是他名扬三秦的处女作。而今姐姐走了，他很痛苦。当年，他们想回长安老家居住，才把姐姐嫁到老家临近的村庄，事实上离户县娘家反倒远了，但一直相处得很亲密。

"快去再看一眼你姑，送她一程……"

这位刚强的老人含着泪对儿子们说。

李强华是 2001 年春上突然接到长安老姐病倒的消息的。当时他与在长安的三个外甥商议：户县医院环境优越，医术精湛，条件便利，接老姐来户治疗。李强华兄弟仁人各出 300 元予以资助。老姐住进户县医院，尽管有外甥们照顾，李强华夫妻俩还是不时到医院陪伴老姐：

"把心放宽，谁能不生病。平时不得闲，现在调理一下，歇几天就好了。平时忙了就不知爱惜自己。"

"你一天忙，把自己也要照顾好。老了该享两天清福了！"老姐说。

强华的话，让这位老姐很是欣慰："还是亲姐弟好。"

他回到家，叮嘱儿女们："都到医院去，把你姑看一下。亲戚患难相帮才显真情。"

真情在李强华心里涌动。长安冯党村老家是根，那里虽有怨，但更多的是爱，是思念和牵挂。他动情地写下了两首《回故乡》诗歌。

多年未曾回故乡，今回故乡情意长。

和风迎我依故亲，河水对我潺潺唱。

山清水秀人更美，人换思想地换装。

八仙过海显身手，又种地来又经商。

故乡男女争冒富，多年矮屋变楼房。

旧被破柜无踪影，屋内尽是新家当。

……

一别故乡四十载，众家上阵奔小康。

政策利民人心喜，搞活经济好主张。

但愿故乡永不老，日子更美情更长。

　　这是节选 1994 年李强华创作的《回故乡》诗。从他父亲离开长安故乡，一晃八十余载。虽然不时回乡看望亲人，但那里现在对他来说，只是暂时驻足，然而，他的根却在那里，他童年不时在故乡留下的喜怒哀乐在那里，他无法割舍的亲情在那里。到了晚年，他更思念祖籍长安，思念那里的山水草木，感受到那里亲人生活的甘甜美满。当他踏进长安的土地，看到那里的沧桑变化，便禁不住祝愿"故乡永不老"。

　　强华还不时想看长他十多岁的堂兄李继光。堂兄虽身处贫寒人家，淡泊寡欲却寿长。堂兄经常忙着他那一亩三分地儿，人老了，现在身子骨还硬朗不？他们老两口过得不知咋样？他还打算正月里一定要抽时间回长安再拜个年。

　　亲情是娘的乳汁，亲情是爹的肩膀，亲情是兄弟姊妹的众手帮扶。吮吸乳汁，儿女长大；依靠肩膀，儿女放飞；凭借众手，走出困境。感恩、孝敬、无私奉献，李强华几十年总是身体力行。那肩上不知为亲情担了多少风雨，那脚下不知为亲情跋涉过多少泥泞？他更是一位忧国忧民的赤子，耕耘、吟诗是他人生永不停歇的追求。

　　然而，疾病在向他一步步逼近，他却不提防。他说老姐只顾为儿孙操劳不知爱惜自己，他也一样。姐弟俩不知爱惜自己是多么相似。

　　2002 年元月，李强华前列腺肥大、高血压等多种疾病给他带来行动的不便，但他还硬撑着在外参加各种活动。

　　年初，他应邀参加户县县委、县政府举办的马年迎春晚会，小儿子李新胜陪着他来到户县剧院，他登上舞台朗诵《战马》一诗，再展昔日风采。

　　李强华哪里知道，当他登台高声诵读当年写的《战马》诗时，他的长孙刚刚离开人世，悄然去了天国。

那是在 2002 年元月中旬，前后不足 10 天，血癌夺去了李兴团 17 岁的儿子、李强华长孙的生命。那段时间，举家人相约，强忍失去亲人带来的巨大悲痛，都咬紧牙关，装作若无其事，拼命干活，以抚平心灵上的创伤，因为不能再把这一悲痛带给风烛残年的老人——他们的父亲了。

因为这位老父亲中年丧子，现又病魔缠身，他若知道爱孙先他而去，可能彻底崩溃，这个家也可能瞬间崩溃。

那是 1973 年 8 月，李强华的长子离开人世，年仅 17 岁的生命凋谢了。这对家庭来说，无异于晴空霹雳。妻子杜亚兰大病一场，在南街医院（现中医医院）住了半个月。作为家庭支柱的李强华，这是他人生最悲伤之时，他要挺起身子护理躺在病床上的妻子，又要经管几个幼小的儿女，还不时后悔内疚。他何尝不爱自己的儿子？儿子是他的希望。多少个夜晚，他独自在门前的街道上徘徊，在院中捶布石上低头沉思；终日昏昏沉沉，恍恍惚惚又睡不着觉。他只能把痛苦藏在心里，告诫自己：强忍悲痛，不能倒下。

那年暮秋，户县文化馆在天桥腊家滩举办文学创作学习班。一天下午，李强华和诗友张垦得空转到天桥公社管委会北墙外，在一个树荫下交谈。当谈到教育孩子问题时，张垦发现李强华脸上流露出悲伤，眼眶满含泪水，便关切地问：

"李老师，有什么事？"

"我刚刚失去了长子……我……我从没在人前流过泪，让你见笑了。"

"男儿有泪不轻弹，只是未到伤心时。李老师，节哀吧。人啊，没有过不去的坎。"张垦劝慰着。

"张垦，有人不理解我，认为在这种情况下，咋能搞创作呢？其实，我只有进入创作，才能忘却这些悲伤。"

面对失子的悲伤，面对有人的误解，李强华唯一能做的只有沉默忍受。他是一个坚强的人，他按自己的准则行事，以独有的举动抒发心中的哀伤和深情。

这又一次哀伤和不幸向李强华袭来。全家人知道，老病交加的他这次是决然经不起打击的，故而守口如瓶。这位敏感了一生的老父亲竟没有看到一点端倪，因为他患老年脑萎缩已迟钝了，以至于在孙子出事后，把他送到李伯村（原苍游乡）丈人家住了两天，他都没问个为什么。

开春的一天，李强华与儿子李兴团因事同行在环城西路，到村广场附近时，他突然问：

"这长时间，咋没见望望（长孙名）呢？娃做啥去了？"

"娃到南方打工去了。"李兴团不敢直视父亲的目光，第一次向他的父亲撒了谎。

李兴团不知他母亲是如何向他父亲圆谎的。父母俩陪兴团夫妻俩住了10天，亲人相对无语。他们思念孙子，此后再也没问过孙子的事儿。

人世间的悲情，莫过于中年丧子，老年丧孙。那是催垮铁塔的最冷峻的暴风雨。李强华遇上这样的暴风雨，他是不幸的。然而他没有倒下，仍像铁塔一样耸立。这，不是无情。他爱自己的儿孙，他爱自己的小家，他爱祖国的大家，那情感比天高，比海深。他知道，被悲情压垮的高山是自私的，因为大山的胸怀里还有要时刻呵护的千沟万壑，千草万树。看前面，一位步履维艰的老人，裹紧这些最爱正在向前走，脚步是那样铿锵，留给我们的是栉风沐雨的坚强背影。

2002年3月，户县举办"中国农民画艺术节"。在画乡诗社展区，李强华和王连生、李景宁宣传画乡诗社工作，午饭顾不得吃，街头签名赠书300多本，把社刊《画乡诗浪》和李强华诗集《牧归》无偿赠送给省内外诗歌爱好者及海内外游人，为宣传画乡文化事业做了一份贡献。

3月16日，画乡诗社召开年终总结会，李强华再次登台朗诵自己创作的诗歌。5月，户县一大批诗歌爱好者，准备成立上林苑诗词楹联学会，派员专程前来听取李强华意见。他感到传统诗词不好写，但他希望出现一个多元并存的诗歌天地。县诗联学会会长焦万利邀请他当顾问，他慨然应允，且到会热情祝贺，高兴地现场赋诗一首，以致上林苑诗联学会诸友：

画乡忽现一朵花，诗词楹联惠万家。
只缘盛世多喜事，上林苑里飞红霞。

5月27日，李强华将六册剪报诗集和相关资料正式移交给户县档案馆阎高文馆长。忙完移交回转时，档案馆办公室主任宋丽萍送他，发现老人步履维艰，急忙搀扶他走下台阶。他像完成了一项重大的任务，心里非常轻松。

这确实是一项重大的任务。完成这项任务的初衷要追溯到20世纪90年代中期。一天，李强华把还在五竹乡政府上班的儿子李兴团，叫到户县文化馆最后那排的一个老房子里。兴团看到那面古旧书桌上放着几叠厚重的大"书"，那是他父亲几十年来发表过，精心剪贴后珍藏的诗稿集。

李兴团还能清晰地回忆当时的情景：

　　父亲对我说，档案局局长贺金禄找我几次，要我把诗稿集交到县档案馆保存，这事得告诉你。贺局长说由档案馆长期保存，便成为国家财产，作用会更大。以后家属可免费查阅。尽管这是件好事，但与这休戚与共几十载有着深厚感情的诗稿分别，我看到父亲是舍不得的。这些诗稿像儿子一样在他跟前，随手就可以翻阅；交给了国家，尽管免费能查阅，毕竟易了主，就没那么方便了。我理解父亲当时复杂的情感，因为一本本厚重的诗稿，那是他一步步踏出的脚印，一份份沉甸甸的心血。父亲不愿为而为之，我支持他的选择，因为捐出诗稿和相关资料，对国家也是一点微薄的贡献。

　　从20世纪90年代中期，到2002年，时间已过去了六七年，县档案馆馆长人事都更迭了，六大本李强华剪报诗集，才得以给县档案馆完成最后的移交。这期间藏着怎样的情感历程？那2000多个日日夜夜见证了他甘愿又不舍的矛盾心境。现在，李强华已感知到其生命的长短，再不能拖延，他要在他能举步时强打精神，亲自完成这项对他来说，是人生一项最耀眼、让他最欣慰而不留一点抱憾的工作。5月27日，李强华被录入"户县名人馆"。7月，《故乡趣事》组诗获《新国风》诗刊大赛一等奖。本年，他创作的歌词《西部春潮》获《歌词天地》编辑部征文二等奖，收入《21世纪初中国歌词选集》一书。

　　　忽闪闪，忽闪闪，挑上扁担心喜欢。
　　　一头挑的是民心，一头挑的是油盐。
　　　战士吃了添力量，势如破竹斩敌顽。

　　　别看扁担势力小，挑走头上三座山。
　　　白天跟它打胜仗，晚间跟它来做伴。
　　　扁担连着军民情，谁拿黄金也不换。

　　这是李强华2001年创作的《朱总司令的扁担》。他是带着对老一辈革命家景仰和崇敬之情，先后为毛主席、周总理、朱总司令等老一辈无产阶级革命家创作了多首诗歌，表达了一个黄土诗魂的赤子之情。他不就像一根扁担，一头挑的是诗歌，一头挑的是乡愁。那万余首诗歌栉风沐雨数十载，压缩了他的肩，压弯了他的腰；那魂牵梦萦的乡愁，忧郁着他的心，忧伤着他的情。但他担不下肩，势如破竹，终于把自己的人生挑到"风景这边独好"的境地，那是"谁拿黄金也不换"的。

第四节 引吭颂公仆 钟情吟故土

1996—2003 年，是李强华诗歌创作的晚期。虽已身患多种疾病，但仍以小车不倒只管推的精神，紧跟时代的脚步，创作出许多感人至深的诗篇，用始终不改诗歌初心的精神为自己的人生画了一个圆满的句号。

在我国社会主义革命和建设的各个时期，社会的进步，经济的发展，各条战线，各个行业的发展变化，都离不开基层干部的辛勤工作。在广大农村，无论是合作化等时期，还是如今的改革开放时期，涌现出许许多多优秀的基层干部，留下了可歌可泣的动人故事。曾担任过西郊村党支部副书记的李强华，晚年以亲身的感触，写出了许多赞颂党的基层好干部的诗篇。1996 年创作的《老村长》，是一首悲壮的英雄赞歌。

你走了，老是匆匆忙忙，
肩头负有全村人的愿望。
你扛的石头把洪峰拦住，
你铺的道路逐月伸长。
只有死神没有人性，
浪头把你冲入漩涡中央。
别说人有多难受啊，
小狗不思食，
鲜花不开放。
白云结成挽联，
村头树枝挂满。
冷风呜呜嚎，
万物哭断肠。
你就好好休息吧，
大山已化作英雄塑像。

诗人怀着深沉的心情，用第二人称赞颂这位深受村民爱戴的老村长："你走了，老是匆匆忙忙，肩头负有全村人的愿望。"这自然是一种责任担当。可以想象，这位老村长一定是带领全村人勤劳致富的领头雁，心里一定装着全村人的冷暖、苦乐，一定是吃苦在前，享受在后的好干部。

人们清楚地记得："你扛的石头把洪峰拦住，你铺的道路逐月伸长。"这只是他带领群众致富的一个缩影。

人们还清楚地记得，那一次"浪头把你冲入漩涡中央"，老村长用生命践行了一个领头雁的责任担当。但诗人没有叙写他挽救村民生命财产，挽救村庄、房屋的过程，只用一句极其简练而又形象的细节描述，含蓄地告诉人们，老村长在抗洪救灾战斗中献出了自己宝贵的生命，留下悬念让人想象，而着重抒发对老村长的思念之情："小狗不思食，鲜花不开放。白云结成挽联，村头树枝挂满。冷风呜呜嚎，万物哭断肠。"这样连串的借景托物抒情，不知让人情何以堪？

诗人虽未直抒胸臆，但那种深沉的痛悼之情，哀婉之声，缅怀之意，已经在村民、读者心里澎湃成一条江河，无法遏止。这就是从侧面借景渲染情感产生的震撼艺术效果。如何告慰这位老村长？如何宣传老村长？那是民心的呼唤，诗人深情地写道："你就好好休息吧，大山已化作英雄塑像。"我们仿佛看到，那不远处的大山，就是老村长的英雄雕像。多么凝重，多么伟岸。老村长已化作永恒的青山，永远指点着村民在致富奔小康的道路上迅跑。这在当下改革开放的社会大变革时期，有着多么发人深省的教育意义。当人们看到高耸入云的青山，就看到了老村长，他永远活在人民群众的心里。

> 看东家房子有没有雨漏，
> 问西家玉米种有没有备足。
> 田间的坡坡坎坎，
> 脚印里蕴藏着丰收。
>
> 听你朗朗宣读政府文件，
> 像滴滴甘露渗入众人肺腑。
> 你又急急进城开会去，
> 脚步咚咚擂响进军的战鼓。

这是 1997 年李强华创作的《村支书》。他在人们的心目中，又是一种什么样的形象呢？"看东家房子有没有雨漏，问西家玉米种有没有备足。"这一"看"一"问"，就说明他心中装着千家万户，"田间的坡坡坎坎，脚印里蕴藏着丰收"。这位村支书就是这样一位风尘仆仆、体察民情，为"三农"服务的优秀村干部。"听你朗朗宣读政府文件，像滴滴甘露渗入众人肺腑。你又急急进城开会去，脚步咚咚擂响进军的战鼓。"这一"听"一"进"，说明他有高度的政治自觉，把党的政策的春风吹进村民的心田，带领群众放开手脚，奔向富裕之路。这四个动词，从不同侧面表现村支书的先锋模范作用，为我们塑造了一位有着高度党性自觉的农村基层带头人。1999 年创作的《县长下乡蹲点》：

原来贫穷泥泞路，村头校舍茅草屋。
自从县长蹲点来，三年迈进三大步。

打铁先要自身硬，率先整顿党支部。
实行骨干传帮带，协助农家去致富。

功夫不负有心人，修了油路建校楼。
科学种田有奔头，家家富得能流油。

今天县长人要走，乡亲不舍手拉手。
千恩万谢一句话，坚决跟党同步走。

这首诗虽然写得直白，但很真挚。一个比较贫穷的村子，经过县长蹲点，"三年迈进三大步"，达到"家家富得能流油"。尽管有些夸张，但作为文艺作品，却传播了这样的信息：干部下乡蹲点是我们党的一个优良传统；对于那些深入基层，工作扎实，不搞花架子的干部，群众会打心眼儿拥护他、爱戴他、感谢他，真心实意地表达"坚决跟党同步走"的心愿。同时也从一个侧面说明，我们的群众多么希望党的干部能深入下去，真心实意体察他们的疾苦，指导帮助他们致富奔小康。但这个传统不是每个时期，每个地区都能坚持弘扬的。这对于当下的干部是多么具有深刻反思的现实意义。

又是槐花盛开，
整整地罩了半个村寨。
村头这株高大的古槐啊，
多像支书那不屈的身材。

经历半个世纪，
你依然青春常在。
你的生命如此旺盛，
招蝶来舞，引蜂来采。

六月的热风在吹，
从不见你摇摆。
十月的冷风常刮，
从不见你体衰。

人说你生性就硬，
做成的工具始终不歪。
你的秉性那么直爽，
宁断不弯，端直不改。

大路朝天，
你把太阳天天迎来。
百川归海，
你洋溢着大众的情怀。

古槐啊，古槐，
你时常张开温暖的胸怀。
人们在这里开老碗会，
你总激励他们开创新时代。

这是 1996 年李强华创作的《古槐》诗。这首诗通过咏槐喻人，塑造了一位农村党支部书记的高大形象，是一曲农村基层干部的赞歌。但他在写法上与《老村长》《村支书》迥然不同。

诗一起首就点明"村头这株高大的古槐啊，多像支书那不屈的身材"。这就把古槐和支书融为一体。下面从不同角度描摹古槐的情状，也是在从一个侧面表现支书的形神特质。这样，我们看到支书的形象，感受到支书的精神，就不是直白的、抽象的说教，他是化为一个具体物象站在我们面前。我们能目睹到他生命旺盛得"招蝶来舞，引蜂来采"，他的秉性如那枝干宁断不弯，他的情怀如温暖的太阳，如百川归海。触摸到他坚定的立场，面对六月的热风从不动摇，他温暖的胸怀，总是拥抱着人们的老碗会，"激励他们开创新时代"。

作为一位农民诗人，李强华的诗笔经过几十年的打磨，在艺术上已经完成了由直到曲的过渡。他中晚年创作的大量诗篇，在艺术上完全可以和那些优秀的专业诗人比肩，他运用鲜活的乡土语言入诗的能力，已经让他站在了一个有着异样风光的巅峰。

> 一道道秋波，
> 从村旁兴奋地淌过。
> 桥上一对新人，
> 手持镰刀把喜悦收割。
>
> 河水清澈如镜，
> 映出两岸汗水换来的成果。
> 是谁在谈秋后的打算，
> 县长和村长在地头正对火。

这是 1997 年诗人创作的《河水》。虽然短小，却别有情趣。诗中描摹一对新人"手持镰刀把喜悦收割"。那河水是映照两岸丰收成果的一面镜子。你再看那镜子里，"是谁在谈秋后的打算"？诗人从容地回答："县长和村长在地头正对火。"这真像是平地上突兀地耸起一座奇峰，让人惊呼无限风光。李强华的许多诗歌，往往以一种物象为题，让人觉得是要描摹这一物象，然而，不经意中诗人方向一转，却把它做了描写人物的背景。他会精心选择某特定人物的一个典型举动，让他在这背景下，演绎出让人震惊的故事，怎能不产生出于无声处听惊雷的效果？

李强华对故乡一往情深。尤其是在他晚年的近十年里，创作了许多乡情诗。反映农家生活变化的有《农家小院》《山区风光》《农家风光》《春满农家》《果农女》，以及《故乡佳话》（组诗）、《故乡趣事》（组诗）等作品。

他的诗篇更多的是反映故土风情，表达思念故乡，抒发热爱家园的情怀。如获得陕西举办的西北五省农民诗歌大赛一等奖的《故乡诗话》（组诗）及《看戏》《存款》《立木》《卖粮》等诗篇，先后被《工人文化报》《音乐天地》《长虹》《歌词天地》《现代诗歌》等报刊转载。《故乡见闻》（组诗）于 1999 年在《乡土诗人》杂志发表。《乡情趣话》（组诗）在《企望》杂志发表。《故乡趣事》（组诗）荣获《新国风》诗刊一等奖。另外，《关中汉子关中妹》《唱给专业户的歌》发表在 1999 年《音乐天地》杂志上。《家宴》一诗入选《陕西当代诗选》和《陕西当代乡土诗选》等书籍，《田野抒情二首——月夜遐思、白杨》在《延河》月刊发表，并收入《中国作家艺术家大辞典》。《唱歌要学刘三姐》荣获"中国刘三姐诗歌大奖赛"民歌类一等奖。这些诗作的获奖和发表在诗坛产生了较为广泛的影响，也成为李强华这一时期的代表作。1997 年创作的《家乡美》是一首意境优美的抒情诗。

> 清亮亮的高山绿汪汪的水，
> 白生生的棉花黄灿灿的穗。
> 走遍五洲和四海，
> 谁不夸咱家乡美。
> 坡上羊儿叫，
> 水下鱼摆尾。
> 满坡柿子挂红灯，
> 满院葡萄正滴翠。
> 乡村变成夜明珠，
> 生活恰似向日葵。
> 海外赤子来探亲，
> 激动不禁满腮泪。

平展展的公路黑油油的地，
端溜溜的电杆哗啦啦的旗。
走遍天下不忘本，
家乡新貌惹人醉。
农业现代化，
处处春风吹。
遍野硕果来报喜，
漫天捷报闪光辉。
黄土变成金疙瘩，
彩云胜似书信归。
改革带来家乡变，
欢歌笑语满天飞。

这是一首歌词，却融入诗歌的韵味。诗人首先以家乡的山、水、花、穗起兴抒情。一句"谁不夸咱家乡美"的直抒情怀，自豪与骄傲之情从内心深处唱出来，是那么爽朗，那么中听。接下来的"羊儿叫，鱼摆尾，柿子挂红灯，葡萄正滴翠"，进一步描绘了家乡迷人的秋景，突出了家乡美像夜明珠一样，美丽的乡村像向日葵一样蒸蒸日上，这怎能不让海外赤子激动得不禁满腮泪呢？

其次，诗人以"公路、土地、电杆、彩旗"起兴，抒发"走遍天下不忘本，家乡新貌惹人醉"的感慨。接下来，通过"农业现代化，处处春风吹。遍野硕果来报喜，漫天捷报闪光辉。黄土变成金疙瘩，彩云胜似书信归"，说明"改革带来家乡变，欢歌笑语满天飞"的喜人景象。艺术手法上，运用大量铺陈，形象描绘与直抒胸臆相结合，是显著特点。卒章显志画龙点睛，升华了诗歌的意境

春到农家喜气生，男女携手去踏春。
人面桃花一样娇，蝴蝶蜜蜂舞晴空。
小河清唱迎春曲，大道伸腰马不停。
责任田里笑声朗，高产红旗舞东风。
盛世给人浑身劲，政策利民百业兴。
别看咱是庄稼汉，兴国安邦追春风。

1996年创作的《春满农家》，给我们展现的是一幅充满生机与活力的明媚图画。人与自然同喜同乐，和谐共生。春天来了，万物苏醒，大道伸腰，车马穿梭，小河唱着迎春曲，小草吐绿，麦苗返青，桃花怒放，红男绿女携手并肩，披着灿烂的阳光，沐着和煦的春风，漫步在出村道上，徜徉在小河边，田垄旁，果园里，有的踏青，有的赏花，有的在责任田里指点着，有说有笑。这正是"盛世给人浑身劲，政策利民百业兴。别看咱是庄稼汉，兴国安邦追春风"。诗人的这一感慨道出了农家生活春意盎然的原因，表达了庄稼汉追赶春风的家国情怀。1998年创作的《农家风光》：

> 七月枣，八月梨，九月柿子红了皮。
> 惹得村长张口笑： 你家满院喷香味，
> 别说人有多高兴，万物都赞美新社会。
> 二嫂笑着答了话：政策给咱加把力，
> 地产粮棉和希望，院栽瓜果连欢喜。
> 家里光景年胜年，不知赛过多少辈。

这首诗歌首先概括叙写家乡秋天的丰收景象："七月枣，八月梨，九月柿子红了皮。"然后通过村长和二嫂的对话，重点叙写这丰收给人们带来的喜悦。村长看到又闻到二嫂家院子喜人的秋果张口笑、喷香味，以所见所闻表达喜悦之情，进而赞美改革开放带来的新生活。"万物都赞美新社会"一句，运用拟人化的手法，告诉我们：享受美好的生活，不要忘记我们所处的新社会。二嫂的答话，表现了新农村妇女具有很高的政治素质，她们经过学习受教育，明白"地产粮棉和希望，院栽瓜果连欢喜"的景象来自"政策给咱加把力"。"家里光景年胜年，不知赛过多少辈"，二嫂这一发自内心的慨叹，也是广大农民的心声。一直生活在农村的李强华，用诗歌传达民声、民心，歌颂农村的新变化，总是给人一种充满正能量的活力。

> 故乡的河多可爱，
> 在阳光下流光溢彩。
> 微风掀起簇簇涟漪，
> 多像那长长的录像带。

录下河边窈窕浣衣女,

录下铁牛奔驰在广阔田野。

录下崛起村头的高楼大厦,

录下万众齐颂的大好时代。

1997 年创作的《故乡的河》,诗人驰骋想象,把故乡的河化为长长的录像带。一个新颖、神奇的比喻,化平凡为非凡,化平庸为突兀,像是在海滩突然远观到海市蜃楼,那奇异的景象激荡着人们的心。站在故乡的河边,那潺潺流动的河水,正在向人们放映着录像带,我们观看着浣衣的妇女,在广阔田野奔驰的铁牛,在村头崛起的高楼大厦,感受着时代的沧桑巨变。如果把这些生活的变化,直白地记录下来,虽然也能表现时代的变迁,却缺乏诗意,不能让人产生美好的联想和想象,自然咀嚼不出诗味来。诗篇的最后一句——"录下万众齐颂的大好时代",运用的是移就的手法,看似无理,然而奇妙就在这里。我们的大好时代不就是永远也放不完的录像带吗? 故乡的河之所以在作者心中是可爱的,就在于它记录着社会主义新农村发展变化的历史。这一概括性的诗句,其容量是千山万水也装不下的。小角度,大题材,浓郁的生活气息,真挚的故乡情味,就是这首诗歌的精髓。

可以说,李强华创作的那些诗意盎然的作品,往往都是在一个让人拍案惊奇的比喻、拟人、移就等修辞手法中完成的。这种比喻、拟人、移就等,来自他对生活现象的亲近、观察和独有的感悟,来自他对故乡山水的一往情深。1996 年创作的《果农女》又是何等的风采啊!

果农女, 好风流, 朝霞作衣风梳头。

弯弯柳叶上眉梢, 潺潺流水润歌喉。

不唱过去低瓦房, 只唱今天楼上楼。

走路好似水上漂, 采果如同云中走。

左手采来歌一串, 右手采来诗一首。

果农感谢好光景, 喜上富裕小康路。

这首诗,诗人为我们塑造了新时代一个果农女的形象。它的特点,首先是以对人物形象的描绘见奇。为什么说她"朝霞作衣风梳头"? 因为她整日不是坐在闺房，而是泡在果园，与云霞风雨打交道。当她披一身朝霞，被风儿吹起秀发时，难道不像"朝霞作衣风梳头"吗？"弯弯柳叶上眉梢"一句，除了有整日与树木为伴外，是说她的眉像弯弯的柳叶，一个"上"字把柳叶拟人化，别有一番情趣。其次是人物举动描写得十分俊俏。"左手采来歌一串，右手采来诗一首。"这是一种反常的写法，不仅让诗中抒情人物举动带有轻盈空灵的美感，而且让读者对人物的快乐程度难以说尽。这种用反常的措辞刻画人物，峭拔得大有鹤立鸡群之感。但正是这种无理之妙往往成就一首诗作。这就是移就手法产生的艺术效果。这两句诗均采用移物于物的移就方式，把采果与唱歌、吟诗巧妙地组合成句，以极节俭的语言，表达及其丰富的内容，达到以少胜多的效果。

对于故乡的热爱、眷恋、思念，只有当你离开故乡的时候，这种意绪，这种情感才愈加强烈，弥足珍贵。所以通过离开故乡多年的人来表达思乡之情，最使人感到真挚、生动。1999 年创作的《故乡情》：

> 杨柳拉着你的手，河水嚷着你得留。
> 热炕等你盘盘坐，龙船等你再乘游。
> 大伯明日回台湾，乡亲低头闷悠悠。
> 好的特产他不带，临走捎了一把土。
> 留着乡亲脚印印，留着乡村座座楼。
> 建设祖国前程远，乡亲才是主心骨。

这首诗作表达一位海外游子回乡探亲惜别家乡时的拳拳之心。一起首诗人写乡亲们送别时的景象，避开正面直接叙写游子的角度，又间接地采用拟人的手法，让杨柳、河水、热炕、龙船等物象表达乡亲们对这位大伯的惜别之举动，然后画龙点睛的一句"乡亲低头闷悠悠"，把那忧闷之情直接托出，水到渠成，凝重深厚。第二节才从大伯的角度写其对家乡的依恋之情，先选择了一个典型的细节——"临走捎了一把土"，就让人感到扑面而来的浓浓乡情，因为这是故乡的土啊！它"留着乡亲们脚印印，留着乡村座座楼"这个因果句式，把这位大伯的乡愁之情变得具体可感。末尾两句直接表达对祖国、对乡亲的赞美之情。正面和侧面角度的描摹，修辞手法和描写手法的综合运用，让这首诗情感、意境和艺术性达到了一个新的高度。

离开城市回家中，
故乡一片好光景。
万紫千红顾不上看啊，
心急哪管脚步重。
离别故乡二十年，
心中有愧难形容。
乡亲却把我呼唤，
母亲两眼热泪涌。
喊我大名太疏远，
喊我乳名更中听。

还像儿时母亲不许我玩狗，
还像幼年大伯教我咋锄葱。
当年浇不上的旱龙背，
如今已是大渠贯西东。
我当年栽的白杨树，
如今已是郁郁葱葱。
我当年走的弯弯路，
如今是柏油马路宽又平。
故乡山水故乡人，
岁月悠悠是亲情。

　　这是 1996 年诗人创作的《喊我乳名最中听》。这首诗通过一个在外工作，离乡已有 20 年光景的游子，回乡后的所见、所闻、所感，表现其对家乡的热爱之情。特别是一个细节的选用——"乡亲却把我呼唤""喊我大名太疏远，喊我乳名更中听"，非常鲜活地表现出乡亲们和"我"之间依然未变的那份深情。那是"我"儿时在家乡留下的乡音，现在又在耳边重现，让"我"咀嚼到了像母亲乳汁般地甜蜜。另一个特点是，乡亲们对"我"的态度，还像儿时那样，"还像幼年大伯教我咋锄葱"，说明了乡亲们仍然把"我"当作他们的儿子，故乡不就是"我"的家吗？这样，"我"对故乡之情就更加亲密，自然感受着故乡的每一棵白杨树，每一条柏油马路，都含情脉脉。诗歌末尾两句："故乡山水故乡人，岁月悠悠是亲情。"怎能不是"我"从心底发出的最强音？1997年创作的《风筝》也系着诗人浓浓的乡情：

乡情是长长的丝线，
风扯不断，雨打不散。
我是轻巧玲珑的风筝啊，
那缠绵丝线始终把我牵连。
一头拴在故乡的大树上，
一头系在我的腰间。

有时我涂上层层火烧云，
有时我遇上风刀雨剑。
一会儿高，一会儿低，
一会儿平，一会儿翻。
我终于被牵回故乡，
眼前已是百花盛开的春天。

这是一首借物抒情的美妙乡愁诗。诗人把乡情比喻为丝线，把"我"比喻为风筝，化抽象为具体，让人在可感的物象中感受乡情的浓郁深厚。"乡情是长长的丝线""一头拴在故乡的大树上，一头系在我的腰间"，这一奇妙的想象，把乡情与"我"这个风筝的关系，揭示得那般形象生动，让人拍案惊奇。"我"这个风筝，"有时涂上层层火烧云，有时遇上风刀雨剑。一会儿高，一会儿低，一会儿平，一会儿翻"，这些语言看是在描写风筝在空中的际遇，然而它背后的潜台词，是那样的海阔天空。它会让我们想象着"我"在异乡生活遇到多少挫折的风雨和收获的喜悦。它怎能不激活那些在异乡工作者的人生五味，那是欲说还休的味道，但又多想对最亲近的人倾诉。现在，"我终于被牵回故乡"，可以向亲人倾诉了，然而诗人笔锋一转却道："眼前已是百花盛开的春天。"这似乎有些离题太远，然而，这正是诗人的高明之处，因为他已把"我"引到一个多么美好的境地。"我"的倾诉遇上了"百花盛开的春天"，那倾诉能不如春水般滚滚滔滔？

西部大开发，目的是把东部沿海地区的剩余经济发展能力，用以提高西部地区的经济和社会发展水平，巩固国防。2000年1月，国务院成立了西部地区开发领导小组，于 2000 年 3 月正式开始运作。2006 年 12 月 8 日，国务院常务会议审议并原则通过《西部大开发"十一五"规划》，目标是努力实现西部地区经济又好又快发展，人民生活水平持续稳步提高，基础设施和生态环境建设取得新突破，重点区域和重点产业的发展达到新水平，教育、卫生等基本公共服务等取得新成效，构建社会主义和谐社会迈出扎实步伐。

李强华十分关注西部大开发。先后创作了多首壮丽诗篇，从不同视角表达了对新世纪以来，实施西部大开发战略的赞美之情，彰显了诗人讴歌新时代的风采。

2000 年创作的《西部抒情》：

风喊加油鞭催马，
促进西部快开发。
深埋金子要发光，
沉睡石油要上架。
丝绸之路要加宽，
欧亚大道伸天涯。
啊！西部，西部，
一幅最新最美的图画！

雨润禾苗水叙话，
呼唤万物快开发。
深埋宝藏要生辉，
沉睡的枯树要发芽。
"神舟"上天测风云，
雪水滚滚好庄稼。
啊！西部，西部，
一幅最新最美的彩霞。

这首诗给我们描绘了一幅最新最美的西部开发图，表现了人们企盼西部日新月异的迫切心情。诗中虽然没有出现人物，但我们从对金子、石油、雨、水、枯树、雪水等的拟人化描摹中，已经感受到人欢马叫的火热场景。那是千军万马和风云宝藏共同为西部高咏的抒情诗。《西部春潮》写于 2000 年，发表在《歌词天地》

上，并于 2002 年获得西部开发征文二等奖。其内容如下：

> 机器轰鸣打破了寂寞，
> 汽车叫声响彻了大漠。
> 春风喜渡玉门关，
> 戈壁滩上泛绿波。
> 兰州油管涌巨浪，
> 西宁火车早破晓。
> 崛起的西部铸辉煌，
> 喜听处处报春歌。

> 铁锤叮当砸开了冰盖，
> 热气腾腾淡化了篝火。
> 丝路尽洒欢笑声，
> 古堡楼兰响山炮。
> 西安秦俑列阵势，
> 银川矿产争上料。
> 崛起的西部朝胜利，
> 喜看处处涌春潮。

这首诗从更广阔的视野，展示了西部大开发掀起的建设春潮。从玉门关到戈壁滩，从兰州到西宁，"喜听处处报春歌"；从丝路到古堡，从西安到银川，"喜看处处涌春潮"。诗人是从宏观的角度，尽情渲染西部大开发的声势，给人以激励和鼓舞，这也是诗人赞美西部大开发，在心中掀起的春潮。2000 年抒写的《西部风情录》一诗：

> 不比过去比现在，
> 不唱过去唱未来。
> 西部不再是围着篝火呻吟，
> 如今有歌有笑也有情和爱。
> 新生活给了人吉祥，

新生活给了人穿戴。

政策对路风雨顺，

千载难逢敞开怀。

人逢喜事精神爽，

幸福的泪花盈满腮。

北京擂响了西部大开发的鼓，

中国走向新时代。

不比过去比现在，

不唱过去唱未来。

西部不再是封闭愚昧又寂寞，

如今产粮产棉也产五彩带。

新生活给了人如意，

新生活给了人愉快。

政策利民吉日多，

万辈数今最光彩。

人逢喜事心情好，

幸福的泪花盈满腮。

中央吹响了西部大开发的号，

中国跨进新时代。

　　这首歌词字里行间洋溢着大开发让西部人奋发向上的精神风貌，抒发了对西部大开发的无限赞美之情。诗人以前瞻性的目光，展望西部由于吹响大开发的号角，擂响大开发的战鼓，使西部经济突飞猛进，生活变化日新月异，人们的精神更加意气风发，斗志昂扬。西部人要奋起急追，与东部人一道以崭新姿态走在新时代的大路上，朝着中华民族伟大复兴的宏伟目标迈进。2000 年创作的《聚宝盆》一诗，运用比喻手法，表达对西部开发的赞美之情。

　　土生金，水生银，西部像个聚宝盆。

　　中央下令叫开发，聚宝盆万物取不尽。

　　取上一个来一个，像是和风唤青笋。

　　财源茂盛达三江，正是飞雪还早春。

全党全民齐努力，帮咱双手劈财门。

土生金，水生银，西部像个聚宝盆。
中央下令叫开发，聚宝盆万物光等人。
取上一个来一个，像是细雨嫩芽润。
生意兴隆通四海，正是飞雪美景孕。
全党全民齐努力，帮咱双手劈财门。

这首诗最大的特点是把西部比作聚宝盆，形象地说明西部是一块宝地，有取之不尽的宝藏。只要借着西部大开发的春风，"全党全民齐努力"，就一定能够"帮咱双手劈财门"，共同奔向小康路。

爱情诗在不同时期，不同地域，不同生活场景，都会反映出不同的情调和状态。李强华的爱情诗没有卿卿我我，缠缠绵绵那种庸俗的媚态，有的是与劳动、与工作、与理想联系在一起的那种纯真、高尚、和谐、有积极意义的情调。1996年创作的《爱情诗三首》：

你

当你在台上一开口，
我在台下热情地为你拍手。
身旁的观众不解其意，
莫非我对你另有追求。
我的脸上泛起朵朵红晕，
你的精彩演出引出多少惊呼。
谁知我分享你一份光荣，
也曾为你的万一而担忧。

这首诗把爱情与台上演出结合，通过"我"对"你"表演成功的拍手和万一失败的担忧，含蓄地表现了一对男女青年之间的爱情。这舞台下是"我"传情的窗口，虽说和舞台上的"你"有一定的距离，然而，爱情就是在这段距离中流动。诗人化抽象为形象，通过身边观众对"我"情状的不理解和"我"的心理活动，巧妙地把它揭示出来。"我"对爱情的释放，虽然台上的"你"一点都不知晓，但两人之间往昔爱情火花的碰撞、燃烧，却在背后留下了深深的印记，这如同海上的冰山，诗人只把它的一角显露出来，让人对水下的情景产生不尽的想象。这就是含与露产生的艺术效果。

眼　睛

我偷偷塞给你一块手帕，
你默默递给我一束鲜花。
心中有千言万语，
此时却一言不发。
只因这里山大沟深，
挡住了门扇大的《婚姻法》。
风言浪语刮个不停，
我们只能用眼睛说话。

这首诗，诗人让一对情人相遇，互送手帕、鲜花，然而，这并不是一次热烈的相遇，因为他们"心中有千言万语，此时却一言不发"。这是为什么？诗人为我们道出了原因。我们看了心里非常沉重，感受到封闭的大山深处，世俗观念对《婚姻法》的阻挡，致使情侣们面对风言浪语，只能把眼睛当嘴巴。这首诗是对那个年代深山中有的地方封建婚姻观的无情暴露。

合欢树

你也缠我，
我也缠你，
像合欢树拥抱在一起。
地动山摇，
我们也不会分离。
即使死了，
灵魂依然连在一起。

这首爱情诗，没有爱的只言片语，没有情侣的音容笑貌，然而我们却感受着爱情的存在，并且是那样的震撼，因为诗人把爱情融在合欢树中。我们在那树的枝叶和生命中，读到了爱情的缠绵，那是"地动山摇，我们也不会分离。即使死了，灵魂依然连在一起"的忠贞不渝。这是何等珍贵的爱情啊！这三首爱情诗反映了不同时期、不同层面的爱情生活状态，那是诗人观察生活，感受人生，留下对爱情的深刻印记。

人到了晚年，容易怀旧。当病魔缠身时，更显出老伴的可贵。1996年《给妻》《想你》《我心中的你》等诗篇，是李强华由对妻子深沉的恩爱之情，引申出那个时代的爱情观。

> **我心中的你**
>
> 昙花虽美没有你有意，关心我等于关心自己。
> 菊花虽艳没有你刚强，在困难时你风雨不避。
>
> 莲花虽清没有你高雅，在银行工作你不沾污泥。
> 牡丹虽贵没有你高尚，柜台服务顾客就是"上帝"。
>
> 你我心灵相通志趣相投，在不同战线比翼齐飞。
> 让青春年华大放光彩，每封书信都双双给力。
>
> 夜夜梦里你在我身旁，有你温暖，何惧冰天雪地。
> 恩爱像一条割不断的红线，把我们的心紧紧连在一起。

这首诗表达了诗人理想的爱情追求。诗中用昙花的美、菊花的艳、莲花的清、牡丹的贵衬托了"我心中的你"，关心他人，不怕困难，不避风雨，不沾污泥，视顾客如"上帝"等优良品质。然后写"你"与"我"因志趣相投，比翼齐飞，才"让青春年华大放光彩"。最后"你"与"我"虽然两地分居，但恩爱的红线，"把彼此的心紧紧连在一起"。这是那个激情燃烧的年代，人们所追求的崇高爱情。

> 分别是一种痛，
> 倒叫我染上了相思病。
> 为祖国建设我俩相隔万里，
> 说难受可也感到光荣。

别怨梦里见到了你，

一觉醒来又是小房空空。

爱情像一条长长的红线，

两头牵连着彼此的心灵。

这是节选《想你》一诗的第二节。这一节诗与上一首诗有相通之处，但诗中表现那个时期男女情侣之间为祖国建设舍小我的精神，是感人至深的。那种对分别"说难受可也感到光荣"的情怀，是一种多么高尚的境界。共和国的大厦，离不开这许许多多两地分居，却有着如此情怀的年轻人的不息奋斗。他们也是那个时期最可爱的人。诗人通过诗歌，把这种精神记录下来化为永恒，像夜空中的繁星，照耀后来者继续奋斗的道路。这就是诗人为时代留下的赞歌。

李强华作为陕西农民诗坛第二代领军人物，他在诗歌艺术的创新与发展上有着多方面的贡献。他从继承传统民歌起步，结合农村生活、生产实际，记录新中国建立以来，各个历史时期农村、农民、农业发生的巨大变化，讴歌了党的英明决策，歌颂了社会主义的无比优越性，赞扬了人民群众在社会主义革命和建设中发挥的作用。在诗歌创作艺术的创新与发展中一直坚持"守正求变"的原则，在坚守民歌传统的基础上不断汲取人民群众在劳动中产生的鲜活语言，表达人民群众对新时代的赞美之情，又不断探索表现农村新生活的新诗体，不断拓展诗歌的题材，不断丰富诗歌的艺术手法，形成被人们称为"李氏新国风"的独特艺术风格。为中国农民诗歌的大众化、生活化、民族化等方面付出了艰辛的努力，积累了宝贵的经验，做出了卓越的贡献。

常智奇先生在《李强华诗歌选集》序文的"他从新诗的旋律中走来"一节中对李强华的诗歌艺术从宏观与微观两个方面做了全面、深刻的评析：

五四新文化运动，在启蒙的舞台上拉开了新诗创作的序幕。到了1956年，中国的新诗创作在风风雨雨，泥泞坎坷的道路上走过了37个春秋。在半个多世纪的风雨历程中，中国的新诗创作很快就改变了古体形式笼罩诗坛的局面，形成了新诗与古体诗两峰对峙，二水分流的新格局。中国的新诗创作在走向生活化、大众化、通俗化、民族化、革命化、政治化、功能化的道路上，显示了强大的生命力。民歌在这社会革命的洪流中，更多的是趋向社会主流意识形态。

李强华是中国新诗创作队伍中的一员，他自然和着这个时代的旋律，唱着自己关于太阳、土地、乡村、农民、劳动、生活、自然、社会、人伦的歌。他唱涝河的清波，草堂的烟雾，小巷的犬吠，播种的谷雨，收割的银镰，运肥的车轮，土地的赐予，山泉的清澈，桃花的鲜艳，暮归的晚霞，炕上的笑声，月下的悄悄话……大地上的一切自然之物，生活中的一切事象，都能进入他的视野、诗境。他的创作题材很宽泛，他以一个社会底层的农夫、草根族、乡土诗人的姿态书写着社会主义新农村的新变化。

民歌，在中国古典诗歌创作中源远流长，具有天长地久的生命力。表现平民意识，表现社会底层的呼唤，表现大地情怀古己有之。现代诗的发展是以民歌和古体诗作为母体，不断繁衍、丰富、完善，走向成熟繁荣的。民歌永远像大地一样广阔与丰腴，文人的诗歌创作永远是附丽和生长在这块土地上的一朵鲜花，其艳丽芬芳，光彩照人永远来自于大地民歌。土地和花朵、农民诗人创作的诗与文人创作的诗是两种美的形态，土地广袤、博大、丰裕、无私、养育；花朵鲜艳、美丽、芳香、感性，然而，花的生命来自土地。在诗歌发展史上，农民创作的民歌，和文人加工后的民歌是又明显区别的。农民创作的民歌喷射着泥土的芳香，携带着生命质感的鲜活，生活敏感的光泽，生殖纯净的观念，日神光照的射线。文人加工后的民歌，多了一些理念、思想、审美、文雅、炫技，少了一些质朴、自然、纯粹。中国文人在新诗创作中是以牺牲、削减、损耗民歌原生态的审美精神、气质、特征为代价，换取文气、典雅、精致价值的实现。文人新诗的创作更多的是强调启蒙、革命、时代、历史、忧患、审美、意象、形式、音律；农民诗歌的创作更多的是强调人性、太阳、土地、劳动、生命、生活、感性、实用、经验、伦理、抒情。李强华创作的诗歌，更多的体现了从民歌加古典诗歌走向新诗创作的特点。他在民歌加古典诗歌走向新诗创作的基点上，强化了农民立场、农民意识、农民情感、泥土趣味。他的诗歌创作有中国传统民歌的一些东西，也有王维、王昌龄、杨万里、范成大、杜牧、秦少游的自然通脱、通俗流畅、明白易懂的语言形式。但是他真的没有封建士大夫的那种用典、排律、显摆、炫示、拿捏、卖弄、张扬、雕琢、锤炼；他的诗歌创作中有郭沫若，臧克家、贺敬之、郭小川、艾青等人的政治热情、革命理想、历史使命、社会责任，而无他们的炮火硝烟，夺路拼杀，死里逃生，英雄主义；他的诗歌创作中有李季、田间、张志民、李瑛、张永枚、梁上泉等人的自然、鲜活、生动、形象、晓畅、通达、明快，而无他们的独坐书案，隔窗望田，闲适优越，淡泊虚灵。他在锄与笔、劳与逸之间侧着身子走，为生存而奔走，为生活而忧虑，为柴米油盐而操劳，为"诗神"附身而狂迷，为诗情燃烧而纠结，为诗境拓展而熬煎。他在诗歌创作的道路上迎着生活的八面来风，在世俗与超脱，理想与现实，物质与精神，山林与庙堂，乡土与文雅之间苦苦地寻觅，久久地徘徊，努力探索新型农民与知识分子之间的沟通，努力拓展新时期农民诗歌创作与现代文人新诗创作之间的共同语言谱系。

如果说，以王老九为代表的第一代农民诗人更多的是停留在古典民歌的表现形式上，那么，李强华的新诗创作在形式上则更多的是走向了一种自由抒情。他自觉地把中国农民诗歌的创作完全并入中国新诗创作的大潮之中，特别是他在创作的鼎盛期，其作品在形式美方面，与当代专业作家诗人创作的新诗非常合拍。不同的是，李强华的诗歌创作保持着中国民间诗人的立场、本色、情怀，保持了大地、太阳、山河的伦理，保持着生活的真实、平淡、鲜活的特征，保持着情感的赤诚、谦卑和纯洁，保持着中国诗性的一些质朴、纯净、敦厚、自然、清新、明快、刚建、鲜活的品质。

李强华在 1956 到 1961 年期间，诗歌写得比较拘谨，更多的是在"七言"句式上抒情，从 1962 年的《农村新歌》《婚礼》《卖棉归来》《新春述志》开始，他逐渐放开了，在长短句中自由地抒情。一直到 1967 年"文化大革命"中，他受"小靳庄"农民诗歌的影响，又在"七言句式"上有所回归。到了 1986 年，在改革开放的大潮中，他又回到长短句的自由抒情的轨迹上来。句式的变化是传统古典民歌与现代新诗变化的重要区别之一。

李强华长于以拟人化的手法赋予自然之物以人情、人性、人格，在"人化的自然"中抒情言志。《小草》《山溪》《塞北的柳》《向日葵》等，都是这方面的代表作。他的"拟人"是拟农人、穷人、小人、下人、贱人，即社会最底层的普通劳动者。

李强华的诗歌往往是静物素描，客观对象是凝定在某一时空中，相对静止不变的，抒情主人公以自己心中已有的情志图像、观念、思想、意绪外射在客观对象上去，在物像与观念的叠加中，抒发自己的诗情。《荷叶》《仙人掌》《蜜蜂》《西湖柳》《无花果》等，都是这方面的代表作。在这里，诗人祛除了偏激的精神疾病的气息，在日常生活和精神想象中舒展出内心的潮汐冷暖。他的声音不再像封建社会士大夫那样愤怒、坚定、尖利、极端，而是在静水流深中显现的幽微光芒和闪电。

李强华的诗之所以具有浓郁的生活气息，其中一个原因是他长于在抒情中叙事，把叙事化入抒情的诗境之中，让叙事成为抒情的核心元素。《打枣》《耙耙匣匣》《老光棍》等，都是这方面的代表作。这里的叙事是极简约、极写意、极传神的叙事。抒情化了叙事的骨肉，唯留叙事的精魂。李强华对中国新诗的贡献正在这里，他在晚期创作的《赶会》《老村长》《卖草莓的姑娘》等，都是这方面的代表作。

李强华善于捕捉生活中的细节入诗，这为他的诗增添了几多"诗趣"。例如："一只青蛙驾叶来，笑望夕阳怎下山？""主人葬他父时／家狗也感到难受／用串串热泪祭奠／用爪子唰唰刨土。"只有浸泡在生活之中，才有这样信手拈来的"妙得"。

李强华的浪漫情怀不是楚文化屈原式的火山爆发，疾风暴雨，天马行空，瑰奇诡谲。他是秦文化《诗经》式的春风晓月，灞柳离痛，以实写虚，以云托月，在具象中求意象，在意象中求意境。他的浪漫诗性始终对应于大地、田野、庄稼、河流、村舍的地标。他用太阳的光照，把自己心灵的投影洒向普通人的酸甜苦辣，悲欢离合，强调感性生命的解放。

李强华的诗歌题材广泛。大千世界上的一切生物，农村中的一切活路，耕作用的一切农具，季节变化、婚丧嫁娶、鸟语花香、溪流云飞等，都能成为他作诗的对象。他有一种"万物皆备于我""我为诗的王子"的禀赋。这种"登山则情满于山，观海则意溢于海"的才情，是他的诗人气质所致。也正是他的这种诗人的气质，使他永葆一颗赤子之心，情感纯朴，生活简单、创作欲旺盛，作品高产。

李强华的诗歌创作，代表了二十世纪中晚期中国农民诗歌创作的水平。中国的诗歌创作在启蒙革命的前期，更多的是强调着一种改革社会的责任和义务，与古典诗歌拉开了距离，出现了断裂，而李强华在生活语言、生活气息、生活方式方面，为弥补这种断裂和距离，做出了一定的努力和贡献。他从大众化的、民族性的、大地的根性寻找现代诗歌与古典诗歌相连的血脉，在人性、社会、语言的深层结构方式上还原诗歌唤醒民族，服务于社会进步的精神。

李强华的诗歌是在"经验世界的维度"上培育自己的诗学之花，既是他立足于个人的经验、生活的碎片，也依然有其真诚的个性。他在诗化生活的过程中，也是自然人化，自我诗化的过程。从这个意义上看李强华的诗，我们不难发现他的主体意识和社会生活是通过理想联系在一起的，以其写作的精神体量和密度观察他的创作，他是一个勤奋的作家，高产量的作家。

在他所处的时代诗歌创作中，刻意追求"先锋"，"前卫"和"现代派"的表现技巧，刻意追求新的文学元素，导致作品难懂，形式疲惫的例子很多。他不是这样，他并不追求形式的新奇和手法的原创，而是在传统的、规范的、大众的、民间的视域下，运用传统的写法达到形与神、意与象、情与理、虚与实、真与美、景与境的自然组合的艺术效果。坚守、传承也是一种使命。任何创新的追求，革新的表现，新形式、新手段的运用，都不是以作家的主观愿望和探索实践来论英雄，而要看社会最广大的读者的反映，要看作品是否反映了时代精神，反映了历史发展的必然趋势，反映了社会最底层广大普通劳动者的情感、愿望、呼声和期盼，是否反映社会最广大的人民群众的审美理想和审美情趣。李强华在这条道路上坚守、承传，奋力前行。新诗创作经过 36 年的探索和实践，在写作手法上已经取得的良好艺术效果和宝贵经验，我们要给予充分的肯定。

李强华的诗歌创作，是土地、农民、劳动、生活、生存、生态、生命的淳朴记录，清水芙蓉，自然清新，羚羊挂角，天真直率。他的诗歌创作，是在大众语言口语化的形式中，表现人与土地的亲密关系，人与人的和谐关系，人与自然的有机联系。他的诗歌创作中也有革命、政治、运动，但这些都在"乡愁"中化解，在耕耘中消融，在生命中认知，在生活中感应，在生命意识中表现历史意识，在生存境遇上表现时代精神，是他的可贵之处。他在革命中寻找着一种新的生产力和生产关系，他在运动中寻找着大众生存方式的一种认同，他在政治中表现社会最底层人的一种草根愿望。

我们所处的时代，是一个中国乡村传统社会结构在逐步瓦解、崩溃的时代。湖南省作家墨白先生做过调查，改革开放后离开家乡进城打工的青壮年占农村人口 60% 的比例；进城打工后有一定的收入，在城里购买了房子，把父母和孩子接在城里，衣食无忧，又对之前承包的土地仍然具有支配权的人占 20% 的比例；留村务农的年富力强的人，通过土地种植、副业或服务业来获得不低于外出务工的人的收入的占 15%；剩下的 5% 是老弱病残户家庭。正像湖北作家江河所言："那成片成片的土地／越来越远离了粮食／成了野草的乐园、野草／长得很粗壮"（《土地》），"星星很多的夜晚／没有孩子出来数数／月亮很圆的夜晚／看不到孩子捉迷藏的身影"（《山村》）。在这种时代背景下，李强华的乡村抒情诗，就成为中国农耕文明向工业文明，传统乡村向城市化新农村建设转型及最后一个田园牧歌式的乡土诗人。他的诗歌有一种时代变迁的感情记录和历史认识价值。

李强华的诗歌创作对我们今天的启示是：在碎片化、电子化阅读的语境下，诗歌写作、阅读和批评实现了即时性、交互性、口语化和大众化，新媒体尤其是自媒体使得诗歌在写作人数上迅速增多，中国目前有 3.1 亿的农民工，有 2000

万在写作，有 1000 万的一线打工诗人。据不完全统计，诗词歌赋社团组织达到 3000 多个，诗歌的接受面积以及社会效应等方面都出现了新变，重建新诗的现实主义精神，成为时代的呼唤。但是有相当一部分诗人随着大众消费文化时光的到来，把诗的句子写得更加精巧，但韵味可能渐渐淡出，出现了诗歌内在性质上与本体脱节，在艺术的审美能力上与大众脱节，诗人似乎逐渐由心灵的歌者变成了修辞的手艺人的现象。面对这样的现实，我们今天重读李强华的诗歌，能够感到他的诗歌中那种与大地相连的精神，与人民大众休戚与共的精神，是我们今天的诗歌在物欲化的条件下，应该汲取的。诗歌不能被"铜臭化"，而要回归传统的诗歌价值，让诗歌扎根在生活之中，呼应时代，深入人民当中，与众生哀痛相关联，与社会进步相照应，与心里的健康相应和，重建新诗的现实主义精神。

纵观李强华近半个世纪的诗歌及创作活动，我们认为有两个高峰时期，三个显著特点。两个高峰时期分别为 1958—1965 年的诗意风发期和 1987—1996 年的诗品兴盛期。

第一个高峰期的显著标志是，1959 年创作的《稻香熏得人心醉》荣登人民日报，1960—1964 年先后创作的《"东方红"你来得早》《采桑曲》《山歌向着北京唱》等 4 首诗歌刊登在人民文学上，1963 年创作的《生产线上学雷锋》跻身诗刊，1957—1965 年在陕西日报发表诗歌 30 多首，在延河杂志发表诗歌 20 多首。作为一名只有小学文化程度的普通农村青年，李强华之所以能取得如此骄人的成绩，除了与生俱来的诗性天赋和痴迷诗歌的情愫之外，1958 年全国掀起的新民歌运动，为他诗意的奋飞插上了翅膀；王老九那古典诗歌杂糅民歌风格的诗作，又让他获得了新民歌创作的真谛和秘诀。1960 年和 1965 年先后两次赴京参加全国第三次文代会和全国青年业余文学创作积极分子代表大会，受到毛主席、周总理等党和国家领导人的接见，充分肯定了他在新中国农民诗坛的地位。

第二个高峰期的显著特点是，李强华的诗体形式由新民歌转到自由体新诗后，题材更广泛，主题立意更深远，艺术手法更含蓄隽永。其代表作为《牧归》《小草》《塞北柳》《向日葵》《桥》《新嫂》《发结》《夜话》《摘枣》《轩辕柏》《唱歌要学刘三姐》等等。这些诗作都在省市以上报刊发表或获奖。诗人取得如此成绩，让他的名声再次飞向大江南北，这其中也经历了不尽的风雨磨砺。

首先是 20 世纪 60 年代中后期的磨砺。诗人虽然不可避免地受到那个特殊时期的影响，也写了不少作品，但作品中有标语口号之嫌，减弱了诗作的质量。作为一名农民诗人，毕竟整天与庄稼打交道，那对黄土地的挚爱，对耕种的不弃，对劳动的坚守，让他还是固守着淳朴善良的本色，保持着农民的立场，满腔炽热地传递乡音、乡情。后来他慢慢静下心来，沉淀思绪，对其作品进行反思，开始了诗歌创作本质的回归。1974年，去革命圣地延安参观，创作的组诗《战马》《忆延河》《枣园灯光》《延河畔漫步》等，就是他遵循诗歌创作原则吟咏的佳作。

其次是20世纪80年代初，国门刚刚打开，潮水般涌来的域外思想观念及诗坛出现的各种思潮的磨砺。此间，他在新鲜感和迷茫困惑中徘徊，因为多年形成的传统思想观念，固守着他的心灵，束缚着他的手脚，规范着他的言行，现在突然开窗面对飞来蝇虫的空气，他有些不知所措。调整思想认识和思维方式，他用了几年的时间去适应。这一时期，他的诗作相对较少，因为面对新旧时期不同情感的碰撞，他正在舍弃与吸收中进行权衡，在与时俱进的新观念中守正求变。观念的改变为他重新观察黄土地的目光涂上了新的亮点，为他内心的情感注入了新的爱恨情思。同样是每日所见的太阳、蓝天、荷塘、小桥、村姑、羊群，他感到了异样的变化，那是改革开放带来的。他笔下的诗歌也开始求新求变，自由体、细节描摹、借景抒情、托物言志，那探索的笔触也经历着艰难苦涩的改革。到了20世纪80年代中期及以后，他稿纸上的诗篇开始以崭新的面貌纪录黄土地的变化，其中最典型的代表作就是《牧归》。其间正是这大量的优秀诗篇撑起了诗人创作的第二个高峰期。20世纪90年代后期，已经进入老年时期的诗人，尽管笔力依旧雄劲、深沉，但因疾病缠身，无论从题材还是容量上看，已很难形成摇曳多姿的景象。

人生是短暂的。李强华走过70年人生路，在近半个世纪的风雨拼搏中，身后留下万余首诗歌，耸起两个高峰期。人们不禁要问："诗人为什么如此执着于诗歌创作？"我们虽没有发现他正面回答的只言片语，但从他如涛澎湃的诗浪歌谷中，找到了答案，这也形成了诗人诗性人生的三个特点。

一是要用诗歌纪录生活，记录时代的发展。不论是新中国成立的初期，还是改革开放时期，身处在黄土地上的诗人，目睹组织起来的农民生活的变化，参加各种集体生产劳动的雄壮场面，以及承包责任制后，自主开拓致富之路的创业情景，那手中的笔头便带着一种责任，把在艳阳风雨、春秋晨昏、田畔河边、街头巷尾捕捉的每一个感人举止引进诗行。我们读着这些诗歌，仿佛走进往昔那峥嵘的岁月，感受着新农村前进在社会主义道路上的铿锵步伐。

二是要用诗歌抒发郁积在心底的情感。诗人是新中国培养起来的新型农民，又是一个爱憎分明的性情中人。热爱党，热爱人民领袖，热爱祖国，热爱社会主义，发自内心深处；坚持原则，刚直不阿，对不平之人事疾恶如仇，诗歌就成了他抒发胸中情感的媒介。他改革以前的作品，偏向于慷慨倾吐，直抒胸臆，之后随着阅历的丰厚，逐渐转入间接的借物抒情，使诗意包裹在幽幽之情中进入更加优美的境界。

三是用诗歌构筑一种高雅的精神境界。诗人不满足于一花独秀，追求的是万紫千红。1983年由他发起成立的"画乡诗社"就让这种理念变为了现实。他担任"画乡诗社"首任社长17年间，发展诗社骨干社员百余名，出刊"画乡诗浪"130期，配合县域精神文明建设做了大量富有成效的工作，成为户县乃至三秦大地一面推动群众高雅文化的旗帜。

立足黄土地，坚持农民本色，几十年如一日无怨无悔创作诗歌，这就是李强华的诗性人生。我们在深入解读诗人内心诸多特点的同时，不也探索到一个诗性人生者终生不倦追求的动力所在吗？

第五节　党费酬遗愿　英灵化诗魂

2003年4月，经过精心选编，李强华第六部诗集《李强华诗选》由户县文学作者协会编辑出版。夕阳下，他抚摸着诗集，满是沧桑的脸上，流淌着满足的笑意。梦想终于成真，一切都是那么出乎意外，又那么在意料之中。

院中的小石桌上，那瓷杯中的茶水冒着热气，浓密的石榴树，枝丫间挂着支离破碎的阳光，点染着妖娆的红花。那只只飞舞的蜜蜂，扇动着小翅膀忙碌地采蜜。李强华陷入沉思：蜜蜂辛勤劳作，为的是酿出甘甜蜂蜜奉献给人们。他似乎看到硕大的石榴压弯枝头在向他咧嘴笑着："哈! 哈! 哈! "他也笑了，笑声惊飞了树丛间的蜜蜂。

李强华不就是一只辛勤的蜜蜂，采着生活的花粉，酿造诗歌的蜂蜜。他在生命的最后几年里，创作诗歌800多首，发表90多首。他又像一只春蚕，忘情地吐丝编织诗歌的梦想。

然而，各种病症正向他袭来，特别是脑萎缩，使他反应迟钝。他的儿子李兴团回忆说：

"多少年来，父亲和我们对疾病没有足够的认识，像心肌梗死这类病，发作时只需服几粒速效救心丸，就能缓解病症，延续生命。可我们对这一概无知，延误了治疗，使疾病逐渐加重。特别是父亲自己身体不适，不告诉别人。他怕花钱，怕住院，怕劳累家人。他活得太累了，是铁人也会累倒的。"

另一方面，在长期繁重的体力劳动和社会事务的压力下，李强华的身体消耗过大，条件又差，有病得不到及时治疗，小病抗，大病扛，拖两天能吃饭就过去了。他只知道拼命干，顾不上保养自己，身体严重透支，体能得不到补充。口味淡了就加点盐，而加盐又为高血压埋下祸根，治高血压的药物又伤及心脏，引发更多疾病，这一连锁反应使他陷入越治越重的恶性循环之中。

12月，李强华因小便不畅，住进陕西省森工医院。经检查为前列腺肥大、脑萎缩、脑梗等多发症，一并接受治疗。

住院期间，李强华总是静不下心来，不应该操心的事总要过问。

"现在趁人少，把我扶到二楼看看你舅父。"一天晚上，他对儿子李新胜说。

"我们去了，你去不方便吧！"新胜劝说着。

但儿子还是没有犟过父亲，只好搀着他一步一个台阶，艰难地来到舅父的病房。

"前两天听说绪绪家你姨也在住院，得抽空去看一下。"返回时，他又对新胜叮咛着。

又有一日，李强华追问儿子李兴团：

"叫你给我拿几本书，笔纸也拿来，我想写些东西，咋不见拿来？"

"在医院嘈杂，要休息静养。"李兴团劝着父亲，不时把诗社、诗友的事说给他听，为使他安心养病。

李强华对自己的病情不以为然，住进医院仍像在家里，该干的事还是那样倔强地要去干。而儿女们心中只求父亲的病情得以好转，耐心的规劝和善意的谎言，都见证着他们的一片孝心；异地检查、转院、同意手术，他们不怕受苦受累和经济的付出。

为了彻底诊断父亲的病，需要做磁共振检查，当时森工医院还无此设备，只好去咸阳某医院进行检查。在通往检查的小道上，李强华已迈不开双腿，儿子李兴团和侄子大勇几乎是挟抱着让这位刚强的老人上了检查台。检查结果是病灶主要在脑部，因在森工医院治疗不对症，又转到户县中医医院，请西安大医院医生主刀为他做了尿道造瘘术。

"这样给治疗带来更多不便,让父亲受尽了罪。前后治疗70多天,花了2万多元。花钱是小事,没钱可以借,但花钱能换回父亲的康复吗?"李兴团讲述着。

为强华治病,儿女们总是希望奇迹出现,希望药到病除。希望药到病除,希望立竿见影,那是天下孝子们共同的心愿。如果看到疗效不显著,便猜疑,便胡思乱想,往往演出"人在曹营心在汉"的戏剧来。李兴团弟兄们便是如此。

李兴团又回忆说:"在户县中医医院住院期间,经人介绍我们先后请民间名医穆北村高民先、北索村石大夫给父亲治病。凡能搜集到的偏方都一一尝试,熬好汤药悄悄背过医院医生,让父亲喝下,希望多管其下内外兼治。我们看着父亲喝汤药时痛苦的神情,心里也和他一样痛苦。然而父亲的病情依然得不到好转,我们的心在流血。"

在李强华病情有所好转的一个晚上,他把儿子李兴团叫到跟前:"你大伯叫李曦。曦是太阳初升的光芒。你伯牺牲在朝鲜战场,他是为国捐躯的,是咱家的光荣,你们兄弟一定要在清明为他烧几张纸,可不能忘了先辈。"

这位父亲又给儿子拉了治家过日子、教育孩子、往来账目、他的后事想法等等话儿。

"办任何事都应量力而行。人要有信誉,答应人的事,不能误。人不能把钱看得太重了,人格比钱更要紧。"

父子俩很少这么深谈。李兴团认真地听着,只感到眼眶一阵阵地发热,他知道这些话意味着什么。

"我的娃们都好着呢!"

李兴团第一次听到他的父亲在病友跟前夸自己娃们,他很知足。

家不富裕,李强华却生活在一个和睦的大家庭中。儿孙们走正道,他不为儿女之事操心生气,李强华是幸福的。

李强华的病,牵动众人的心。住院期间,先后有县内外相关领导、乡党亲戚、文朋诗友等100多人前来探望,送来关爱,让人感到人间大爱。

2004年4月间,县上组织为老干部体检,传来又一个凶讯:李强华的腹腔内有尚未扩散的肿瘤。这真是雪上加霜。

"我父亲的病还能不能治好?"李兴团知道后悄悄地问那位高大夫。

"未扩散,说不准,尽力吧!"

像心中压了一块巨石,好沉好沉,又搬它不掉。只有在煎熬中盼望奇迹出现了。然而,奇迹没有在这位刚强的老人身上出现,因为病魔太凶残了。老人时清醒时糊涂，呼吸时急促时平缓。然而，他总是静静地躺着，觉得有点精神，便让孩子们扶着坐起来；他很想站起来，但任他如何努力，却已经很艰难了。

4月4日上午，老人感到精神好了点，把儿女们叫到床前："这是一千元钱，在我走后你们把它转交给党组织，作为一个老共产党员最后一次党费。"

老人断断续续地说着，伸出瘦削的右手，托着一个纸包，在半空悬着悬着。

孩子们接过纸包，接过老父亲献给党的一颗赤诚之心，接过老父亲为党和人民写下的最后一首诗。

据户县农民诗人肖益人回忆，他最后一次见到李强华老师，是在李老师去世的前10天左右。他说李老师刚从医院回到家躺在床上，见他来看望想坐起来，他赶忙扶李老师躺着。李老师拉着他的手，再三叮嘱："一定要把诗社的事坚持下去。"

让肖益人没有想到的是，这竟是对恩师永远的诀别，不禁伤感至极。

那是4月15日上午，三儿兴娃搀着他的父亲在院内转了几圈。看着父亲的变化，李兴团赶忙放下地里的活儿，买了些软麻花，喂给老人几口。

午饭后，老人躺下休息，一切似乎比平时好了许多。

大约下午三点多，老人突然呼吸急促起来，

一霎时，脸都揪红了，只有进的气，没有出的气。老伴和孩子们围在老人身边，听着他一阵急似一阵的呼吸，轻轻地呼唤着。

这位刚强了一生的老人，已沉睡不醒。因突发心梗，连叫救护车的机会都没有，顾不得与亲人话别，与诗友话别，就匆匆地走了。时针永远定格在2004年4月15日下午3：50分。享年70岁。

可亲可敬的这位父亲驾鹤西行了。天国多了一位了不起的诗人，儿女们却永远失去了一份父爱，户县农民诗坛失去了一位诗歌引领者，陕西农民诗坛失去了一位领军人物，中国农民诗歌界失去了一位卓越的骄子。

天地同悲，青山垂泪；哀乐低回，白云肃穆。举家人沉浸在料峭的悲痛之中。

"三千首诗歌传后世，五十载耕耘铸诗魂。"大门口的挽联诉说着亡灵的功绩。

4月19日，一代农民诗坛圣手李强华追悼会在西郊村举行。

这是一场文明典雅的追悼会。李强华的遗像被盆景花环簇拥着，摆放在灵堂正中央。按李老先生遗嘱：遗体火化，不用纸扎，孝子不披红。

上林苑诗词楹联学会诗友们送来的挽联和诗文，挂在灵棚内；画乡诗社百名社员在灵堂前举办了一场别开生面的诗歌追悼会。一曲曲悲壮激昂的颂歌，悼念这位诗社的创始人。

暮然又春光，岁月何匆忙。
惊闻君仙逝，余情悲且怅。
常叹人生短，不意君早殇。
渼陂何荡荡，秦岭何苍苍。
虽云古稀寿，世途正悠长。
回眸四十载，风采未曾忘。
我昔巴山人，君乃田舍郎。
我歌汉江侧，君吟涝水旁。
秦岭虽隔阻，诗情共飞扬。
常聚延河畔，骚人总自芳。
忆昔君年少，来自银户县。
拜师王老九，礼恭意深长。
教诲牢相记，笔底涌华章。
晋京沐甘露，心中有朝阳。
诗为人民写，歌为时代唱。
锄头手中挥，诗花吐芬芳。
登坛常吟诵，挥手气昂扬。
诗染禾稻翠，歌飘泥土香。
咏唱数十载，留世诗千行。
料君沉吟苦，两鬓飞白霜。
晚年亦作词，情浓声铿锵。
佳作常面世，曲家插翅膀。
沃土鲜花美，豪情映日光。
人随仙鹤去，诗刻大地上。
我今为君哭，我今为君唱。
开天复辟地，何有此荣光。
强华诗不朽，山水共生香。
仙国会诗师，老九亦欢畅。
师生共吟诵，相和赋华章。

佳构新成后，毋忘报乡党。

渼陂春正好，涝河水流长。

强华诗不老，地久复天长。

诗人党永庵先生的长诗，在悠悠的哀乐中，一行字一行泪地流淌着对李强华仙逝的悲怆，对逝者诗花芬芳的追忆及数十载结下深厚情谊的绵绵倾诉。

农民诗人，

诗社社长。

普通菜农，

伴着晚春。

你走了，

静悄悄，急匆匆。

你的走，对我们来说，

多么不幸——

青山，少了一棵劲松，

绿林，少了一只黄莺，

碧海，少了一片白帆，

蓝天，少了一道彩虹。

你的走，对你来说，

多么有幸——

因为，你可以永远休息了，

不必再操劳如牛负重的人生；

你还可以向师傅王老九，

倾诉久别重逢的深情。

谁说你清贫？

你是精神上的百万富翁。

谁说你平凡？

你是中华民族的文化精英。

你用浩瀚一万首诗歌，
筑成了永远不倒的长城！

哀乐伴着诗友初红的心声，那般深情地追逐着黄莺，追逐着彩虹，那般尽情地赞颂着精神的富翁、文化的精英，又那般忘情地瞻仰着一道永远不倒的长城。

当年诗随王老九，步入诗坛写春秋。
一支彩笔绘新景，满腔豪情唱不休。
画乡诗社勤耕耘，文艺园地乘风流。
强华诗卷传百世，星光灿灿照九州！

农民诗人李强华，黄土地上把根扎。
党的光辉心头照，《锄头底下开诗花》。
讴歌时代新变化，根深叶茂自成家。
《牧归》人随白云去，千古强华放奇葩！

陕西农民诗歌学会会长郭建民的诗歌中，那对"画乡诗社"、对诗友李强华扎根黄土地，讴歌新时代的赞美之情，在哀乐中萦绕。那莹莹的泪眼中，滴血般地痛惜着"《牧归》人随白云去"。

前来吊唁的有户县县委、县人大、县政府和县政协领导，甘亭镇领导、县文化馆领导、退休老干部和文朋诗友数百人。西郊村李强华家的街道两侧摆放着100多个花圈，来宾依次向李老先生遗像行三鞠躬祭礼。

"李强华先生向党组织最后一次交党费1000元。"

随着主持人的声音，李强华的儿子李兴团，按照父亲的遗愿，郑重地将1000元钱交到县委组织部同志的手上。

户县县委宣传部副部长、县文联主席赵丰代表组织和各界，对李强华的一生做了全面总结："……英灵一缕化诗魂，泪雨纷飞望《牧归》。李强华同志一生甘于贫困，甘于寂寞，甘于奉献，不但诗品高，人品更高。邻里乡村，树为典范；单位同事，尊为师长，文朋诗友，同声颂赞。李强华同志用终生的奋斗与追求改写了中国农民的形象，塑造了中国农民的新形象，不仅是户县56万人民的骄傲，也是全国十亿农民的荣誉与骄傲。"

"你们有什么要求？"代表户县县委、县政府前来吊唁的丁景玺副县长，最后问李兴团兄弟俩。

"我们没有啥要求。"兄弟俩回答说。

"你们是好样的，不愧是李强华的后代。"丁副县长感慨地说。

西郊村党支部号召："全体党员向李强华同志学习。"

李强华逝世后，电传讣告单位有：中国作家协会、中国歌谣学会、陕西省作家协会、《延河》杂志社、陕西省文学艺术界联合会、陕西日报社、西安日报社等十多家文学团体及媒体。

松柏环绕的树荫下，绿草守护着坟茔。醒目的石碑记述着诗人的生平：

"李公讳强华，乙亥年十月生，天惜其才，甲申年二月招之于极乐，享年七十。幼时上尊长辈全心为孝，进学不足四载，然聪颖过人。五十年代即提笔赋诗，其《姐姐邀娘家》一诗见诸报端，广为传播。公自此一发不可收，数十年来笔耕不辍，抒百姓情怀，发黎庶心声，描盛世美景，绘乡村新风，结诗社于画乡，领诗友以唱和，吟咏万余首，享誉遍神州。有专集行世，为中国作协会员，全国文代会上蒙国家领导人接见。公身为中共党员，憨直耿介，勤劳质朴，公而忘私。曾获省劳模殊荣，人称其一生，心中天地独无我，梦里乾坤全为诗。呜呼！一代奇才，德音常响，永志不忘。"（原户县文化馆馆长刘滨海撰文）

站在父亲的墓碑前，儿女们思绪如潮："我们为父亲自豪！得以欣慰的是，对父亲疾病的治疗，我们尽到了责任，没有留下太多的遗憾。父亲伟大的人格力量，是我辈取之不尽的精神财富，我们唯有干好自己的事情，才能不负父亲的教诲和重托。"

李兴团怀着一颗愧疚的心："我总在想，父亲给家族带来了那么大的荣耀，可我们这些儿女竟很少抽时间去倾听、挖掘、分享父亲最幸福、最辉煌的人生。在父亲遭受打击最困难、最委屈的时候，我们较少陪伴，很少给予温暖和宽慰。但在我们最困难的时候，父亲帮了我们，当我们该做回报时，父亲却静静地走了。"

子欲孝而亲不在。没有给儿女们留下更多尽孝的时间，是儿女们无法挽回的心痛。愧疚在心里涌动，觉得对不起父亲。儿女们很想大喊一声："爸爸，我爱你。"可父亲永远听不到儿女们的呼唤。作为儿女只有不去打扰他，让他静静地休息；做好自己的事，无愧良心，无悔人生，做一个无愧于父亲的好儿女。

让这位父亲欣慰的是，小儿子新胜办企业颇有成就。因在柔印印刷、机械设计及制造方面成绩突出，被户县县委、县政府评为2016年度"优秀人才"。

2005 年，李新胜与一班志同道合的创业者，创办起"西安德鑫印刷机械股份有限公司"，担任总经理。凭借一股坚韧不拔的求实、拼搏精神，打造出一个锐意创新的企业团队，使公司逐步成为印刷机械行业的中坚力量。

十几年来，李新胜多次组织带领公司技术骨干，攻克一个个技术难题，先后取得印刷机械制造实用新型国家专利 11 项，公司的机器印刷产品多次在全国柔印性版比赛中荣获"精品奖""创新奖"。公司荣获"西安市民营科技企业""西安市著名商标""陕西省著名商标""陕西省产品质量 AAA 级信用单位""国家高新企业"等荣誉称号。

2017 年，运用现代电子网络信息平台开办"德鑫讲堂"，与印刷界同行进行知识交流，普及推广柔印技术。同年 11 月，李新胜受邀在西安理工大学印刷工程省级一流专业卓越工程师培训基地讲学，并被该校聘为印刷工程系"荣誉讲师"。

先后编撰《柔印解疑手册》《柔印操作指南》《柔印机全面质量控制》等专著。为《GB/T17497·1——2012 柔性版装潢印刷品》国家标准制定专家团成员、中国印刷技术协会专家库成员、中国印刷协会柔引分会专家库成员。2018 年 10 月，被西安市人民政府授予"西安市最美农民工"荣誉称号。

新胜虽然是办企业搞科研的，在柔印技术方面成绩突出，但依然涉足文学，在《金户视野》《群众艺术》等报刊发表散文、诗歌数十篇（首）。

大孙女从江西大学毕业后，经过 10 年拼搏，考取了西安交大研究生，现已工作，二孙女在西安某公司中层领导岗位任职，孙子中有 3 人大学毕业。这也算是对先辈最好的报答，他的在天之灵肯定知足了。

让儿女们感到震撼的是，他们的父亲一生创作了万余首诗歌。现在保存的诗稿，从 1956—2004 年，不完全统计有 88 卷 8530 首，其中 1964 年 548 首，1967 年 400 首，1981 年 379 首，1990 年 400 首，1996 年 415 首。在各类报刊发表的作品，1957—1998 年，计 1086 首，其中 1957—1985 年 28 年间，有 700 首，有时连续几天都有新作发表，有时一天在不同刊物发表几首诗。1986—1998 年发表作品 313 首，其中 1998 年一年发表 57 首，几乎是每星期都有新作问世。那时他已是 65 岁的老人了。他获奖的 30 多个作品都是在他人生最后 20 年创作的，诗歌品位高，达到炉火纯青的高度。

这位父亲不光写诗，还写过新闻报道、报告文学、小小说、游记、故事、对口词、眉户小演唱、戏曲脚本、陕西快书等作品。他写的长篇叙事诗《王老九之歌》长达 65 页，可称得上是一个文学多面手。发表各类作品，他用过很多笔名，除李强华外，有韩志、田申、天申、天身、韩言志、红歌兵、张华桢、小草、雪峰、虹光等。

李强华的儿子李兴团回忆说："1986 年，我家盖新房时，发现在家里的鸡笼上，放着用烟绳捆着的五六捆书本，每捆都在 40 多公分高。打开一捆，全是父亲的诗歌手稿，有工作笔记样的本子，有用白纸订的本子。这几捆诗稿，当时全当废品卖给了收购站。现在想起来，那是犯了一个多么遗憾的历史错误。"

五十年间，这位父亲一手拿锄头，一手握笔杆，一生出版诗集 6 部。

1960 年 5 月，《李强华诗选》由西安市群众艺术馆出版。

1960 年 8 月，《养猪好》由长安书店出版。

1966 年 2 月，《锄头底下开诗花》由东风文艺出版社出版。

1991 年，《李强华诗选》由户县县委宣传部、户县文化馆合编出版。

1995 年 11 月，诗集《牧归》由陕西旅游出版社出版。

2003 年 4 月，《李强华诗选》由户县作家协会编辑出版。

2018 年 8 月《李强华诗歌选集》由西安出版社出版。

他创作的《战马》《牧归》《唱歌要学刘三姐》《黄河之歌》《发结》《故乡诗话》《毛泽东，你是……》《故乡云》《周恩来，你赛……》等作品，参加全国、省级大赛屡屡获奖。

他的诗作曾在《人民文学》《人民日报》《诗刊》《陕西日报》《延河》等报刊发表过。

1960 年，他出席全国第三次文代会受到毛泽东等中央领导的接见，1965 年参加全国青年业余作者创作积极分子大会，与周恩来总理碰过杯。

虽然，李强华人生只有 70 年，但身后留下了那么丰富的诗歌遗产。古代南宋爱国诗人陆游一生写了一万多首诗，被誉为诗量之最，陆游活了 85 岁。李强华没有刻意追求生命的长度，却全力拓展出了生命的高度。他的诗量可与陆游比肩，这能不堪称诗歌史上的趣事？

人生的成就，不以占有物质财富的多少来衡量，而以他对社会贡献的大小来体现。赢得世人尊重，唯有人格魅力。李强华有这样的人格魅力。

德国爱尔维修说过："做一个真正的人，就必须把灵魂的高尚与精神的明智结合起来。"李强华就是这样一个"真正的人"。

2005 年 6 月 28 日，李强华获得中国文艺家协会中原书画艺术院举办的"中国文学金爵奖"这一文学最佳奖。

李强华的传略，载入《中国当代文学家名人录》《中国当代作家小传》《中国作家大辞典》。他的事迹被西安电视台拍成专题片《农民诗人李强华》，在中央、省、市电视台播放，他的成长过程被编入德育乡土教材《可爱的户县》一书。

1997年，他入选《世界华人文学艺术家名人录》。

1999年，他的名字收入香港世界人物出版社出版的《世界名人录》。

曾任陕西省文学艺术界联合会主席的李若冰先生评价道：

从20世纪50年代到90年代，从青年时代到花甲，你的诗大众化路子不变，依然保持着朴素亲切和朗朗上口的风韵，的确不容易。又充分肯定李强华在走民族大众化的路上，做出表率，数十年如一日，诗的形式有变化，而为广大人民群众喜闻乐见的诗根不变。

著名作家毛锜在为李强华诗集《牧归》的序文中评价李强华：

李强华的诗，从民歌转为自由体，是一种有益的尝试。我看他的诗，起码有以下几点感受：一、他的自由体诗很注意韵脚，带有不那么十分严格的格律。二、语言均通俗晓畅，不晦涩，更无时下一些怪诗那种哑谜式的句子。三、直抒胸臆，基调健康，不故弄玄虚，也不无病呻吟……这种诗自不消说易于朗诵，且为群众喜闻乐见。

陕西著名诗人党永庵在对王老九、李强华和王连生的创作风格经过比较后这样评价：

王老九是欢庆的唢呐，李强华是激越的锣鼓，而王连生则是隽永的箫笛……从总体上看，李强华的诗歌，与他的先辈和晚辈所不同的，是他的朴素直率的艺术风格、激越明快的情感韵致，以及善于学习传统，又能与时俱进地调整自己抒写新生活的表现手法和宏大气魄。

陕西著名文艺评论家常智奇评价李强华：

李强华延续了老一代诗人歌颂新时代，歌颂新生活，歌颂翻身农民得解放的欢乐。他的诗更多的是抒情，他在个人的感情与人民大众的情感结合处写诗。他是王老九的紧密追随着，他又是王老九的超越者。陕西当代农民诗歌创作，真正意义上的诗学自觉，是从李强华开始的。他自觉地在抒情性的沃土上，播种着属于自己的文学品格的诗花。

著名诗人张郁先生评价道：

李强华的诗歌作品，是一笔丰富的文化遗产，在全国农民诗坛产生过较大的影响。他继承了中国诗歌优秀的传统，并传承和发展了王老九的诗歌风格和精神，为农民诗歌的拓展，做出了重要的贡献，他是农民诗人的骄子，户县的诗神。

陕西农民诗歌学会名誉会长初红评价李强华和他的诗歌：

李强华是陕西农民诗坛一颗明星。他的诗像他的人一样质朴、明快、欢悦，给人一种积极向上的力量。他的诗意境高远，形象鲜明，既有浓郁的乡土味，又有强烈的时代感。他的诗形成了自己独有的艺术风格，我把他叫"李氏新国风"。这在他的新民歌作品中体现得最为突出。

陕西省诗词学会常务副会长、著名诗人商子秦评价说：

在进入 20 世纪 80 年代后期，在改革开放的新时代，诗人的艺术视野和题材内容有了较大变化，变得更加开阔，更加多样，但作者的创作始终没有离开土地，离开乡村，离开农民这一自己永恒的追求，从而形成了自身创作的鲜明特色，成为陕西农民诗歌创作的重要时代标志。

咸阳市作协主席杨焕亭评价说：

作为老一代诗人，我觉得李强华先生的作品和创作实践是一笔丰厚的文化遗产和精神财富。他始终不渝地坚持以人民为中心的创作方向和文化自觉，坚持深入生活，发现生活，开掘生活，表现生活的艺术自觉，坚持文学理想表达的审美意识，精益求精的创作风范，这都是值得我们继承的。只要我们永远像他那样忠于生活，忠于人民，脚踩在大地上，就一定能够写出无愧于历史，无愧于时代，无愧于人民的精品力作。

著名媒体人李彬评价道：

李强华的乡土诗是盛开在泥土中纤丽俊秀的花朵，虽无光华四射的艳姿，却洋溢着浓郁真淳的泥土芳香，蕴含着诚挚深厚的人间情致，流露着朴实可信的人生感受，于亲切自然中给人以艺术美感。

西安出版社总编李宗保深情地评价李强华和他的诗歌：

李强华是中国农民的骄傲。他不但是鄠邑区的一张名片，而且是西安和陕西的一张名片。他的诗歌为何能受到广大读者的喜爱？ 我认为，一是接地气。他的每首诗歌都写出了农民的心声。二是充满真情实感。读他的诗，你会强烈地感受到他那清新、质朴、健康、欢快的诗歌中跳动着的感恩新中国的一颗心。

陕西农民诗歌学会副会长何琼在参加《李强华诗歌选集》首发式暨诗歌研讨会上这样评价李强华：

李强华作为继王老九之后，陕西农民诗歌第二代领军人物，其影响和地位无人能及，功不可没。他擎起的陕西农民诗歌大旗还在猎猎飘扬，他的诗作还在民间传唱。现在我们看到有很多人不追歌星、影星、球星，而追他这位老百姓的诗歌明星。

曾任户县文化馆馆长、县文体广电局创研室主任的耿朝晖评价恩师李强华：

李强华的创作思想是着力通过诗歌表现人民的创造，他的创作方法自然，从易于老百姓喜闻乐见的民歌、新诗出发，表达广大老百姓自己的思想与感情，而且这种思想与感情是能够鼓舞人民为自己的梦想而努力的。这种坚持走现实主义创作道路的精神，需要我们继承和发扬。

户县画乡诗社第二任社长王连生在纪念文中写道：

李强华先生终生坚持诗歌创作，几十年如一日沐风栉雨，笔耕不辍，为中国农民诗坛的壮大和发展做出了不可磨灭的贡献，成为继王老九之后中国农民诗坛一面旗帜，他是一位永远的诗人。

2007年4月15日，李强华逝世三周年纪念活动在户县举行。陕西文学名家党永庵、赵熙、张郁、姜鸿章、初红、郭建民等几百人汇聚户县文庙广场，抬着"德艺双馨"的金字匾牌，敲锣打鼓，浩浩荡荡绕钟楼穿西街，沿西环路，来到西郊村诗人的家乡，参加户县文化界举行的隆重纪念活动。一首首激昂的诗文，一曲曲动情的词赋，颂扬诗人不朽的人格。同年，由画乡诗社编辑、中国作协副主席陈忠实题写书名的《农民诗人李强华》一书正式出版发行，那场面在西郊村是前所未有的。

2013年，新版《户县志》对李强华做了专题介绍。他的事迹已被户县县委、县政府收录于户县名人馆中。

2014年新春伊始，西安、户县文学界的文朋诗友，开始紧锣密鼓地筹备纪念李强华逝世十周年座谈会。5月11日，在西郊村广场，由户县画乡诗社、户县上林苑诗联学会、西郊村双委会共同承办的"纪念李强华逝世十周年座谈会"隆重举行。

著名作家毛锜，得知户县文化界朋友举办李强华逝世十周年纪念活动，下了病榻，硬是让初红搀扶着，艰难地走向书案，提笔蘸墨，书写"黄土诗情 永映家山"的墨宝。

省市文学、艺术界党永庵、常智奇、商子秦、张郁、初红、郭建民、张军峰、左明新、王小侠、张根劳、穆黎、何琼、秦驰、杨文清、段景礼、赵丰、刘勇、耿朝晖、赵武荣、李景宁、王连生、李养民、刘志明以及西郊村群众 100 多人参加了会议。同时，李强华的诗歌档案 132 卷首次展出，文朋诗友现场泼墨，共收到墨宝 18 幅，纪念诗歌 40 多首。《新户县》《金户视野》《画乡诗浪》《户县文化》等媒体，户县电视台和西户社区网、画乡网等四大网站组稿，发表纪念文章。户县音协常务副主席、户县职工艺术研究会主席刘勇自筹资金，编印《职工艺术》专刊宣传李强华。

《陕西农民诗歌》2014 年第 2 期出专刊，发表了缅怀李强华十周年座谈会纪念文稿。同年 10 月，一部反映陕西农民诗歌六十年波澜壮阔历史的《陕西农民诗歌志》出版，该志书用了 20 多个页码介绍了李强华的文学业绩。

为了配合李强华逝世十周年纪念活动，2013 年初，李强华的儿子李兴团带领屈月芹、史志其、姬仁斌、何长庆、代金海、杜峥嵘、李玉峰等亲朋好友，耗时 9 个月时间，对他父亲李强华遗留的 9 纸箱文学档案，做了一次全面整理，归档共计五类 132 卷，随之产生了编辑《李强华诗歌选集》的心愿。这既是对其父李强华的缅怀，又是对他一生诗歌创作的概括和总结，以求全面、客观反映李强华的诗歌人生，为后世学习、研究李强华诗歌艺术及文学成就提供丰富的资料。

这是一项牵扯面广、工作量大的综合性工程。赵武荣先生任主编，耿朝晖、刘志明、何智荣、李景宁、王连生、张亚民、杨宏涛、刘勇、王亚涛、曹英芳等文朋诗友，鼎力相助。历时 6 年，九易诗稿，付出大量心血，《李强华诗歌选集》终于在 2018 年 7 月问世。

在编辑诗集之前的 2012 年，李兴团就着手对他父亲的人生轨迹进行回顾和追寻。一辆破旧自行车，在街头巷尾、田间地头穿梭，在已逝的岁月里，寻觅其父的足迹。功夫不负有心人，在《李强华诗歌选集》出版的同时，10 余万字的缅怀文集《黄土诗魂》也终于出版。

2018 年 9 月 28 日，由陕西农民诗歌学会、陕西音乐文学学会，鄠邑区委宣传部、区文联、区文体广电局主办，画乡诗社、上林苑诗联学会承办，区文化馆、区作协、西郊村双委会协办的《李强华诗歌选集》首发式暨研讨会，在区文化中心举行。省市文艺界党永庵、常智奇、张郁，省农民诗歌学会的初红、石侃之、王连生、何琼、李雪如、程亚平、李双霖、云飞，鄠邑区宣传部副部长唐斌，鄠邑区文化馆馆长程君宝、副馆长樊金红，画乡诗社、鄠邑区上林苑诗联学会领导及段景礼、赵丰、刘志明、郭忠民、何长庆、杨宏涛、杨继夫等 70 余人参会。

会议由鄠邑区作协名誉主席耿朝晖主持。区宣传部副部长唐斌致辞，画乡诗社社长王连生介绍了画乡诗社在李强华精神鼓舞下，开展诗歌创作活动的情况。《李强华诗歌选集》主编赵武荣介绍了成书经过，后进行了赠书、经典作品诵读、向李强华致敬诗文朗诵等活动。陕西著名诗人、词家党永庵、张郁，原陕西省作家协会文学院院长、著名文艺评论家常智奇，西安出版社总编李宗保，陕西农民诗歌学会名誉会长、《李强华诗歌选集》名誉主编初红等分别做了点评。李强华家属代表致辞答谢。

李强华是继王老九之后，陕西农民诗坛第二代领军人物，户县诗画之乡一张靓丽名片和金字招牌。他的人格魅力和诗歌艺术风采，在陕西文学界乃至全国都占有重要位置。鄠邑区上林苑诗联学会副会长、《李强华诗歌选集》主编赵武荣先生创作的《李强华颂》又名《农民诗人》，对李强华的诗意人生作了诗性概括：

在诗歌的大地上，
你是一座高山，
巍然耸立云端。
在文学的天空中，
你是一颗明星，
光辉灿烂。
在故乡人的心中，
你是一座丰碑，
须仰视才见。
在三秦文坛中，
你是一面旗帜，
迎风招展。
你是黄土地的儿子，
对深爱的黄土地啊，
有着特殊的情感。
你"一手拿锄头，
一手握笔杆，"
在田野上耕耘诗卷。
诗歌是你的人生，
生活是你的诗篇。

乡土乡情乡音啊，
酿造出你浓浓的乡恋。
"农民诗人"的美誉，
是对你——
乡土诗人的礼赞。

你生于战乱，
经受过饥饿和磨难。
翻身解放的喜悦，
唤起你的诗梦展翅飞天。
社会主义革命和建设，
激发了你的创作灵感。
讴歌新生活的幸福，
痛诉旧社会的苦难，
抒发对党的恩情，
描绘新时代的巨变。
一首《姐姐邀娘家》，
让你在诗坛才华初绽。
一首《剥削者的铁证》，
血泪控诉，为劳苦大众代言。
《稻香熏得人心醉》
和那首《采桑曲》啊，
让你的艺术之花开得更艳。
一曲《牧归》
意境的升华，
意象的流转，
把改革的涛声，
乡村的巨变，
农民的情怀，
聚焦在
新时期的底片上，

形成一道靓丽的风景线。

啊！
四十多个春夏秋冬，
一万多首诗的花环，
铸就了你
——"农民诗人"的桂冠。
你一生执着的追求，
你心中崇高的信仰
和那永恒的信念，
是后来者精神的典范。
你的诗体
你的诗魂，
将永远，
萦绕在人们的心间……

2019 年 5 月初稿
2019 年 12 月二稿
2020 年 6 月 30 日三稿
2020 年 9 月 20 日四稿
2020 年 11 月 11 日五稿
2021 年 3 月 30 日六稿
2021 年 6 月 26 日七稿
2021 年 10 月 20 日八稿
2022 年 5 月 23 日九稿

附录1　设立"李强华诗歌奖"的决定

"李强华诗歌奖",是以著名农民诗人李强华名字命名的陕西农民诗歌最高奖,由陕西省农民诗歌学会设立。此奖为精神奖,不设奖金,只颁发获奖证书。不设奖金,排除了因筹集资金带来的困扰,体现了农民诗人的精神追求和文学情怀。诗歌最可贵,证书抵万金,这是农民诗人对获奖的一种新的理念,新的认知。

李强华(1935—2004),陕西省西安市鄠邑区人,是继王老九之后,陕西农民诗歌第二代领军人物。半个世纪以来,写诗1万余首,发表5000余首,出版诗集7部。1960年,出席全国第三次文代会,受到毛泽东、刘少奇、周恩来等党和国家领导人的亲切接见。

王老九是陕西农民诗歌的奠基者,李强华是陕西农民诗歌的传承者。他的作品,在继承王老九诗风的基础上,向新诗学习,博采众长,海纳百川,逐步形成了独特的创作风格,为农民诗的发展,探索出一条新路。李强华诗歌,在陕西乃至全国农民诗坛,有着承前启后、继往开来的意义和价值,对农民诗歌的繁荣和发展,产生了重大影响。他的诗风,值得我们借鉴;他的精神,更值得我们学习。

为了继承李强华诗风,培养农民诗歌新人,推出农民诗歌精品,繁荣乡土诗歌创作,学会决定设立"李强华诗歌奖"。"李强华诗歌奖"立足陕西,面向全国,全国各地农民诗人均有资格参评。

"李强华诗歌奖"四年举办一届。每届评选农民诗人正式出版的诗集5部,省级以上媒体公开发表的诗作 10 首。首届评选工作，2021 年 1 月启动。由各地作者报送参评作品。

评委会由著名诗人、作家和文艺评论家组成，公正公平评选，选出获奖作品。评委不参评。

首届"李强华诗歌奖"评委会由下列人员组成：

主　任：党永庵

副主任：常智奇　初　红　郭建民

评　委：党永庵　常智奇　初　红　郭建民　刘平安　刘宏伟　辜希静　文源迟骋

评选办公室由下列人员组成：

主　任：李雪如

副主任：杨民社　李兴团　云　飞

工作人员：穆　黎　何　琼　张　娟　李双霖　刘艳丽　程亚平　姚文英

陕西省农民诗歌学会

2021 年 1 月 1 日

附录 2　部分纪念李强华文章存目

1. 德艺双馨的李强华

　　——在纪念李强华三周年大会上的讲话　初红

2. 农民诗人李强华十周年祭　党永庵

3. 永远的诗人

　　——李强华逝世十周年祭　常智奇

4. 在《李强华诗歌选集》首发式暨研讨会上的致辞　唐斌

5. 农民诗人李强华的诗歌要深入研究　张郁

6. 参加李强华诗歌研讨会抒怀　李宗保

7. 仰望前行者的背影

　　——《李强华诗歌选集》读后感　商子秦

8. 追随李强华先生诗韵前行　杨焕亭

9. 参加《李强华诗歌选集》首发式暨诗歌研讨会有感　何琼

10. 大德在时代回音中传颂

——读《李强华诗歌选集》　张萍

11. 我所认识的李强华　赵丰

12. 传承李强华精神高举农民诗歌大旗

让陕西乡土诗歌成为当代诗坛一道亮丽的风景　王连生

13. 追思农民诗人李强华逝世十周年赋　商子秦

14. 李强华赋　初红

15. 农民诗人李公强华之歌　李景宁

16. 敬仰，献给一群最赤诚的朋友　李兴团

附录3　《李强华评传》一书引用的资料出处

1.《李强华诗选》，西安市群众艺术馆编　　　　　　　　1960 年 5 月

2.《养猪好》，长安书店出版　　　　　　　　　　　　1960 年 8 月

3.《锄头底下开诗花》，东风文艺出版社　　　　　　　1966 年 2 月

4.《李强华诗选》，户县县委宣传部户县文化馆合编　　1991 年 9 月

5.《牧归》，陕西旅游出版社　　　　　　　　　　　　1995 年 11 月

6.《李强华诗选》，户县文学作者协会编　　　　　　　2003 年 4 月

7.《李强华诗歌选集》，西安出版社主编赵武荣　　　　2018 年 6 月

附录4　参考书籍资料

1.《人民文学》　　　　　　　　　　　　　　　　　　1964 年 5 月

2.《乡野集》　　　　　　　　　　　　　　　　　　　1990 年 11 月

3.《户县社教诗选》　　　　　　　　　　　　　　　　1992 年 12 月

4.《太阳颂》　　　　　　　　　　　　　　　　　　　1993 年 10 月

5.《春潮集》   1999 年 3 月

6.《户县当代歌词选》   2000 年 7 月

7.《农民诗人李强华》   2007 年 1 月

8.《李强华诗评文章》   2016 年 9 月

9.《黄土诗魂》   2018 年 8 月

10.《李强华诗歌选集》   2018 年 9 月

11. 李强华诗歌研讨会资料   2018 年 9 月

12. 户县作协十年工作总结

13.《画乡诗浪》1983—2003 年

14. 捐赠给鄠邑区档案局的《李强华文学资料》六卷。

附录 5　被采访人员和提供资料者名单

毛　锜	党永庵	张　郁	常智奇	商子秦	姜鸿章	杨焕亭
赵昌济	郭建民	何　琼	谢志安	马维岳	贺金禄	刘滨海
张　萍	赵　丰	焦万利	卫茂轩	秦　人	刘　勇	耿朝晖
王连生	李景宁	张公礼	程君宝	肖益人	杨继夫	李养民
宫桂芳	柳绪绪	苦　果	何智荣	赵随军	王录庆	李党红
李新才	赵美莹	段讲政	胡芳芳	吴凯峰	崔华峰	郭永韬
刘元民	荆润生	郭忠民	尚建军	王世民	王随堂	万金山
任生玉	杨克茂	王　云	闫兴财	崔展志	王秀兰	赵志彬
刘　燕	刘　超	闫平安	刘　辉	王育民	赵志林	王智民
张安军	雷恒甲	王　龙	杜志成	史志奇	杜亚兰	杜泽和
杜建武	李慧兰	李会芳	李天录	李继光	李天成	李玉锋
詹绒霞	高志胜	高民先	林根成	崔峰君	赵惠兰	魏淑芳
陈俊岳	陈志智	崔振铭	谭步九	孟根才	贾春龙	杨天良
王明其	赵　新					

附录6　参加审稿和校稿人员

党永庵　赵昌济　常智奇　商子秦　耿朝晖　刘志明　刘　勇
李景宁　王连生　石侃之　肖益人　李养民　杨宏涛　董静文
李新胜　周建良　朱云涛　崔敬文

附录7　为本书提供资金捐助人员名单

赵武荣　陈凤仙　张亚民　朱积润　燕贵莹　杨克茂　王明其
李景宁　赵随军　李党红　耿朝晖　胡芳芳　释妙行　杜峥嵘
肖　攀　贺　航　刘　超　刘　燕　曾宁霞　何长庆　李博龙
刘　勇　郭永韬　王录庆　刘明亮　吴全劳　刘建军　任希和
郭兴海　解育安　魏永寿　段虎士　杜永利　石玲玲　李春利
赵建奇　戚文武　周建良　王体康　袁平安　张　杰　王连生
杨天良　赵　新　王双印　冯振乾　杜社民　赵济民　张公礼
史军峰　杨民社　冯　影

后 记

　　2018 年，一部宏大的《李强华诗歌选集》，历时六载，九易其稿，翔实、真切地把一个诗魂千余首诗歌呈现在广大读者面前。四年后的 2022 年，又一部《李强华评传》（以下简称评传），穿越这位农民诗人 70 载风雨春秋，比较全面、客观地让具有高尚、纯真人格的诗人，零距离地走向读者面前，又将走向未来，直到永远。尽管我们手中笨拙的笔，难以把诗人的形象塑造得全面准确，但我们流淌在书稿中的心血是殷红的。这浓浓的色彩，毕竟完成了我们心中的凤愿，作为对诗人永恒的纪念。

　　手捧这部《评传》样书，我们的思绪又随着诗人跌宕的人生而起伏翻卷。还在编辑《李强华诗歌选集》之时，作为《选集》主编的赵武荣先生，在陶醉于诗人用忠诚、激情创作的浩繁、激越的诗篇时，便产生了为著名农民诗人立传的念想。因为只有这样，才能不仅让读者走进他的诗歌王国，更能让读者走进他的人格境界，让一个完整的、立体的诗魂成为后来者膜拜的丰碑。

　　《李强华诗歌选集》出版后，赵武荣先生把更加强烈的立传念想，难以遏制地倾吐给诗人的儿子、陕西农民诗歌学会副会长李兴团。兴团说，他把为父亲撰写的回忆录《黄土诗魂》呈给西安的党永庵老师时，党老师认为写得还不够厚重，没有 20 万字不足以表现这位著名农民诗人波澜壮阔的人生画卷。于是准备重新立传，两人的想法不谋而合。但怎么写？由谁写？兴团又一次把目标锁定在赵先生身上，赵先生提出与文友杜文博先生合作完成，于是，三人分工协作就开始了这项文化工程。杜文博写李强华人生经历，赵武荣写诗人不同时期诗歌的评鉴，李兴团负责搜集资料、提供素材、手机打字制版。这就形成缺一不可的"铁三角"，又像三驾马车合力驱驰在一个追梦的道路上。客观的讲，李兴团就是一位不署名的作者。

《评传》以李强华人生的曲折经历和诗歌创作活动为主线，以不同历史时期社会活动，家庭成员及亲朋好友间的关系作为对诗人品格的映衬，基本上每10年为一个阶段，分为诗梦破土期（1935—1957年），诗意风发期（1958—1965年），诗骨淬火期（1966—1976年），诗性沉淀期（1977—1986年），诗作复兴期（1987—1996年），诗心深沉期（1997—2004年）共六章26节，计21万多字。

《评传》力争做到：立足于传，重点在评；传为评之铺垫，评为传之升华。即用记叙的方式，记录诗人的人生经历，特别是对那些重大的、撞击心灵的事件通过细节描写，以求生动再现，并运用议论，抒情的方式，进行个性化思考，分析评价，以突现诗人的思想性格，彰显诗人的精神品质，或揭示诗人行为举措发生的深层缘由。

《评传》大部分资料来自李兴团数年艰辛采访其父生前亲朋好友后撰写的《黄土诗魂》一书。可以肯定地说，兴团为评传已做了大量前期铺垫工作。其次，在李兴团陪伴下，杜文博、赵武荣二位先生实地走访诗人生前至交及社会各界所获的资料作为补充。

《评传》书写的字里行间挤满的艰辛还让人历历在目。在2019年夏日那酷热的白天，蚊虫肆虐的夜晚，杜文博先生被收集而来的诗文、资料包围着，带汗的双手在不停地翻阅着，把一件件动人事件梳理成条条创作的脉络。那匆忙的笔头以10年为限，把诗人生前发生的每一事件，先用时间的线条贯穿起来，再以2~3年为一单元，进行拆分组装，制作卡片，在纷繁复杂的人物事件中理出一种清晰的思路。行文是走进角色的过程，那是在忘乎时空，忘乎自我的静寂中与诗人对话，对事件评价，那每一个字，每一句话都沉浸在动情且艰难与苦涩中。

就在同一时间，赵武荣先生将《李强华诗歌选集》一页一页翻看，对每一首诗作一字一句品味，对各个时期的重要作品更是品读再三。经过三番五次的阅读、思考，从诗歌的背景、题材、主题、情感、意象、意境及体裁、语言、语境、手法、技巧等进行认真研究，理性分析，并以诗人各个时期的创作流向、主流意绪、风格特点为线索予以诗性表达，写了改，改了又写，反反复复，由肯定到否定，再到否定之否定，其中的过程虽艰难曲折，但心里总是那么温暖。更值得一提的是，在一至四稿完成之后，他又将《评传》书稿数次通览，详批细改，一丝不苟地完成了五至九稿的辛苦校定，使《评传》日臻完善。同时为《评传》的筹资、出版事宜奔走劳碌，协助出版社完成了三校任务。

李兴团是促成《评传》这一文化工程的关键人物。当每一节手稿撰成，一个电话过去，兴团便骑着他那辆破旧的自行车带回家，亦如编辑《李强华诗歌选集》那股劲头，顾不上吃饭、休息，戴上老花镜，支起马扎，坐在床前，便在手机上一撇一捺的用手指书写。从傍晚开始，直到夜深人静，这位执着的汉子，或被窗外的月光、风雨，或被叮咬的蚊虫、聒噪的秋蝉陪伴到黎明。一双手指拨弄那微小屏幕直看得双眼发酸发涩，实在困乏极了，才走出小屋，用凉水洗把脸，稍作休息，又继续敲打着无声的键盘。每一节六七千字的手稿，兴团一夜不眠也要把它打完。第二天一早又赶到文印部出成纸样，接着三人围坐，各抒己见，提出增删修改意见，再由杜文博、赵武荣二人继续充实完善。兴团这种雷厉风行的制版速度和一丝不苟的一贯作风，对这部书稿的完成起到了很大的推动作用。

更值得提及的是，兴团在《评传》成书过程中付出了殷殷心血。他从西安返回鄠邑区约有 30 多次，每一次要倒换四趟车。20 多万字的书稿，是他一笔一划用心敲出来的。夜静更阑，微弱灯光下，一个花甲人正聚精会神，用真情书写着父亲的诗歌人生，不知流了多少汗水，熬过了多少个不眠之夜。他怀着一颗敬畏之心，在第一时间对书稿中所写的事件、史实、涉及的人物一一核对，力求准确无误，不敢有半点马虎。从第一稿到第九稿的修改过程中，每一稿修改完成后，李兴团都认真审阅，提出新的修改意见。这既是尊重事实，尊重历史，又是对先辈负责，对读者负责。更为艰难苦涩的是，他在窘迫的生存环境中还要承担《评传》成书过程中的一切费用。可以说，没有他咬紧牙关，苦苦支撑，克服一切困难，砥砺前行，就没有《评传》的艰难问世。他坚韧不拔，奋力前行，用行动和热情感染了一大批志同道合、充满正能量的朋友，相互携手，共同奠定了《评传》扎实的基础。兴团不会忘记，为了凑足出版的费用，那个被生活压弯了腰的务菜老人，毫不犹豫的拿出了浸满汗水的钞票。他也不会忘记，为了文化的传承，素昧平生的出家人慷慨出资。他更不会忘记的是，在得知《评传》

印刷费用不足时，纷纷伸出援手，解囊相助的文朋诗友及乡里乡亲。他慨叹世界上的好人都让他遇到了。大家的帮助让兴团没齿难忘，他用自己微薄的力量回馈着朋友和社会各界的关爱：多年来，他精心种植着仅有的 4 分地产出的无公害蔬菜，都送给了帮助支持他的文化人。九年里，李兴团累计义务献血 28 次，荣获了由国家卫健委等部门联合颁发的"2018—2019 年度全国无偿献血奉献奖金奖"。心有大爱存雅韵，一点一滴总关情。兴团这么多年的付出得到了社会的一致认可。

经过四年多的通力合作，《评传》终于完成。全书共六章 26 节，计 21 万多字。在修改的过程中，我们采用自修互改，对各章节进行上下衔接，文字润色，不断充实完善，力求文风统一，又聘请专家、学者和相关诗友审稿、提意见等相结合的方法。在赵武荣、杜文博的共同努力下完成了前四稿。后期由赵武荣先生统稿，经过数次修改，最终定稿。

《评传》是继《李强华诗歌选集》出版后，赵武荣、杜文博以及耿朝晖、李景宁、李兴团、张亚民、赵随军、王录庆等文朋诗友集体智慧的结晶，也是我们为陕西农民诗坛、鄠邑区文化事业繁荣与发展献出的一份薄礼。

我们觉得著名农民诗人李强华，不仅是鄠邑区的一张文化名片，也是陕西乃至全国农民诗坛的一张文化名片。因而为此所做的一切付出都是值得的。

《评传》因引用资料出处，参考书籍资料，被采访人员和提供资料人员，审稿校对人员及提供资金捐助人员较多，故专门作为附录列在正文之后以表谢意。

文化名人常智奇、耿朝晖二位老师在百忙中为本书作序，西安的党永庵、商子秦、初红老师多方指导，杜峥嵘、杜兴朝老师前期提供设计封面图案，原鄠邑区政协主席张萍及鄠邑区文化馆、陕西农民诗歌学会、画乡诗社等有关领导给予关心支持，社会有识之士为本书的出版予以资助，在这里一并致谢。

为纪念李强华这位激越的农民诗坛圣手，用孝敬之心，用汩汩的碧血，用众人的智慧和力量，李兴团竭尽全力，凭自己的人脉资源完成了《李强华评传》的成书、出资、筹资以及出版的一切事宜，把李强华的诗歌人生化为永恒。一个人的力量是有限的，众人的力量是无限的。在《评传》即将出版付印之际，李兴团代表全家人对曾为此书提供帮助支持的所有朋友表示崇高的敬意和由衷的感谢。

尽管我们付出了艰辛努力，试图还原这位著名农民诗人的思想情操、艺术境界，且遣词造句，评价分寸，语言韵味等经过了反复推敲，但疏漏之处在所难免，敬请专家学者及广大读者提出宝贵意见，以期再版时予以完善。

2022 年 6 月 30 日